Nudge:
The Final Edition

推力

每個人都可以影響別人、改善決策，
做人生的選擇設計師

Richard H. Thaler
理查・塞勒

Cass R. Sunstein
凱斯・桑思坦

張美惠——譯

國際讚譽

很少有書能夠改變全世界，但《推力》做到了。終極增訂版太棒了：有趣、有用、有智慧。

——丹尼爾・康納曼（Daniel Kahneman），《紐約時報》冠軍暢銷書《快思慢想》（*Thinking, Fast and Slow*）作者

任何希望管理國家、領導公司、教養孩子或做出決策的人，都應該閱讀本書。這是使用行為科學指導決策和政策的黃金標準，終極增訂版甚至比初版更好。

——亞當・格蘭特（Adam Grant），《紐約時報》冠軍暢銷書《逆思維》（*Think Again*）作者、TED podcast WorkLife 主持人

本書改變了我們思考商業和社會的最大問題的方式。終極增訂版充滿了新的見解，值得一讀。

——艾立克・史密特（Eric Schmidt），谷歌（Google）前執行長

我們在設計新冠肺炎疫情期間恢復比賽的協議時，使用了《推力》中的核心原則。本書的終極增訂版提供了一套令人耳目一新的實用概念和策略來影響決策。

——蕭華（Adam Silver），NBA總裁

如果你讀過《推力》，並認為自己完全掌握了其概念及用途，那你就錯了。關於什麼是推力，以及如何使用推力，終極增訂版大大加深了我的理解。本書真正是必讀之書。

——羅伯特．席爾迪尼（Robert Cialdini），《紐約時報》暢銷書《影響力》（*Influence*）作者

本書是革命性的。一旦你讀了，就會開始四處看見證據。主流經濟學觀念嚴重過時的證據是，作為人類，我們並不總是理性的；在建築、設計和經濟選擇的每一點上，我們總是以某種方式受到推動。一旦我們看見並接受這一點，就能自問該如何做出更好的選擇。本書為我們指明了方向，改變了我們看待世界的方式——終極增訂版更是如此。

——大衛．拜恩（David Byrne），音樂家

這是一種最終將行為經濟學帶入主流的文化現象……終極增訂版充滿了新的想法。……

自新冠肺炎疫情開始以來，世界各地的政府和企業不得不進行創意思考，該如何促使人們戴口罩、保持社交距離和接種疫苗。我們已經看到許多創意活動，皆是採用《推力》中描述的策略。

——NPR的星球錢幣（NPR's Planet Money）

對《推力》初版的讚譽

這是一本改變世界的好書。你可能不知道，但書中的發現讓你可以活得更久，退休時更富裕，甚至可能拯救別人的性命。

——《泰晤士報》（*The Times*）

本書可能是史上最具影響力的科普書。

——BBC第四電台

見解獨到，引人入勝……書中提出強而有力的觀念辯證，多數建議都是極有價值的實用知識……值得大聲喝采。

——《紐約時報書評》（*The New York Times Book Review*）

難得的佳作。本書將改變你的思想，不只是關於你周遭的世界以及重要的社會議題，更會改變你對自己的了解。

——麥可・路易士（Michael Lewis），著有
《魔球》（*Moneyball*）及《老千騙局》（*Liar's Poker*）

很少有一本書徹底改變了我看待世界的角度。

——史蒂文・李維特（Steven D. Levitt），
《蘋果橘子經濟學》（*Freakonomics*）共同作者

絕對精彩……本書帶給讀者的影響絕不只是輕推一把，而是意外的震撼。

——丹尼爾・吉爾伯特（Daniel Gilbert），著有
《哈佛最受歡迎的幸福練習課》（*Stumbling on Happiness*）

這大概是我二十年來讀過最重要的書之一。凡是對於公共政策的任何層面、政治、自由的觀念、促進人類福祉有興趣的人，都應該讀一讀。如果你對這些都沒興趣，那就去讀別本書。

——貝瑞・史瓦茲（Barry Schwartz），
《美國展望雜誌》（*The American Prospect*）

內容引人入勝，資訊豐富，讀起來非常愉快。

——唐納．諾曼（Don Norman），著有《設計的心理學》（*The Design of Everyday Things*）及《設計未來生活》（*The Design of Future Things*）

精彩好書，探討重要議題的書難得這麼有趣。

——羅傑．羅文斯坦（Roger Lowenstein），著有《當天才失敗時》（*When Genius Failed*）

拯救地球也拯救你自己。有心行善的人和政策制訂者必讀。

——《新聞週刊》（*Newsweek*）

閱讀本書是一大樂事……作者極具說服力。

——《石板雜誌》（*Slate*）

本書幫助我們了解自己的弱點，同時提供克服弱點的聰明方法。

——《紐約觀察家報》（*The New York Observer*）

處處發人深省……內容兼具深度與娛樂性。

——《巴倫週刊》（*Barron's*）

內容有趣、引人入勝的傑作……高度推薦。

——《選擇月刊》（*Choice*）

堪稱二十一世紀的《窮理查年鑑》（*Poor Richard's Almanack*）……與十八世紀的年鑑同樣洞察世事、文字風趣又平易近人。

——《法律與政治書評》（*Law and Politics Book Review*）

見解過人。

——《金融時報》（*Financial Times*）

獻給總能讓一切更美好的法蘭絲

——塞勒

獻給薩曼莎，妳一直都知道什麼最重要

——桑思坦

目次

第三部 金錢

第四部 社會

第五部 客訴部門

終極增訂版序

《推力》第一版於二〇〇八年春天問世。寫作第一版時，塞勒剛買了第一支iPhone，桑思坦買第一支黑莓機。我們在芝加哥大學的老同事歐巴馬在擔任參議員的第一個任期內，決定挑戰希拉蕊・柯林頓，爭取民主黨總統提名。參議員喬・拜登也一樣，但沒有成功。房產開發商和實境節目明星唐納・川普稱讚柯林頓「非常棒」，會是「很優秀的總統」。[1]金融危機正在醞釀中。泰勒絲才十九歲（還沒獲得葛萊美獎），瑞典環保鬥士格蕾塔・童貝里（Greta Thunberg）只有五歲。

簡而言之，中間這幾年發生了一些事。持續有人對《推力》感興趣，但我們不太想修訂。那為什麼現在要出增訂版？如同我們在書中談到的，維持現狀的偏見是很強大的力量。

我們會從沉睡中醒來，是因為一件看似很小的事情（這很符合本書的精神）。英美平裝版的合約已到期，必須簽訂新約。編輯詢問我們要不要增添新的篇章，或做其他修改。

我們的立即反應是拒絕。畢竟，塞勒是出了名地懶，至於桑思坦，與其讓慢吞吞的塞勒同意任何事，他可以花同樣的時間寫出另一本全新的書。而且我們很以這本書為傲，好好的作品為什麼要更動？

然而，新冠肺炎爆發那年，我們長時間居家辦公，趁機找出舊版本翻閱。第一章提到當時很時髦、但現已過時的iPod。我的天，好像有點跟不上時代了。還有一整章談促成同性婚姻的解決之道（我們至今仍覺得是很棒的辦法），但在那之後，很多國家已解決這個問題——我們沒有想到在政治上可以這樣解決，竟然直接立法讓同性婚姻合法。所以，是的，也許書中部分內容需要稍微整理一下。

於是，在二〇二〇年夏天，我們一生中難得遇到的夏天，我們決定翻翻稿子，看看要不要做一些修改。塞勒找到一組我們稱為國際版《推力》的微軟Word文字檔，勉強可用。若沒有那套檔案，就不會有這個新版本，因為我們絕對不要從頭來過。我們承認當時有點落入陷阱的感覺。兩個專家理應最了解決策過程中可能產生的偏見，但這當然不表示我們能對偏見免疫！事實恰好相反。

我們不確定這個陷阱有沒有名稱，但每個人應該都很熟悉，我們姑且稱之為「順便一下」的偏見。居家修繕時常常可以觀察到這種偏見。好比某個家庭二十年來都沒怎麼維護住宅，這回下定決心，認為廚房真的需要改建。一開始的裝修清單包括新的電器和櫥櫃，但當然，改建時一定會把地板弄壞，所以最好也換掉。天啊，如果把牆稍微推出去一點，便能多一扇窗戶，向外望就會看到陽台。可是親愛的，誰要看那種陽台……在軍中，這叫做任務偏離（mission creep）。在此，我們要承認自己犯了修訂偏離。我們計劃趁夏天完成的增訂版，一直到十一月底才交給出版社。

我們且繼續居家改裝的比喻，儘管我們的步調緩慢，但最後的作品絕不是從裡到外的大翻修。新版感覺和初版很像，所有的牆壁都還在，也沒有擴充面積，但我們丟掉一堆累積灰塵的舊電器，換成較新的設備。

具體來說，前四章沒有太多改變，主要是為我們的主張奠定基本架構，包括只有作者自珍自賞的「自由家長制」一詞。我們更新了例子和引述，但主旋律沒變。假如這是一張唱片專輯，我們會稱這部分為「重製」（不管那到底是什麼意思）。如果你讀過初版，第一部大概可以快速瀏覽過去，但之後的內容就不一樣了，即使是原本的讀者，可能都會發現有很多新的主題，說不定還會感到些許驚喜。

我們首先利用新的篇章討論兩個重要的議題。第一個是我們所謂的「智慧揭露」，基本概念是：在揭露重要資訊時，政府應該考慮採取激進一點的做法，至少要勇敢跨入二十世紀。當然，在食品包裝側面列出成分很有幫助，尤其是對那些視力絕佳的人而言；但是，有鑑於含甲殼類的食品會讓桑思坦嚴重生病，難道不能讓他在網路上做簡易搜尋就好嗎？網路其實不算什麼尖端科技。若能廣泛運用智慧揭露，就可以創造網路的決策工具——我們稱之為「選擇引擎」——如此一來，很多事情都會變得簡單輕鬆，就像找尋去新餐廳的最佳路線一樣容易。

我們另增一章，討論所謂的淤泥（sludge），就是讓人更難做出明智選擇的討厭東西。（你會發現淤泥無所不在。）消除淤泥的其中一個方法，是善用智慧揭露。另一個方式，是寄給每個人已填好的報稅單，一鍵完成報稅。還有精簡申請表格——包括申請駕照、許可、簽證、醫療、財務補助或差旅費。每個組織都應該發起一項任務：找出不必要的淤泥，並加以摧毀。

本書其餘部分有不少具體的修改，我們希望能提供新穎的思考角度。除了「淤泥」，我們還介紹了前書未曾提過的一些選擇設計概念，包括個人化預設、把選擇變好玩、內容篩選；這些概念在探討財務決策的篇章裡很重要。另外，討論氣候變遷和環境的章節加長了。我們凸顯了選擇設計有其侷限（預告：光靠推力無法解決這些問題），也強調有些計畫需要用上所有可用的工具，而推力能在很多方面提供助益。還有，關於新冠疫情，我們也有一些意見要表達。

原書探討的一些議題有了新的樣貌。十幾年的歲月讓我們有機會評估政策的實施成效；有一個很好的例子，是瑞典於二〇〇〇年推出的全國退休儲蓄制度（參與者可以自選投資組合）。第一版討論過這項制度的原始設計，現在，制度已推出超過二十年，我們可以就推力的時效發表些許見解。（預告：有些推力幾乎永垂不朽。）我們也重新撰寫器官捐贈那一章，因為每個人都以為我們支持一項我們其實反對的政策。我們在第一版運用自以為淺白的語言說明了支持的政策，也在平裝版嘗試說得更清楚一點，但還是沒能清楚傳達訊息，因此我們要再嘗試一次。如果這本書你只能夠讀到這裡，請注意：**我們不支持所謂的「推定同意制」**。儘管直接翻到那一章去看個究竟，重點是我們真心信仰選擇的自由。

其他擁有嶄新面貌的篇章，旨在幫助消費者做出更好的財務選擇。有些人累積了大量卡債，又未能採取簡單的步驟降低負擔；也有消費者在選擇房貸、保險、醫療計畫時做了明顯很糟的決定。有不少人可以在這類領域省下很多錢，你也可能是其中之一。更重要的是，我們希望，討論這些議題能夠刺激其他人思考，依據行為科學的知識，在書中未探討的各種領域去改變政策。我們要強調，本書討論的概念和做法完全適用於私部門。企業應該確切體認到員工、顧客和競爭對手是一般人，據此設計政策和策略；至於有哪些實際做法，書中會提供很多具體的構想。

此處也必須說明我們沒有做哪些事，例如，我們沒有針對近年來發生哪些與推力相關的精彩活動、改革、研究提供最新的發展。各國政府都在運用推力（通常有好的結果），民間企業展現絕佳的創造力，相關學術研究也大幅成長。要探討這些發展，需要另寫一本書，事實上也出版了很多這類書籍，甚至連桑思坦都寫了一些；桑思坦確實與人合編了四冊的論文討論這個議題。（桑思坦認為編四冊的論文談推力很好玩，塞勒寧可從一千萬倒數到一。）

關於反對推力的意見，我們有些話要說，事實上我們花了一整章的篇幅討論，但並不是有系統地回應批評者的論點。我們希望這本書可以讓第一次讀的人──或甚至回頭再讀一次的人，如同我們在過去幾個月所做的──覺得更新穎、好玩、值得一讀。

最後要說說，為什麼會稱本書為終極增訂版（Final Edition）。行為經濟學家最早研究的議題之一，是自我克制力。人們為何持續做那些他們認為很蠢的事（不論是依據先見或後見之明）？包括累積卡債、變胖、繼續吸菸。人們處理這類問題有一種策略，叫做「破釜沉舟法」，就是讓自己無法去做一些誘人（但不明智）的選項，舉例來說，有些人有賭博的問題，便自願讓自己的名字列入賭場黑名單。使用「終極增訂版」一詞，就是我們的破釜沉舟之計，預防自己再度修訂這本書。我們寫得很愉快，甚至可能有點寫上癮，但我們在此時此地承諾，《推力》不會有終極增訂版之後的版本。我們之中有一個人真的相信這個承諾。

理查・塞勒
凱斯・桑思坦
二〇二一年一月

前言

自助餐廳

想像你的一個朋友卡洛琳負責某大都市的學校營養午餐事務，每天都有數百所學校的數十萬名學童在她的自助餐廳吃飯。卡洛琳受過營養學的專業訓練（畢業自某州立大學碩士班），且極富創意，常能跳脫傳統思維。

她的朋友亞當是個很有統計概念的管理顧問，曾與連鎖超市合作。有天晚上喝了幾杯酒之後，兩人想出一個有趣的點子。他們要在學校餐廳進行一項實驗：菜色不變，但改變食物的排序與展示方式，看看是否會影響孩子的選擇。卡洛琳找來數十所學校的自助餐廳管理人，請他們按照特定方式安排。例如，有些餐廳的甜點要排在最前面，有些在最後面，又有些獨立排在另外一列。其他食物的排列也各不相同，有些將薯條擺在與眼睛同高的位置，有些則是將胡蘿蔔放在較顯著的地方。

亞當依據自己在超市的平面設計經驗，預測實驗結果會很明顯。他的預測是對的。卡洛琳只不過是調整食物的排列組合，便能讓許多食物的攝取量明顯增加或減少。她因此學到一個很重要的啟示：孩子和大人一樣，會因環境的小改變而受到極大的影響。這種影響可以是正面的，也可以是負面的。舉例來說，卡洛琳知道她能藉此讓孩子多吃健康食物、少吃不健康的食物。

她不僅有數百所學校可以做實驗，還有一群研究生志願協助蒐集與分析資料，她自信有很大的力量能夠影響孩子的飲食習慣。卡洛琳開始思考該如何運用這股新發現的力量，那些平常很真誠、但偶爾會惡作劇的朋友與同事，紛紛提供以下的建議：

一、考量所有的因素之後，以最有利學生的方式排列。

二、隨機排列。

三、排列的方式是讓學生去拿自選時會拿的食物。

四、目標是盡量多銷售回扣最高的食物。

五、追求最高利潤，其他免談。

第一種方式有明顯的優點，但似乎有侵擾學生權益之嫌，甚至可說是一種家長制（paternalistic）的管理方式。但其他選項更糟糕！第二種（隨機排列）看似最公平、最有原則，就某種意義上來說，也確實很中立，但用在自助餐廳根本沒道理！從效率來考量，沙拉醬應該放在沙拉旁、而不是點心旁。此外，如果各校都是隨機排列，必然會有某些學校的孩子比其他學校的學生吃得更不健康。這樣好嗎？如果卡洛琳可以輕易改善多數孩子的生活（提升健康是其中一環），她應該追求這樣的中立嗎？

第三種似乎是真正努力避免侵擾學生——盡可能仿效孩子會自行選擇的排列方式。也許這才是真正中立的選擇，也許卡洛琳應該中立地讓孩子隨心所欲（至少當她面對較年長的學生時）。但稍微思考一下，就會發現這很難落實。卡洛琳與亞當的實驗顯示，孩子的選擇與食物的排列方式很有關係。孩子的「真正好惡」是什麼？所謂依據學生「自行選擇」的方式排列是什麼意思？任何自助餐廳都不可避免必須以某種方式排列食物。如果她服務的對象是成人而非小孩，類似的考量同樣不可免。

第四種是貪官汙吏的最愛，只要操控食物的排列方式，就等於多了一項濫用權力的武器。但卡洛琳是正直的人，完全不考慮這個選項。（可嘆的是，並非每個人都這麼有原則！）第五種與第二、三種同樣具有一些吸引力，如果卡洛琳認為最賺錢的餐廳就是最好的餐廳，當然更是如此。但要是會因此損及孩子的健康，卡洛琳還應該追求最高的利潤嗎？更何況她的職責是為學區效力？

卡洛琳就是我們所謂的選擇設計師（choice architect）。一個選擇設計師有責任安排人們做決定的環境。卡洛琳雖是虛擬的人物，但在真實生活中其實有很多人扮演選擇設計師的角色，只是多數人都不自知，有些人甚至真的經營自助餐廳。如果你是一個醫生，必須告訴患者有哪些不同的療法，你就是選擇設計師。如果你必須設計表格或網站，讓新進員工選擇公司的各種福利，你就是選擇設計師。如果你是選票的設計者，你就是選擇設計師。如果你要安排藥房或雜貨店的配置，你就是選擇設計師（也會碰到很多和卡洛琳同樣的問題）。如果你為人父母，必須告訴子女有哪些教育上的選擇，你就是選擇設計師。如果你是個銷售員，你也是選擇設計師（你應該已經知道了）。

選擇設計與建築設計有很多相似的地方，一個很重要的相似處是不存在所謂「中立的」設計。試以設計新的辦公大樓為例，建築師可能被告知必須達到某些條件，例如要有大廳、一百二十間辦公室、十三間不同大小的會議室、一個足夠容納所有人的大房間等等。大樓必須座落在特定地點，還要注意法律、美學、實務等各方面的許多限制。建築師終究必須設計出一棟具體的建築，要有門、窗、樓梯和走道。優秀的建築師很清楚，看似任意形成的決定，例如廁所的位置，對建築使用者的互動將產生微妙的影響，因為每一次去洗手間都有可能遇見同事（不論這是好是壞）。成功的建築不只要美觀，還要兼顧「實用性」。

下面的討論會告訴讀者，看似不重要的小細節，也可能對人們的行為產生重大的影響。理想的原則是假設「每件事都重要」。很多時候，小細節的重要性在於讓使用者的注意力集中到某個方向。可能令人出乎意料的是，一個絕佳的例子是荷蘭阿姆斯特丹史基霍機場（Schiphol Airport）的男廁。不知什麼時候，設計者在每個便池裡刻了一隻黑色蒼蠅。很多男性在小便時不太注意瞄準，結果當然搞得一團糟，但當他們看到一個標的時，自然會專注起來，瞄準率也就能提高許多。想出這個點子的阿德·基布恩（Aad Kieboom）覺得效果太神奇了：「瞄準率改善不少。當人們看到蒼蠅時，自然會瞄準直射。」基布恩是經濟學家，主導史基霍機場的擴建。按照他的說法，刻了蒼蠅後，「外濺量」大減百分之八十。我們無法驗證這個數據，但可以作證，本書第一版提到這個例子後，我們開始在世界各地的其他機場看到蒼蠅。當然，我們很清楚可得性捷思法（availability heuristic），後文會再詳論。

如果我們秉持「每件事都重要」的原則，做起事來可能覺得綁手綁腳，但換個角度來看，也能發揮很大的作用。優秀的建築師很清楚，自己雖無法建造出完美的房子，卻可以透過某些設計發揮正面的效果——例如咖啡機的位置可能影響職場互動。政策制訂者也經常能發揮類似刻畫蒼蠅的作用——好比在信用卡帳單上清楚明顯地告訴人們，遲繳和超支可能衍生費用。在疫情期間，如果你在超市入口的人行道劃線，就有助於保持社交距離。正如建築師終究必須畫出建築平面圖，像卡洛琳這樣的選擇設計師也必須選擇某種排列食物的方式，從而影響人們的飲食習慣。換句話說，她可以善用推力（nudge）。*

自由家長制

如果在考量所有的因素之後，你認為卡洛琳應該運用推力，讓學生選擇對他們最有益的食物（亦即第一種方式），那麼歡迎你加入我們的運動：自由家長制（libertarian paternalism）。我們很清楚，這個名詞恐怕不易立即引起讀者的認同。受到流行文化與政治刻板印象的拖累，這兩個詞確實讓很多人反感。更糟糕的是，其中兩個概念似乎自相矛盾！那麼我們為何要將兩個飽受批評又互相矛盾的概念放在一起？其實只要大家有正確的理解，就會發現兩個觀念都很有道理——加起來又比個別來看更有吸引力。問題出在這個詞已被教條主義者挾持。

我們主張的是「自由」家長制。我們堅信，只要不會傷害到別人，原則上，每個人都能自由做想做的事，遇到不合意的安排也可以選擇退出。自由家長制主張人應該有「選擇的自由」——套用美國已故經濟學家米爾頓．傅利曼（Milton Friedman）的用語。我們希望設計出來的政策能維持或增進選擇的自由。我們用自由意志主義（libertarian）來修飾家長制（paternalism），純粹是表示維護自由，而且這句話絕對是真心誠意的。自由家長制主張應該讓人輕鬆決定自己的選擇，凡是想要行使自主權的人都不會受到阻礙。（我們要強調，如果會傷害別人，那自由選擇並不是最上策——但即使在這種情況下，推力也能扮演重要的角色。後文會探討這一點。我們也承認，如果人們會做出極糟糕的選擇，損及自己的未來，那麼光靠推力可能不夠。後文也會探討這個問題。）

* 請勿將nudge與noodge混為一談。威廉．沙懷爾（William Safire）在《紐約時報雜誌》（*New York Times Magazine*，二〇〇〇年十月八日）的〈論語言〉（On Language）專欄裡談到：「意第緒語noodge是一個名詞，意指『嘮叨不休、不斷抱怨的人』。……nudge則是『輕推或輕戳肋部，尤其是用手肘』。以此方式輕推，是要『示警、提醒或溫和地警告別人』，這與noodge惱人的無盡抱怨大不相同。」nudge跟judge押韻，noodge的oo則和book的oo發音相同。

再看第二個部分「家長制」——我們認為選擇設計師理應可以影響人們的行為，讓人們享有更長壽、健康、美好的生活，這是合理的。換句話說，我們贊成政府或民間機構刻意引導民眾朝對自己有利的方向做選擇。我們知道很多人（包括很多哲學家）投入許多心力解讀「家長制」的定義，探討個中的是非對錯。我們支持的「家長制」旨在透過政策影響人們的選擇，讓人們享有更好的生活，**且所謂「更好」是依據人們自身的判斷**。這是手段上的家長制，不是目的上的家長制。那些政策是在幫助人們達到他們自己希望的結果。

我們從數十年的行為科學研究中得知，在實驗室的研究中，人們常會做出糟糕的決定，在現實生活中也會犯很多錯——讓人想到披頭四那句中肯的歌詞：「出外靠朋友，日子勉強過。」（we get by with a little help from our friends.）簡而言之，我們的目標是幫助人做出當他們充分注意該注意的事項、掌握完整的資訊、擁有不受限的認知力與充分的自制力時會做的選擇。（這不表示人們不該偶爾晚歸、吃太多或享樂。如同俗語所說：「現在就享受生活吧，人生不是彩排。」）

自由家長制是一種相對微弱、溫和、非侵擾性的家長制，因為人們做某種選擇時並未受阻撓、增加難度或必須承受很大的負擔。如果人們想要抽菸、吃很多糖果、選擇不適當的醫療保險或不存退休金，自由家長制奉行者不會強迫他們改變——或甚至不會找他們麻煩。但我們推薦的方法確實仍算是一種家長制，因為在重要的情況下，公私領域的選擇設計師不該只是追蹤或落實人們期望的選擇，更應努力讓人們朝對自己有利的方向做選擇——也就是發揮推力。

選擇設計中若有任何元素嘗試讓人們的行為朝可預期的方向改變，但沒有禁止人們做其他選擇，或明顯改變其經濟動機，就是我們所謂的「推力」。推力的一個基本定義是，可以幾乎不費成本地輕易避開。推力不是課稅、罰款、補助、禁止或命令，例如將水果擺放在與眼睛同高的架上可稱為推力，禁止垃圾食物則不是。

我們推薦的許多政策都可以或已經在民間實施（有些是在政府的輕推之下，有些沒有）。本書探討的許多例子裡，雇主便是很重要的選擇設計師，在醫療與退休計畫這兩個領域裡，我們認為雇主確實能提供員工很有助益的推力（比如透過明智的預設規則、清楚的資訊呈現、實用的建議等）。有些民間企業除了賺錢之外也有心為善，便能善用環保推力，協助減少空汙及溫室氣體排放。但企業當然也可以利用我們討論的概念，以不道德的方式增加銷售量——也就是製造淤泥。我們希望能減少公民營部門製造的淤泥，進一步討論詳見第八章。

一般人與經濟人：推力為何能發揮作用

反對家長制的人常說人類很善於選擇，即使不能做到十全十美，至少會比由別人代為選擇更好（尤其當那個別人是政府官員時）。不論有沒有學過經濟學，很多人似乎都認同（至少暗自認同）「經濟人」（*Homo economicus*）的概念——相信每個人的思考與選擇永遠是理性的，符合經濟學家對人類行為的描述。

經濟學教科書告訴我們，經濟人具有愛因斯坦的思考力、谷歌雲端的記憶力與甘地的堅強意志。但真的是這樣嗎？我們周遭好像沒有這樣的人。真實的情況是，很多人若沒有使用計算機根本不會長除法，有時會忘了配偶的生日，跨年夜往往沒有節制地喝到掛。這些人不是經濟人，而是很普通的智人（*Homo sapiens*）。為了避免使用太多拉丁文，從現在開始，我們提到這兩種想像與真實的人類時，將分別稱為經濟人與一般人。

試以肥胖的問題為例。美國成年人肥胖的比例已超過百分之四十，[1]百分之七十以上的美國成年人被視為肥胖或過重。[2]全球約有十億成人超重，其中有三億人達到肥胖的程度。肥胖盛行率在日本、南韓及非洲部分國家不到百分之六，但在美屬薩摩亞卻超過百分之七十五。[3]依據世界衛生組織的資料，在北美、英國、東歐、中東、太平洋島嶼

（Pacific Islands）、澳洲和中國的一些地方，肥胖盛行率自一九八〇年以來增加了三倍。已有太多證據顯示，肥胖會提高罹患心臟病與糖尿病的機率，且常導致早逝。若要說每個人都選擇了最正確的飲食，或是比略施推力能夠創造出的更好的飲食，未免太過荒唐。

當然，正常人在意的不只是健康，還有美味，且吃本身就是快樂的一大來源。我們並不是說過重的人都必然不理性，但我們確實不認為所有（或幾乎所有）的人在飲食上都能做出最好的選擇。同樣的道理也適用於其他具有風險的行為，如吸菸與喝酒——光是在美國，每年就有數十萬人因菸酒而早逝。就飲食與菸酒而言，人們目前的選擇實在不能稱為增進自身福祉的最佳做法（這還是比較委婉的說法）。事實上，很多抽菸、飲酒、過度飲食的人，願意付錢給第三人來幫助自己做更好的決定。

新興的選擇科學在過去半世紀來進行了廣泛的研究，前述發現正可補足這些研究的結果。這個領域最初的很多研究是在實驗室進行的，但快速增加的大量研究都來自現實世界的行為調查，包括在自然的情境及隨機對照試驗中針對選擇所做的檔案研究。這些研究讓我們對人類的許多判斷與決定究竟具有多少理性與智慧的成分，產生嚴重的懷疑。所謂經濟人並不需要有能力做出正確的預測（只有無所不知的人才能做到），但必須能做出**客觀**的預測。也就是說，預測錯誤沒關係，但不能一再犯下可預測的錯誤。一般人不同於經濟人的地方，在於他們會犯下可預期的錯誤。試以「規劃謬誤」（planning fallacy）為例——這是指對於完成計畫所需的時間，一貫抱持不切實際的樂觀態度。只要是雇用過承包商的人都知道，所有的工作都會比你預期的時間拖更久，即使你早已知道規劃謬誤，也無法避免。*

有太多的研究證實人類的預測充滿瑕疵與偏見，做決定的能力也好不到哪裡去。這裡我們同樣只需舉一個例子——「維持現狀的偏見」（意思就是惰性，只是換個較花俏的名詞）。基於後文將要探討的種種原因，人類就是有強烈的傾向要維持現狀或預設選項。例如當你買新手機時，你要做一系列的選擇，包括螢幕背景、鈴聲、響幾聲後進入語音信箱等等，而製造商已就每個項目選定一個預設選項。研究顯示，不論預設選項是什麼，很多人都不會改變，即使碰到的是風險遠比鈴聲高很多的事情。

本書中提供許多運用預設選項的例子，我們會發現預設值通常很強大。如果民間企業或政府官員希望達到某種結果，那就將其訂為預設選項，如此即可大力影響人們的行為。只要將「選擇加入」的設計改為「選擇退出」，就能提高參與率達百分之二十五，有時候甚至更高。如同後文將提到的，設定預設選項或其他看似瑣碎的類似策略（如改變選單），對結果會有很大的影響，包括提高儲蓄、對抗氣候變遷、改善醫療保健、減少貧窮等等。此外，我們會說明，在一些重要的情況下，人們會行使自由選擇權，拒絕預設選項，例如當他們對某件事的感受很強烈時，便可能會克服慣性與暗示的力量（一般認為預設選項就是暗示性推薦的選項）。改變預設選項可以是很有效的推力，但絕對不是解決所有問題的靈藥。

推力能發揮溫柔的力量，挑選得宜的預設選項就是一個例子，通常都能有很好的效果。依據我們的定義，推力是指任何能夠有效地讓一般人改變行為的做法，雖則對經濟人可能毫無效果。經濟人主要受誘因影響，如果政府課徵糖果稅，他們就會少買糖果，但他們不會受選項排列順序這類「不相干」的因素左右。一般人也受誘因牽引，但同時受推力的影響。**適度運用誘因與推力，有助改善人們的生活，解決社會上許多重大的問題，同時堅定維護每個人的選擇自由。

* 知道有規劃謬誤這件事也無助於避免犯錯——這本終極增訂版耗費的時間就超過我們的預期。

** 警覺性高的讀者會注意到誘因有很多種形式。如果我們透過具體行動來提升人們的認知能力——例如將水果放在與眼睛等高處，糖果放到較不明顯的地方——或許可說是提高了人們選擇糖果的「成本」。就某種意義來說，某些推力的確會產生認知或情緒（而非物質）的成本，在這個意義上等於改變了誘因。但是，唯有當成本很低時，推力才能稱為推力，也才符合自由家長制的定義。（成本多低才叫低呢？這就留給讀者判斷了。）

一個錯誤的假設與兩種誤解

很多主張自由選擇權的人反對任何形式的家長制，希望政府能讓人民自己選擇。這種觀念衍生出的標準政策就是盡可能提供最多的選項，然後讓人民選擇自己最喜歡的（過程中政府盡量不要干預或施加推力）。這套思維的優點在於為許多複雜的問題提供簡單的解決方案：只需要盡可能擴大選項就好了——其他一概不用管！

從教育、醫療保健到退休儲蓄計畫，各個領域都有人推動這樣的政策。很多時候，這甚至變成了政策鐵律。有些人認為若不遵循這條鐵律，就只剩一條路可走——採行被譏為「一體適用政策」的政府命令。這些人忽略了他們所支持的「盡可能擴大選項」與單一命令之間還有很多空間，他們反對（或自以為反對）家長制，對推力充滿懷疑。我們相信這種懷疑導因於一種錯誤的假設與兩種誤解。

所謂錯誤的假設是誤以為，幾乎所有人在絕大部分的情況下都會做出最符合自身利益的選擇，或至少會比別人代其選擇更有利。我們要指出這是錯的——而且錯得很明顯。事實上，多數人只要略加思索，便一定會發現。

請想像一個新手和一個老手對弈，可以預見前者會因選擇不當而敗北——但只要提供一些提示，就能輕易改善他的選擇。很多時候，一般消費者就像那位新手，必須與許多試圖兜售產品的老練專家交手。一般而言，選得好不好是經驗的問題，結果視情況而定。照理來說，人們在下列情況中應該可以做出較佳的選擇——當他們具備做那件事的經驗、掌握充分的資訊且能得到立即的反饋——例如選擇熟悉的冰淇淋口味時。人們很清楚自己喜歡的是巧克力、香草、咖啡或別的口味。

反之，當人們對所選擇的事物沒有經驗、掌握的資訊不多、未能快速或經常得到反饋時，則會選得比較差——好比如何存退休金，或是在不同的治療方式或投資組合之間做選擇。如果你必須在五十種保單之中做選擇，且每一種各有許多不同的特點，你可能會需要一點幫助。只要人們無法做出完美的選擇，那麼，調整選擇設計，就可能讓人們的生活過得更好（所謂「更好」是依據當事人的判斷，而非官僚的標準）。透過選擇設計改善人們的生活不僅可行，很多時候甚至能輕易做到，後文會提供許多例子。

接下來再談兩個誤解，第一是誤以為我們可以避免影響人們的選擇。在無數情況下，有些機構或個人**不得不**做出影響他人行為的選擇。這時候不可能不運用推力讓人們朝某個方向前進，結果總會影響人們的選擇。換句話說，選擇設計是無可避免的。舉前述卡洛琳的餐廳為例，人們的選擇必然廣泛受到選擇設計的影響。沒有任何網站或雜貨店不是經過設計的。當然，有些推力確實是無心的，例如雇主決定按月或雙週付薪一次，這並不是為了製造任何推力，但他可能會驚訝地發現，後者可以讓員工存下較多錢，因為每年會有兩個月收到三張支票，而很多帳單是按月支付的。

公私機構確實可以努力維持中立——例如隨機提供選項或努力了解大部分的人想要什麼。但無心的推力也可能產生很大的影響，有時候，這種形式的中立並不討喜，之後會舉很多例子說明。選擇設計師當然可以堅持採取主動選擇制——好比明定若要為政府工作，就得選定你的醫療保健計畫。但主動選擇制本身也是一種選擇設計，而且並不是每個人都喜歡，尤其當選項眾多又很難做決定時。如果你到法國餐廳用餐，看見滿滿一車似乎擺出了數百種起士，這時若能要求服務生提供建議就太好了。人們並不是每次都希望能選擇，若被迫選擇，反而很不開心。

談到民間機構時，許多人很樂意接受這些觀點，但卻強力反對政府以改善人民生活的名義來影響民眾的選擇。他們擔憂政府的能力或善意無法讓人信賴，惟恐民意代表與官僚太無知，將自身利益擺在前面，或是只著眼於某些民間團體追求私利的狹隘目標。我們也有這些疑慮，尤其認同政府部門絕對可能會犯錯、懷有偏見或逾越分際，有時甚至相當嚴重。因此，我們大抵認為推力優於命令、規定、禁令（除非人們互相傷害時）。但就像自助餐廳一樣（事實上很多機構的自助餐廳都是政府經營的），政府總得提供一個起始點，這是無可避免的。後文會一再提到，政府時時透過制訂政策來提供起始點，也就必然會影響人們的某些選擇與後續的結果。從這個觀點來看，反對推力的立場在邏輯上就是不可行的，真的是連試都不用試。

第二個誤解是以為家長制必然會涉及強迫手段。就前述自助餐廳的例子來說，選擇食物的排列順序並不會強迫任何人吃什麼食物，但卡洛琳（或身處該職位的任何人）確實可依據我們所定義的家長制的思維，做出特定的安排。話說回來，如果在小學的自助餐廳裡將水果與沙拉擺在甜點之前，從而促使孩子們多吃蘋果、少吃布朗尼，有人會反對這麼做嗎？如果顧客不是小孩，而是青少年或甚至成年人，本質上有任何不同嗎？全球衛星定位系統裝置會侵犯自由嗎？即使它會告訴你如何抵達目的地，就這個意義而言，具有家長制的意涵？既然沒有涉及強迫，我們認為，即使對那些最強烈擁護自由選擇權的人而言，某種形式的家長制應該是可接受的。

下面會就儲蓄、醫療、消費者保護、器官捐贈、氣候變遷、保險等各種不同的領域提供立場一貫的建議。我們堅持選擇權不能受限，那麼，設計不良或甚至貪汙腐敗的風險應可大減。自由選擇權是防範低劣選擇設計的最佳保障。

選擇設計的實例

選擇設計師若能設計出對使用者很友善的環境，便可大幅改善人們的生活。很多成功的企業能夠在市場上占有一席之地，正是因為這個理由。有些選擇設計非常明顯，消費者與員工都能認同其價值。蘋果的iPhone會這麼成功，不僅是因為造型優雅，也因為使用者發現其能輕鬆滿足需求。但有些選擇設計被忽視了，在這種情況下，若能更仔細關注，應該會有更好的效果。

試以美國職場為例（如果你住在別的地方，請同情我們的處境），多數大企業提供很多福利，諸如壽險和醫療險、退休儲蓄計畫等。每年秋末有一段開放加入期，員工可於這段期間修改前一年的選擇。員工必須上網做選擇，通常也會收到郵寄來的資料，解釋有哪些選項，告知如何登錄與選擇。員工另外還會收到各種提醒。

員工都是凡人，總有些人會忘了登錄，對那些較忙碌、心不在焉，或甚至不知如何選擇的員工而言，預設選項的設計便顯得格外重要。通常會預設兩種選項之一：一是維持前一年的選擇，一是回復為「零」。我們不妨分別稱之為「維持現狀法」與「歸零法」，選擇設計師應該選擇何者作為預設選項呢？

主張自由家長制的人會先探討：深思熟慮又充分掌握資訊的員工，真正希望的是什麼？這個原則未必能導出清楚的選擇，但絕對優於隨機設計預設選項，或不論碰到什麼情況都將「維持現狀法」或「歸零法」設定為預設選項。舉例來說，我們可以合理推斷，多數員工不會想要取消有優渥補助的醫療保險，因此，就醫療保險這一項而言，將預設選項設定為維持現狀（與前一年相同）絕對優於歸零（即沒有醫療保險）。

再拿員工的彈性消費帳戶（flexible spending account）來做比較，這是特別殘酷的「福利」，我們相信只有美國才有。員工每個月可以撥出一筆錢到這個帳戶，用以支付特定支出（如未保險的醫療費或育兒費）。殘酷的地方是，帳戶裡的錢必須在隔年三月三十一日以前花掉，否則就白白損失了，且每年的預估支出金額可能有很大的差異（例如生孩子那年的醫療費可能會增加，孩子上學之後，育兒費則可能下降）。在這種情況下，預設選項採取歸零法會比維持現狀法合理。

這是很具體的問題。塞勒曾與任職學校（芝加哥大學）的三位高階主管討論類似問題，會議舉行的時間恰好是員工開放加入期的最後一天。他提到時間上的巧合，開玩笑地詢問三位主管是否記得登錄與調整福利。一人不好意思地說他打算當日完成，很高興有人提醒；第二位承認根本忘了；第三位說希望他的太太沒有忘記！接著，他們便開始討論會議的主題，亦即聽了讓人倒彈的「補充薪金扣減計畫」的預設選項要如何設計（內容比聽起來更好，其實是一種可減免稅賦的儲蓄計畫）。在那之前，預設選項一直是歸零法，塞勒安排那場會議的目的，是希望說服主管將預設選項改為「與前一年相同」。當三位主管明顯看到自己多麼心不在焉時，便很快同意修改。我們確信很多大學員工將因此享有較舒適的退休生活。

這個例子凸顯出，高明的選擇設計具有一些基本特點。做選擇的都是一般人，設計者應盡可能讓選擇的過程方便簡單。要寄發提醒通知（但不要寄太多次），也要知道不論設計者（與當事人）多麼努力，總有些人會心不在焉；在設計選擇機制時，要盡量減少這些人的負擔。如同後文會談到的，上述（以及更多的）原則同時適用於公民營領域，但除了目前的作為之外，我們還有很多可努力的空間。大企業與政府請多留心。（大學和小公司也是。）

新的道路

後文對於民間的推力有很多討論，但自由家長制主要還是應用在政府部門，我們會提出一些建議，作為公共政策與法律制訂的參考。我們最初寫這本書的目的，是希望也相信自由家長制的政策能獲得保守派與自由派的支持。很高興告訴大家，我們的信心已獲得證實，遠遠超過原本預期的程度。

舉例來說，英國保守黨領袖暨前首相大衛・卡麥隆（David Cameron）便大力支持採用推力，建立了全世界第一個相關專責團隊，官方名稱是「行為洞察團隊」（Behavioural Insights Team），但通常被稱為「推力單位」（Nudge Unit）。*美國偏自由派的民主黨前總統歐巴馬也支持推力的基本概念，指導美國政府採取多種推力政策，創立他自己的推力單位（原稱為「社會與行為科學團隊」，現為「評估科學辦公室」）。美國國際發展局（United States Agency for International Development）有很多方案就是採用行為科學與相關見解。自本書初版問世，已有（跨越政治光譜的）各國政府採納這些觀念與類似構想，努力推出更有效率、成效更佳的計畫。許多國家都設有各種行為洞察團隊或推力單位，包

* 該團隊仍存在，但現在變成「社會責任型公司」，由政府、員工和慈善機構Nesta共同擁有。截至二〇二〇年，其員工為二百多人，服務範圍遍及全球三十多國。

括澳洲、紐西蘭、德國、加拿大、芬蘭、新加坡、荷蘭、法國、日本、印度、卡達和沙烏地阿拉伯。世界銀行、聯合國、歐盟執行委員會也投入很多類似的活動。二〇二〇年，世界衛生組織設置行為洞察計畫（Behavioral Insights Initiative），致力解決各種公衛問題，包括瘟疫、疫苗接種、年輕人的冒險行為等。

世界似乎變得愈來愈兩極化，但我們仍相信自由家長制可以奠定樂觀的基礎，促進跨黨派的合作與簡單的解決方案。優良的治理通常需要少一些強制規定，多一些選擇的自由。有些地方需要規定與禁令（行為科學可以幫助我們找出哪些地方適用），但當誘因與推力能取代規定與禁令，我們就會有更精簡、更謙卑的政府。我們要清楚說明一點：本書不是要呼籲強化官僚或政府的角色，只是希望能有更高明的治理。簡而言之，自由家長制不偏左也不偏右。不論彼此有多大的歧異，我們希望政治信念差異極大的人，都願意同心支持溫和的推力。

第 1 部

一般人
與
經濟人

第一章

偏見與謬誤

請看看圖1-1中這兩張桌子：

假設你要選一張擺在客廳當茶几，你認為兩張桌子的尺寸各是多少？猜猜看，長與寬的比例又是多少？請憑肉眼觀察。

如果你與多數人一樣，一定以為左邊那張比右邊更長、更窄得多。一般的猜測是左邊的長寬比是三比一，右邊是一．五比一。現在請拿出尺來量量看，你會發現兩張桌面一模一樣。如果不相信，你可以多量幾次，因為這種情況真的不是眼見為憑。（塞勒與桑思坦到常

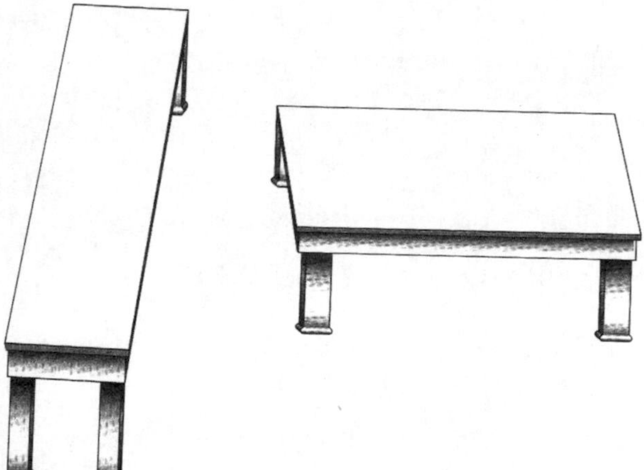

圖 1-1　兩張桌子（取材自薛帕的資料〔1990〕）

去的餐廳吃午餐，塞勒拿這張圖給桑思坦看，桑思坦立刻抓起筷子來量。）

這個例子告訴我們什麼？如果你以為左邊那張比右邊的長且窄，那麼可以確定你是正常人，一點問題都沒有（至少從這個測驗看不出來）。但你的判斷顯然是偏頗的，而且這在我們的預料之中。沒有一個人認為右邊的桌子比較窄！但你不僅錯了，而且可能還自以為正確。如果你願意的話，下次當你碰到另一個喜歡打賭的正常人，例如在酒吧時——大可利用這張圖小賺一筆。

接著請看圖1-2。這兩個圖形看起來一樣嗎？如果你是正常人，視力也不差，大概會說是一樣的（答案正確）。其實這兩個圖形正是圖1-1的桌面，只是去掉了桌腳且調整了角度。

圖 1-2　桌面（取材自薛帕的資料〔1990〕）

正是桌腳與角度，讓人在看圖1-1時產生桌面不一樣的錯覺；去掉這兩項因素，便能讓我們的視覺系統恢復到平常高度精確的狀態。＊這兩張圖反映了行為經濟學家從心理學家那裡學到的一個重要觀點。在正常的情況下，人腦可以發揮極佳的功能：我們可以認出多年未見的人，理解本國語言的複雜邏輯，跑下一段階梯而不跌倒。有些人會說十二國語言，改良最精密的電腦，創造出相對論。但即使是愛因斯坦、比爾．蓋茲（Bill Gates）、史蒂夫．賈伯斯（Steve Jobs），大概也會被這兩張桌子騙過去。這並不是說人腦有什麼問題，而是說我們如果能認清一般人一再犯錯的地方，對人類的行為必然會有更深刻的了解。心理學家暨藝術家羅傑．薛帕（Roger Shepard）便是因為對視覺系統有所了解，才能畫出前述引人錯覺的桌子。[1]

本章要依循這兩張桌子所反映的精神，闡明人類的判斷與決策會有盲點，可能與我們依據最佳化模型所做的預測有很大的歧異。但首先要強調一點，這裡並不是要指出人類多麼不理性。我們盡量不使用這類毫無助益又不友善的字眼，當然更不認為人類很愚蠢。問題在於人生很艱難，人人都會犯錯。如果我們每次去採購食物，都要想好買哪些東西最理想，恐怕永遠走不出賣場。因此，我們會採取明智的簡便做法，也會等回到家再開吃。我們只是凡人。

經驗法則

我們在日常生活中會運用經驗法則來處理各種問題，因為方便又實用。一九八三年，湯姆．帕克（Tom Parker）編寫的《經驗法則》（*Rules of Thumb*）精彩整理了各種法則，內容是他請朋友寄給他的例子，包括：「一顆鴕鳥蛋可供應二十四人的早午餐」、「一般大小的房間裡若有十個人，每小時可讓溫度提高一度」、「大學餐會上，若有百分之二十五以上的客人來自經濟學系，肯定會破壞談話氣氛」——最後這一點，後文會再討論。

經驗法則可以很有用，但也可能引發系統性偏差（systematic bias）。數十年前，由我們很崇敬的兩位心理學家——丹尼爾．康納曼（Daniel Kahneman）與阿莫斯．特沃斯基（Amos Tversky）——率先提出這個觀點，從而改變了心理學家（進而擴及經濟學家、律師、政策制訂者等）關於思想的分析。他們在最早的作品中指出三種捷

＊ 畫這兩張桌子的戲法在於垂直線看起來會比水平線長，這也是為什麼美國密蘇里州聖路易大拱門（Gateway Arch）的高度看起來大於寬度，其實兩者相等。

思法（heuristics）或經驗法則——定錨（anchoring）、可得性（availability）、代表性（representativeness）——及其各別對應的偏見，後來成為依據「捷思法與偏見」探討判斷力的著名研究。這套方法對整體行為經濟學（尤其是本書的創作）有很大的影響。

■ 定錨

假設我們要猜測密爾瓦基市（Milwaukee）有多少人口（我們兩人撰寫本書初版時住在芝加哥，密爾瓦基在芝加哥北邊，開車約兩小時），我們對密爾瓦基都沒有什麼了解，只知道是威斯康辛州的最大城。那麼我們要從何猜起？一個可能的方法是從已知的部分猜起，好比芝加哥的人口（大約三百萬）。我們知道密爾瓦基是個大城市，大到有職業棒球隊和籃球隊，但當然沒有芝加哥那麼大。嗯，也許三分之一吧，大約一百萬。再假設某人來自威斯康辛州的綠灣市（Green Bay），她被問到同一個問題，同樣不知道答案，但她知道綠灣約有十萬人，而密爾瓦基比較大，便猜想可能是三倍大吧——於是她猜人口是三十萬。

這個過程叫做「定錨與調整」，你先找出一個錨點——亦即你知道的數字，然後朝你認為適當的方向調整。聽起來似乎沒什麼大問題；會發生偏差通常是因為調整的幅度不夠。多次實驗顯示，碰到與上述類似的問題時，來自芝加哥的人常會猜得太多（因其錨點較高），來自綠灣的人則會猜得太少（因其錨點較低）。正確答案：密爾瓦基的人口是五十九萬。

即使是明顯不相干的錨點，也常會滲進決策過程中。讀者不妨試試這個問題：想想你的電話號碼後三碼，可以的話把答案寫下來。好，你認為匈奴王阿提拉（Attila the Hun）是何時入侵歐洲的？那個年分比你的數字大或小？你能猜得多準？即使你對歐洲史不太了解，你總知道不論阿提拉何時做了什麼，年分都與你的電話號碼無關。但當我們拿這個實驗給我們的學生測試時，猜測的年分比實際年分晚三百年以上的，多半是錨點高的學生。（答案是西元四五二年。）

錨點甚至會影響你對自身生活的觀感。有一項實驗詢問大學生兩個問題：一、你快樂嗎？二、你多久約會一次？當依這個順序詢問時，兩個問題的關聯性很低（.11）。但如果倒過來，先問多久約會一次，關聯性便劇增至.62。顯然，在約會頻率的提示下，學生會使用「約會捷思法」來回答快樂與否的問題。「天啊！我都不記得上一次約會是什麼時候了！我也太悲慘了吧。」夫妻之間也有類似的反應，只是把多久約會一次改為多久做愛一次。[2]

依據本書的觀點，錨點具有推力的功能，有一個例子是搭計程車給小費的行為。計程車司機剛開始不太願意採用新科技、不接受乘客刷卡付車資，因為信用卡公司會收取約百分之三的費用。但是，真正安裝刷卡機的人驚喜發現小費反而增加了！這部分與定錨有關。當乘客選擇刷卡時，通常會看到類似這樣的小費選項：

15％

20％

25％

自訂金額

請注意，螢幕顯示的這些數字是提供預先計算過的起始百分比，藉此輕推人們付出較高額的小費。(當人們不確定該怎麼做時，通常會選中間的數字——在這個案例中是百分之二十，高於過去沒有這項干預時、很多乘客所選擇的百分之十五。) 此外，你以為可以自訂小費金額嗎？這其實有些一廂情願。螢幕只有在旅程結束時才會顯現選項，這時乘客已準備下車，可能有人等著要上車，因此，要輸入自訂的金額不僅需要計算，還要多做幾個步驟。反之，按下其中一個選項容易多了！

不過，從司機的角度來看，要選定最佳預設百分比並不容易，這可以從一項由行為經濟學家柯林．海格（Kareem Haggag）所做的審慎研究看出來。他比較兩家車行的小費，一家提供的建議百分比是十五、二十、二十五，另一家的預設數字是二十、二十五、三十。總的來說，提供較高預設值會讓司機的收入明顯增加，因為提高了小費的平均值。但有趣的是，完全不給小費的乘客也增加了。有些人顯然對這麼高的預設數字反感，因而一毛都不給。[3]這與抗拒反應（reactance）有關：人們因感覺被使喚而生氣，表現出來的行為反而與命令（或甚至只是建議的行為）完全相反。

然而，證據顯示，在合理範圍內，你要求得愈多，得到的愈多。海格的重點是，由於螢幕顯示的預設小費較高，司機的年收入因而得以提高。控告企業的律師有時會爭取到天文數字的賠償，一部分是因為他們成功促使陪審團定錨在數百萬美元的數字（如公司的年獲利）。聰明的協商者能為客戶爭取到絕佳的條件，通常就是因為一開始提出很高的價格，讓對手最後覺得只付開價的一半很划算。然而，你需要把抗拒反應的概念牢記在心，因為要是你太貪婪，最後可能什麼都得不到。

■可得性

快問快答：在美國，槍擊死亡的案例中，他殺較多或自殺較多？

要回答這類問題，多數人運用的是所謂的**可得性捷思法**。他們評估風險的依據是：是否容易想到類似的例子。由於凶殺案在新聞媒體的報導量多出很多，也就比自殺案更常見，以致人們常誤以為槍擊殺人案遠多於槍擊自殺案。（槍擊自殺案例大約是槍擊殺人案的兩倍。）這帶給我們一個很重要的啟示：人們買槍時通常想著要保護家人，但此舉其實讓家人成功自殺的機率提高很多。

與可得性有密切關聯的，還有親近性與顯著性，這兩者也很重要。如果你曾親身經歷大地震，比起你只在週刊雜誌讀過類似消息，你會更容易相信洪水或地震可能發生。同樣的道理，鮮明、易想像的死因（如龍捲風）往往被高估其發生頻率，較不鮮明的死因（如氣喘）則被低估，即使實際頻率要高得多（氣喘是龍捲風的二十倍）。同樣的道理，晚近發生的事，會比遠久以前的事更容易影響我們的行為與恐懼感。

可得性捷思法能夠幫助我們了解許多與風險相關的行為，包括公私部門採取防範措施的做法。例如民眾是否要購買天然災害險，便深受最近的經驗所影響。[4] 洪水過後常能帶動洪水保單熱賣，但隨著記憶逐漸消退，熱潮會穩定下降。如果你認識曾遇過淹水的人，不論你自己實際面對多少風險，也比較可能買洪水保險。5

當我們要因應危機事件、商業抉擇與政治決策時，偏頗的風險評估可能會造成很不利的影響。科技股當紅時，人們往往跟風追買，即使那時候已經不是聰明的投資。人們也可能過度高估某些風險，如核能電廠意外，因為受到廣泛報導的事件所影響，像是車諾比和福島事件。有些風險則被低估，如中風，因為沒有引起媒體那麼多的注意。這類誤解會影響公共政策，以致政府在分配資源時可能會迎合民眾的恐懼心理，而非因應最可能發生的危險。

當「可得性偏差」作祟時，若能將人們的判斷朝真實一方的機率輕推，那麼公私部門的決策品質都能獲得提升。舉例來說，若要讓人們更謹慎防範某種潛在的危險，一個很好的方法是提醒他們相關的意外；若要提振人們的信心，則可提醒他們曾經發生過類似的情況，但最後一切圓滿解決。

■ 代表性

原始的第三種捷思法是代表性捷思法，你可以把它想成是相似性捷思法，基本概念是，當你要判斷A是否可能歸類到B時，你會問自己，A與你認知（或刻板印象中）的B有多相似（亦即A是否能「代表」B）。就像前面提到的兩種捷思法，人們會使用這個捷思法也是因為很好用。刻板印象有時還滿正確的！

當兩件事雖然相似、但發生頻率不一致時，偏見同樣可能悄悄滲入。假設性人物「琳達」的實驗是最有名的證據。在這項實驗裡，參與者被告知：「琳達三十一歲，單身，聰明而敢言，主修哲學，學生時期就很關切社會歧視與不公的問題，也曾參與反核示威。」接著，實驗者被要求依機率大小排列出琳達未來最有可能的八種發展。其中兩個最重要的答案是「銀行員」及「積極參加女性運動的銀行員」，多數人認為，琳達成為「積極參加女性運動的銀行員」的機率高於「銀行員」。[6]

這顯然犯了邏輯上的謬誤。邏輯上來說，事件A與B同時發生的機率，當然不可能高於A或B單獨發生的機率。琳達是「銀行員」的機率，必然高於她是「女性主義銀行員」的機率，因為所有的女性主義銀行員都是銀行員。會發生這個謬誤，是因為運用代表性捷思法：「積極參加女性運動的銀行員」似乎遠比「銀行員」更符合對琳達的描述。正如美國演化生物學家史蒂芬．傑伊．古爾德（Stephen Jay Gould）所說的：「我知道（答案是什麼），但腦中有個小人不斷跳上跳下對我咆哮：『她絕對不只是個銀行員，你到底有沒有看清楚關於她的描述！』」7就像可得性捷思法，代表性捷思法通常很有用，但可能導致嚴重的謬誤。

樂觀與過度自信

塞勒的「管理決策課」開課之前，會請學生在網站上匿名填寫問卷，其中一個問題是：「你預期自己在班上的成績落在哪個十分位？」學生可勾選前百分之十、前百分之十一到前百分之二十等等。這些是企管碩士班的學生，應該很清楚在探討分布問題時，一定是半數的人在前百分之五十，其他半數在後百分之五十。當然，全班只有百分之十的人成績落在前百分之十。

但調查結果顯示，很多人對自己的成績排名抱持極不實際的樂觀預測。通常只有百分之五以下的人預期成績在中等（百分之五十）以下，半數以上的人預期自身成績在前百分之十或前百分之二十。每一屆幾乎都是絕大多數學生自認落在前百分之十一到前百分之二十，我們認為這可能與謙虛有關，他們其實自認在前百分之十，但因謙虛而往下挪一級。不是只有企管碩士班的學生對自身能力過度自信，這種「中上心態」是很普遍的。百分之九十的駕駛人自認駕駛技術在中等以上。幾乎所有的人都自認幽默感高於一般水準，包括那些很少露出笑容的人。（因為他們懂得分辨笑點！）就連大學教授也無法免於這種心態，在大型大學裡，百分之九十四的教授自認比一般教授優秀，我們相信這種過度自信的現象適用於絕大多數的教授。[8]（是的，我們承認自己也有此缺點。）

即使是面對非同小可的事情，還是能發現這種不切實際的樂觀心態。在美國，約百分之四十至百分之五十的婚姻以離婚收場——多數人都聽過這個統計數字。（實際數字很難確定。）但在結婚時，幾乎所有的夫妻都自認離婚的機率幾近零——包括那些曾離過婚的人！[9]（英國知名作家山謬爾·約翰生〔Samuel Johnson〕曾說，梅開二度代表的是「希望戰勝經驗」。）同樣的心態也見諸創業的人。創業的失敗率至少在百分之五十以上，但在一項創業者調查裡（受訪者所經營的通常都是小事業，如包工、餐廳、美容院），受訪者要回答兩個問題：一、你認為以你從事的事業而言，一般的成功機率是多少？二、你的成功機率是多少？最常見的答案是：百分之五十與百分之九十，很多人甚至回答第二題是百分之百。[10]

個人的冒險行為可以用不切實際的樂觀來解釋，尤其是涉及人生與健康的風險時。如果你請學生想像未來，他們通常認為自己將來被裁員、心肌梗塞、罹癌、結婚幾年就離婚或酗酒等等的機率遠比同學低。很多老年人低估自己發生車禍或罹患重病的可能性。吸菸者明知統計上的風險、甚至常誇大風險，但多數人自認罹患肺癌與心臟病的機率比多數非吸菸者低。樂透彩能賣得不錯，一部分原因就是人們懷有不切實際的樂觀。[11]

不切實際的樂觀是普遍的人性，多數社會類屬*的多數人都有此特性。當人們高估自己的安全或能力，便可能不會採取合理的預防措施。二〇二〇年和二〇二一年新冠肺炎期間，有些人未採取戴口罩等防護措施，就是因為對自身的風險很樂觀。當人們因抱持不切實際的樂觀而冒險時，略加輕推或許便能發揮很大的助益。事實上，前面已提過一種做法：只要提醒人們注意負面的事件，他們就不會那麼樂觀了。

得與失

人都不喜歡失去。用專業術語來說，人類有「損失規避」(loss averse)的特性。簡單來說，相較於得到一樣東西的快樂，失去同一樣東西的痛苦會高出一倍。我們是怎麼知

*譯注：社會類屬(social categories)包括種族、年齡、性別等。

道的？

且以一個簡單的實驗來說明。[12] 在一個班級裡，半數學生獲贈印有校徽的馬克杯。實驗者請未獲贈的學生看看同學的馬克杯，鼓勵有杯子的人賣給沒有的人，沒有的人向有的人購買。他們請學生思考一個問題：「請回答你是否願意依據下列價格讓售／購買馬克杯？」結果顯示，讓售價大約是購買價的兩倍。研究人員做過數十次同樣的實驗，使用過數以千計的杯子，結果幾乎一樣。也就是說，當我有一個杯子時，我就不想失去；但如果我沒有，倒不會覺得一定要有。這表示人們並不會賦予東西特定的價值，通常要看你是要買或是要賣。

我們也可以從賭博的行為測量損失規避的程度。假設我找你打賭，擲出正面，你贏X美元，擲出反面則輸一百美元。那麼X是多少，你才願意打賭呢？多數人的回答大約是兩百美元。這表示贏兩百美元的希望，可以抵銷輸一百美元的可能。

損失規避的心理會讓人產生惰性，亦即強烈地想要保有目前擁有的東西。當你因為怕失去而不願放棄擁有的東西，就會拒絕原本可能願意進行的交易。在另一項實驗裡，半數學生同樣獲贈馬克杯，其餘半數人獲贈一大條巧克力。馬克杯與巧克力的價格相當，而且在預先測試時，學生對兩者的喜好度差不多，但當他們被告知可以交換時，卻只有十分之一的人願意交換。

損失規避的心理對公共政策的制訂來說很重要。如果希望大家少用塑膠袋，那應該要提供一點點錢獎勵人們自帶環保袋，或者該要求人們付同樣那一點點錢購買塑膠袋？證據顯示前者毫無效果，後者才有效，塑膠袋使用量明顯減少。人們不願損失金錢，即使只是零頭。[13]（環保人士請記住這點。）

維持現狀的偏見

很多理由讓人習於維持現狀，其中一個理由是損失規避：放棄原有的事物讓人痛苦。但這種現象有很多原因，威廉·薩謬爾森（William Samuelscn）與理查·札克豪瑟（Richard Zeckhauser）稱之為「維持現狀的偏見」（status quo bias），這種偏見已在許多情況下獲得證實。[14]多數教師都知道，即使沒有刻意安排座位，學生通常都會坐在固定的位置。問題在於，人們在面對影響較深遠的重大事件時，還是可能抱持維持現狀的偏見，並因此損失很多金錢。

試以退休儲蓄計畫為例，多數人都是選定加入時的資產配置後，便忘了它的存在。一九八〇年代末，有人研究過美國許多大學教授都有參加的一項退休計畫，調查參與者的決策方式，結果發現他們一生之中改變資產配置的中位數是——說了你可能不信——零。[15]換句話說，半數以上的參與者，在職業生涯中完全沒有改變提撥金的分配方式。有一點可能更值得注意：很多人加入計畫時是單身，結婚後依舊將母親列為受益人！後文會提到，投資惰性在瑞典仍十分常見（參見第十章）。

維持現狀的偏見很容易被利用。說個真實案例：多年前，美國運通（American Express）寫了一封歡快的信給桑思坦，告知他可以自選五種雜誌免費看三個月。*聽起來似乎是超級好康（即使是不大愛看的雜誌），因此桑思坦開心地選了五種。但他不知道的是，將來若不採取行動去終止訂閱，三個月後便會自動繼續收到雜誌——依一般標準收費。十多年來，他一直持續訂閱那些幾乎不看且多半內容貧乏的雜誌，往往在家裡堆得到處都是。他一直想著要退訂，但就是沒有動作，直到他開始整理本書初版的稿件時才真正退訂。

之所以會造成維持現狀的偏見，其中一個原因是心不在焉。很多人會採取「無所謂」捷思法，有一個很好的例子是追劇的延續習慣。多數串流平台的運作方式是在一集結束時，若你沒有動作，就會續播下一集。這時很多觀眾會（在心裡）說「無所謂」，看就看吧，然後便繼續看下去。原本只是要看一會兒，往往一拖就看到深夜，尤其是每集劇尾很吊胃口的劇。桑思坦當然不是雜誌自動訂閱制的唯一受害者，這種做法現在幾乎已延伸到每一種線上服務。掌控發行量的主管很清楚，採取自動續訂制（尤其是顧客必須打電話才能取消），續訂的可能性會高很多。相較之下，若是顧客必須表達意願才能續訂，續訂率便會低很多。（第八章談到與淤泥的關聯時，會再回到這一點。）人們既有損失規避的心理，又常未加深思選擇，這表示若某一選項被設定為「預設選項」，通常便能搶占市場大餅（但並非總是如此），預設選項因此成為很強大的推力。基於這個因素及其他考量，設計最佳的預設選項將是本書一再探討的主題。

架構

假設你罹患嚴重的心臟病，醫生建議你進行一種高難度的手術。你當然想要知道成功

* 在此向年輕的讀者說明一下，雜誌就是每週出刊的實體文件，會郵寄到信箱，內容常是舊聞和好看的照片。

率有多高，醫生說：「在一百個動過這種手術的病人當中，九十人在五年後還活著。」你會怎麼做？這句話可能讓人覺得相當安心，有信心接受手術。

但是，假設醫生以稍微不同的方式陳述答案，例如：「在一百個動過這種手術的病人當中，十人在五年內去世。」如果你和多數人一樣，可能會被醫生的話嚇到而不想動手術。你可能直覺地想到：「死掉的人還真不少，我搞不好會是其中之一！」在多次實驗中，人們對「九十人活著」與「十人去世」的反應大不相同——雖則兩句話的內涵完全一樣。就連專家也無法免於架構（framing）效應的影響——醫生若被告知手術後「九十人活著」，會比被告知「十人去世」更願意推薦該手術。16

架構的影響也出現在其他領域。一九七〇年代，信用卡開始成為流行的付款方式，有些零售商想要對現金付款者與刷卡付款者採取不同的收費標準。為了避免出現這種現象，信用卡公司設定了一套規則加以禁止。後來，國會有人提案禁止信用卡公司設定禁令，且看起來很有希望通過，信用卡遊說團體便把注意力轉向用語的斟酌。他們希望，業者若要採取兩套收費標準，不妨把刷卡價視為「正常價」（預設值），現金價視為折扣價——而不是以現金價為正常價，對刷卡的顧客額外收費。

信用卡公司對心理學家後來所提出的「架構」概念有很好的直覺判斷。簡單來說，人們會做何種選擇，一部分取決於問題的呈現方式。這個概念對公共政策的制訂有很大的影響，舉例來說，現在大家很關注節約能源的議題（這是對的），試考量下列幾種宣傳的方式：一、如果你致力節能，每年可省下三百五十美元；二、如果你不致力節能，每年會損失三百五十美元。結果證明，強調損失的方法二比方法一更能有效促進節能。假如政府要鼓勵民眾節能，方法二會是較強大的推力。

就像維持現狀的偏見，由於一般人在做決策時，偶爾會有些被動和心不在焉，導致架構效應更加惡化。很少有人會費心去檢驗，若以不同方式重新敘述同一個問題，是否會有不同的答案。之所以沒有去檢驗，一個原因可能是不知道如何處理矛盾的結果。這也告訴我們，架構是很強大的推力，必須審慎選擇。

我們的思考方式：兩種系統

當然，本章敘述的偏見並不是對每個人都適用。過度自信和樂觀的人確實占多數，但不是每個人皆如此。事實上，我們有個好友就具備相反的特質——從來沒有自信，永遠在擔憂某件事或很多事。這個朋友剛好就是康納曼，我們兩人很榮幸都曾和他一起合作寫書。好比某篇論文或書中某個篇章的草稿，他剛開始覺得很滿意，一星期後卻突然覺得糟透了。他永遠在重新省思，對自己的作品尤其如此。

這項特質促使他在二〇〇二年獲頒諾貝爾經濟學獎時，做了一件奇特的事。得獎者被要求於他們待在斯德哥爾摩那一週發表演講，多數人選擇以一般民眾聽得懂的語言來討論得獎的作品。康納曼也是如此，但他用的是自己的獨特方式：以全新的觀點看待他與特沃斯基合作的作品（特沃斯基若還在世，便能共享諾貝爾獎），演講中運用的認知心理學觀念，與得獎的研究沒有絲毫關係。只有康納曼會在宣布得獎與頒獎典禮之間已經很忙亂的兩個月，徹底重新省思他這一生最重要的研究。他所省思的內容後來經過進一步修正和擴充，寫成暢銷書《快思慢想》（*Thinking, Fast and Slow*）。

書名很聰明地點出他的主要觀念，那也是本章剩餘篇幅的主題。我們可以將人腦的運作想成包含兩個部分或系統，一個快速、訴諸直覺，一個緩慢、仰賴思考。康納曼採用的詞彙是依據他援引的心理學文獻，稱之為系統一和系統二。我們之中有一個人老是記不住哪一個才是快速系統（答案是系統一），因此改採另一個名稱，希望讓讀者更容易記住實質內涵：自動系統（Automatic System）與省思系統（Reflective System）。

這套架構可以幫助我們了解人類思考方式的一個謎團：我們怎麼會在做某些事時如此

聰明，對於某些事卻那麼無知？貝多芬失聰之後還能寫出偉大的第九號交響曲，卻常常不知道家裡的鑰匙放在哪裡——這其實一點都不讓人驚訝。他究竟是天才還是白痴？答案是兩者都有一些。

康納曼的研究以許多心理學家與神經科學家的研究為基礎，這些人對於大腦的運作方式有相當一致的描述，有助於了解這些看似矛盾之處。他們認為人類的思考方式主要可分為兩種。[17]

這裡要說一個故事，以說明兩種系統的運作。桑思坦有個兒子叫德克蘭，九歲的他無法抗拒玩具店的誘惑，每當父子倆經過玩具店，德克蘭就會吵著要進去買，即使可以預料他一兩天就會玩膩了。桑思坦處理這個難題的方式，當然是簡短教導德克蘭認識兩種系統：德克蘭的系統一迫切想要走進玩具店，但系統二完全知道他已有足夠的玩具。之後幾週，這番解釋似乎奏效

自動系統	省思系統
無法控制	可控制
不費力	要費力
聯想性思考	演繹性思考
快速	緩慢
無意識	能自我覺察
熟練	遵循規則

表 1-1　兩種認知系統

了，德克蘭經過玩具店時一句話都沒說；但有一天，他嚴肅地看著老爸問：「爹地，我真的有系統二嗎？」

德克蘭現在已經知道了，自動系統很快速，訴諸直覺，反應方式並不仰賴我們一般所認定的「思考」。例如，當一顆球突然朝你飛來，你會立刻躲開；當你搭飛機遇到亂流，你會心情緊張；當你看到可愛的小狗會不自覺面露微笑；這都是運用了自動系統。此處牽涉到的神經科學很複雜，但腦部科學家知道，自動系統的活動與腦部最古老的部位有關，人腦的這個部位與蜥蜴（或小狗）的差異不大。[18]

省思系統更像是刻意、自覺的作為。當別人問你：「四一一乘三一七等於多少？」你會用到省思系統。多數人在考量開車到陌生的地方應走哪一條路線，或是應該讀法學院或商學院時，也可能用到省思系統。我們在寫這本書時（多半）運用的是省思系統，但有時候在洗澡、散步時並沒有想到這本書，腦中卻會冒出一些構想，這些便可能是來自於自動系統。（順帶一提，許多民眾在投票時似乎主要仰賴自動系統。[19] 一個候選人若是給人的第一印象不佳，或試圖以複雜的論述與統計資料來贏取選票，恐怕不太有勝算。）＊[20]

世界上多數人看到攝氏度數會做出自動系統的反應，看到以華氏表現的溫度則必須運用省思系統來理解，美國人恰好相反。一般人使用本國語言時用的是自動系統，嘗試說外語時則要辛苦地用到省思系統。真正具有雙語能力的人，應該是在說兩種語言時都使用自動系統。傑出的棋手有很好的直覺，能透過敏銳的自動系統快速評估複雜的狀況，並以驚人的精準度與超凡的速度做出反應。

你可以把自動系統想成是你的直覺反應，省思系統則是有意識的思想。直覺有時候很準確，但我們往往因過度倚賴自動系統而犯錯。自動系統會告訴你：「飛機搖晃得很厲害，我快要死了！」省思系統的反應則是：「飛機失事極少發生！」自動系統告訴你：「那隻大狗會咬我。」省思系統的回答是：「多數狗狗都很乖。」自動系統一開始完全不知道如何準確踢球或遠距射籃，但經過無數小時的練習之後，傑出的運動員可以避開思考，轉而倚賴自動系統——以致優秀的運動員都很了解，「想太多」是危險的，還不如「信賴直覺」，或者說「做就對了」。

自動系統的訓練需仰賴不斷重複練習，但這種練習需要投入大量的時間與心力。青少

＊ 只須請民眾快速看看候選人的照片，說出哪一個人看起來比較有能力，就能極準確且嚇人地預測國會大選的結果。受測試的學生根本不認識那些候選人，但依據這種判斷方式，他們準確預測誰當選的機率高達三分之二！

年開起車來比較危險，原因之一是他們的自動系統尚未做過很多練習，運用省思系統又緩慢得多。桑思坦希望德克蘭在還沒達到考駕照的年齡之前，就能發展出功能齊全的省思系統。

下面的小測驗可以幫助你了解直覺的運作方式。以下有三個問題，請寫下你想到的第一個答案，答完之後再想一想。

一、球拍與球的售價合計一．一〇美元，球拍比球貴一．〇〇美元，請問球賣多少錢？

二、你和另外兩人賽跑。最後，你超越跑第二位的人，所以你是第幾名？

三、瑪莉的母親有四個孩子。最小的三個取名為：春天、夏天、秋天。最年長的孩子叫什麼名字？

你最初的答案是什麼？多數人答十美分、第一名和冬天，但這些答案都是錯的。你只要想一下就知道為什麼了。如果球的售價是十美分，球拍比球貴一美元，表示球拍的售價是一．一〇美元，合起來應是一．二〇美元，而不是一．一〇美元。任何人只要驗算一下答案，便一定不會這樣回答，但尚恩．佛萊德瑞克（Shane Frederick）的研究顯示，這個答案最為常見，即使是優秀的大學生也不例外。（他稱這一系列的問題為認知反射測試〔Cognitive Reflection Test〕。）[21]

正確的答案是五美分、第二名和瑪莉。當然，你應該已經知道了，至少你若問過你的省思系統就知道了。經濟人在做任何重要的決定之前，都會先徵詢省思系統（如果有時間的話），但一般人有時候會聽任內在的蜥蜴提供答案，而未細加思考。如果你喜歡看電視，應該知道《星艦迷航記》（*Star Trek*）裡的史巴克先生，他等於是永遠由省思系統掌控的代表人物。（寇克艦長說：「史巴克先生，你可以是很棒的電腦。」史巴克先生答：「艦長，你過獎了！」）反之，動畫《辛普森家庭》裡的荷馬．辛普森似乎根本忘記他的省思系統丟到哪裡去了。（有一集談到槍枝管制，辛普森去買槍，店員告知法律規定要等待五天才能買，他答：「五天？可是我現在就氣瘋了！」）

本書的一個主要目標，是探討如何讓世上眾多的荷馬（以及潛藏在我們每個人心中的荷馬）過得更輕鬆、更安全。如果人們可以多倚賴自動系統，而不致惹上嚴重的麻煩，一定能活得更輕鬆、更愉快、更長壽。換個方式說，我們需要設計出適合荷馬型經濟人（Homer economicus）的政策。

結論是什麼？

本章旨在約略分析人性的弱點。現代人都很忙碌，這個世界又很複雜，人們面對許多事情通常無法一一深思熟慮再做決定，只好採取明智的經驗法則。這類法則通常很有用，有時卻會讓人誤入歧途，尤其是遇到較富挑戰性或不熟悉的情況時。正因太忙碌，能夠專注的範圍又有限，人們通常不會去思考，若換個方式陳述同一個問題，自己的答案是否也會跟著不同。然而，人是可以被輕推的，在我們看來，這才是最重要的。人在做選擇時會受到許多因素影響（甚至包括面對人生的重大抉擇時），那是標準的經濟學理論無法完全預期的。以下且舉最後一個例子說明。

芝加哥的湖濱路（Lake Shore Drive）是世界上景致最美的都會大道之一，環繞芝加哥東界的密西根湖沿岸，沿途可欣賞到芝加哥壯觀的天際線，但其中有一段路是一連串的S型彎曲道路，非常危險。很多駕駛人因為未注意到時速二十五英里的速限而出車禍，為此，市政府採取特別的措施鼓勵駕駛人減速。

在剛進入危險的彎曲路段時，駕駛人會看到路面出現降低速限的警語，接著是一連串的白色條紋。該條紋並未提供多少觸覺上的資訊（那不是減速丘），只是傳遞視覺的訊

圖 1-3　芝加哥的湖濱路（芝加哥市府提供）

息。剛開始，條紋的距離很平均，到了最危險的路段時，條紋變得密集起來，讓人感覺車速似乎愈來愈快（參見圖1-3）。駕駛人基於本能，自然會減速。當我們開車經過這條熟悉的道路時，感覺這些條紋似乎在對我們說話，溫和地勸告我們在到達最大的彎度之前先踩煞車，這正是推力的具體表現。

第二章

抗拒誘惑

塞勒還在讀研究所時，有一次在家請客（客人是當時還很年輕的經濟學家同儕），拿出一大碗腰果讓大家配酒。沒過幾分鐘，便能明顯看出那碗腰果將被吃光，也就會破壞待會兒大家用餐的食慾。塞勒當機立斷將碗拿起來，（自己偷吃了幾顆後）拿到廚房去，讓大家眼不見為淨。

他回到客廳時，眾賓客都謝謝他的明智。接著大家立刻開始討論起一個問題：眼前正在享用的一碗腰果被拿走了，為何讓大家這麼高興？（現在你可以明白第一章談到的一條經驗法則是多麼明智：參與飯局的賓客裡，經濟學家所占的比例必須設定上限。）經濟學（及日常生活）有一條基本原則：多一些選擇絕不是壞事，因為你永遠保有拒絕的權利。在塞勒拿走腰果之前，大家可以選擇吃或不吃——現在沒有選擇了。在經濟人的世界裡，看到腰果被拿走而感到高興，是不合法則的！

要探討這個問題，我們必須考量賓客的好惡如何變化。在七點十五分（即塞勒拿走腰果之前），賓客有三種選擇——A：吃一些腰果，B：吃掉全部腰果，C：不再吃。他們的最佳選擇應該是吃一些，其次是不再吃。最壞的選擇是吃光，因為那會破壞食慾，所以他們的偏好是A＞C＞B。但到了七點半，腰果若沒有被拿走，必然會被吃光，也就是選擇B，實現了他們最不希望的結果。他們為何在短短十五分鐘內改變心意？或者，改變心意的說法並不正確？

依據經濟學的術語，這群賓客所表現的是動態矛盾（dynamically inconsistent）的行為。人們一開始喜歡A甚於B，到後來卻選擇B。很多地方都可以看到這種動態矛盾，例如人們在週六早上說晚點要去運動，到了下午卻窩在沙發上看足球賽或看完一整季的新連續劇。

我們要如何理解這種行為？這牽涉到兩個重要的因素：誘惑和漫不經心。至少從亞當和夏娃以來，人類就很清楚誘惑是什麼；但若要了解輕推的價值，這個概念需要進一步闡釋。我們說一樣事物具「誘惑性」是什麼意思？

美國最高法院法官波特・史都華（Potter Stewart）說過一句名言：我雖然無法定義什麼是色情，「但看到時自然會知道。」誘惑也有這個特性：容易辨識，但不容易定義。

而且，誘惑的定義高度因人而異。塞勒酷愛美酒，總忍不住想多喝一小杯；桑思坦討厭喝酒，但健怡可樂喝得很兇。對我們而言，很重要的一點是人們的激發狀態（state of arousal）會隨著時間變動。

為了簡化，我們只考慮兩種極端的狀態：冷與熱。當莎莉肚子正餓，廚房飄來陣陣讓人食指大動的香味，我們可以說她正處於熱的狀態；但當她在週二抽象地思考著週六晚餐應該吃多少食物時，則是處於冷的狀態。雖然她在週二計劃好要吃沙拉，但到了週六傍晚便覺得似乎太寒酸了，也許應該加上披薩才像樣。同一樣東西，若是我們在熱的狀態下會消耗較大的量，就稱之為具有「誘惑性」。這並不表示冷的狀態下所做的決定一定比較好。舉例來說，有時候，唯有在熱的狀態下，我們才能克服對新事物的恐懼。有時候甜點真的很美味，現在盡情享受、明天再上健身房是最好的做法。有時候，墜入愛河是最美的。但話說回來，我們確實常常在熱的狀態下惹出大麻煩。

多數人都知道誘惑的存在，也會採取行動努力抗拒。最典型的例子是尤里西斯（Ulysses），他面對的是危險的海妖（Sirens）及其難以抗拒的歌聲。尤里西斯在冷的狀態下命令水手用蠟塞耳，以免被歌聲所惑。此外，他要求水手將他綁在船桅上，如此他可以聽見歌聲，但不致因陷入熱的狀態而無法抵擋誘惑、將船駛近歌聲。

塞勒拿走腰果和尤里西斯將自己綁在船桅上都是破釜沉舟的策略。（將本書稱為終極增訂版，其實也是同樣的策略。）這類策略要能成功，有幾個條件：臣服於誘惑的風險是可預期的，且去除誘惑是可行的。但在很多情況下，我們會低估激發狀態的影響，導致無法正確預測將發生失去自制的狀況。這就是行為經濟學家喬治．羅文斯坦（George Loewenstein）所說的「冷熱同理差距」（hot-cold empathy gap）——我們在思考這個主題時，深受這個概念所影響。羅文斯坦的主要觀點是：人們即使知道自己被激發時會表現出不同的行為，還是會低估這個效應的強度。我們在冷的狀態時，往往不知道自己受到激發狀態「影響」時、會如何改變欲望與行為，天真地輕忽這些條件將如何影響我們的選擇——而這又會反映在行為上。

舉例來說，路克正在節食，但同意去參加生意上的飯局，自認能夠自我克制，只喝一杯雞尾酒，完全不碰甜點。然而，當某人點了一瓶葡萄酒，服務生推來一車甜點時，一切都破功了。百貨公司大拍賣時，珍妮特去逛街，心想只會看看真的很便宜又真正需要的東西，最後卻買了一雙沒有明顯用途的漂亮鞋子，穿了還有點痛（只因為打三折）。那些難以戒菸、戒酒、運動成癮、靠購物「療癒心靈」的人，其實也都有類似的問題。

要了解自制力的問題，我們可以想像一個人內在同時包含兩個半自主的自我：一個是審慎有遠見的「計畫者」，一個是短視的「行動者」。你可以將計畫者視為省思系統的代言人，或是隱藏在內心的史巴克先生；行動者則是深受自動系統的影響，或者說是每個人心中的荷馬．辛普森。計畫者追求的是你的長遠利益，但必須不斷應付行動者的感覺、搗蛋和頑固，因為只要行動者稍微受到刺激，便禁不起誘惑。根據神經經濟學的研究，確實有證據可以支撐這種自制力的雙頭馬車現象。人腦的某些部分會受到誘惑，另外有些部分則會試著評估面對誘惑的因應之道，幫助我們抗拒誘惑。[1]有時候，這兩個部分會陷入嚴重的衝突——最後總會有一方敗下陣來。（此處不準備就神經科學發表具爭議性的意見，人腦確實很複雜。）

自制策略

我們或多或少都知道自己的弱點，有時候會採取行動尋求外援，例如購物前會列出清單提醒自己要買什麼（以及不要買什麼）、早上會使用鬧鐘叫醒自己、請朋友阻止自己吃甜點或強化戒菸的決心。此外，我們會選購具備各種輕推設計的汽車，在危險時警告我們注意。這些都代表我們的計畫者嘗試採取行動來控制行動者，常見的做法是改變行動者面對的誘因。

不幸的是行動者通常很難被控制（試想像你要如何控制荷馬・辛普森），不論計畫者多麼努力，結果可能都會被破壞。鬧鐘就是很好的例子，甚至包括內建在手機裡的鬧鐘。樂觀的計畫者將鬧鐘設定在早上六點十五分，預計時間一到便可展開充實的一天；一心想睡覺的行動者卻會把鬧鐘按掉，一直睡到九點。這

落跑鬧鐘®（專利申請中）是一種如果你不準時起床、就會跑去躲起來的鬧鐘。鬧鐘響起，你按下貪睡鍵，落跑鬧鐘會從床頭櫃滾下，跳到地上並滾走，它會胡亂碰撞，直到找到一個地方定下來。當鬧鐘再次響起，你必須醒來，把它找出來。落跑鬧鐘每天會停在不同的地方，就像在和你玩捉迷藏。

落跑鬧鐘的設計目的，是要重新詮釋普通的鬧鐘，讓它不再是讓人緊張又討厭的東西，而是變得很有趣，更能拉近人類與科技的距離。

圖 2-1　落跑鬧鐘的廣告

會導致計畫者與行動者陷入嚴重的衝突。有些計畫者會將鬧鐘放到房間的另一端，這樣行動者至少必須起床才能關掉，但如果行動者關掉後又爬回床上，一切便前功盡棄。所幸，有一些很具創新精神的企業向計畫者伸出援手。

「落跑鬧鐘」（Clocky）就是這一臂之力（參見圖2-1）。落跑鬧鐘是一種「如果你不起床，就會跑去躲起來的鬧鐘」。計畫者會設定讓行動者賴床幾分鐘，時間一到，落跑鬧鐘便從床頭櫃跳下，在房間裡跑來跑去，一邊發出惱人的聲音。只有一個方法可以把這該死的東西關掉，就是下床把它找出來。屆時，不論多麼睡眼惺忪的行動者一定也醒過來了。*

計畫者有一些策略可以控制難以駕馭的行動者，但有時候，外在的協助也很有用。下面要探討公私機構如何提供這方面的協助。日常生活中派得上用場的一個方法是非正式的賭注，塞勒在多年前就曾用這個方法幫助年輕的同事。這位同事（姑且稱之為大衛）是學

* 我們在撰寫《推力》初版時發現了落跑鬧鐘。當時桑思坦的女兒艾琳在讀中學，上學日有時爬不起來。桑思坦以為落跑鬧鐘會是很棒的解決方案，但當艾琳明白落跑鬧鐘的運作方式後，便把它丟向慈愛的父親。

校新聘的教員，學校預期他到任前就可取得博士學位，最不濟也應該在到任一年內取得。大衛有很多動機要完成論文，包括強大的金錢誘因：在他從博士班畢業前，學校給他的職位是「講師」，而非助理教授，而且不會開始進行正常的退休金提撥——提撥金額約等於薪資的百分之十。大衛內在的計畫者知道不應再拖延，但行動者總是把心思放在很多更有趣的計畫上，遲遲不肯進行寫論文的苦差事。（思考新構想通常比撰寫舊理論有趣得多。）

塞勒便是在此時介入，提供下列建議給大衛。他請大衛開立數張面額一百美元的支票給他，兌現日是接下來幾個月裡每個月的第一天。如果大衛沒有在期限日午夜前，將論文新的一章塞入他的門下，塞勒就會將支票兌現。不僅如此，塞勒還保證拿那筆錢去辦一場大衛沒有受邀的派對。（當時的一百美元比現在值錢。）四個月後，大衛準時完成論文，沒有一次延遲（雖則時間的戳記顯示，多數篇章都是在期限將到之前的幾分鐘才列印）。有趣的是，學校提供給大衛的金錢誘因其實比每個月一百美元更多，但塞勒的計畫還是奏效了。

那是因為任由塞勒兌現支票，且拿大衛的錢去和別人吃喝玩樂，這份痛苦很顯著，相較之下，損失學校的退休提撥金似乎抽象且乏味。塞勒的很多同事聽說這件事後，揚言也要創立類似的事業和他競爭，但塞勒提醒他們，要在這一行闖天下，憑藉的是惡名聲，必須讓人知道你真的會把支票軋進去。

有時候，朋友也可以一起運用賭注策略，約翰・羅馬利斯（John Romalis）與迪恩・卡蘭（Dean Karlan）這兩位經濟學家便很聰明地將其運用在減重計畫上。他們在讀經濟學研究所時，注意到自己的體重不斷增加，擔憂準備進入職場時會更糟糕，屆時潛在雇主可能會請他們去吃飯喝酒，於是他們達成協議，計劃在九個月內各減重約十四公斤。只要其中一人沒有做到，就必須付給對方一萬美元，這對兩人而言是一筆大數目。這次打賭非常成功，兩人都達成目標。

接著，他們又設定更困難的目標——維持不復胖，打賭內容是任何一人只要提前一日告知，就可隨時請對方去量體重，超過目標體重的一方必須付給對方一筆約定好的錢。四年來，這樣的突襲檢查有好幾次，只有一次一方過重（罰款立刻付清）。請注意，這個例子就和大衛一樣，他們雖然很想減重，但自知若沒有賭注的激勵，便很容易飲食過量。後來賭注喊停，但卡蘭與別人創立一家公司 Stickk.com，幫助人們進行類似的友善約定。該網站指出目前大約有五千萬美元的線上賭注；網站成立以來促成超過五十萬次的約定。

在某些情況下，人們甚至可能希望政府協助他們強化自制力。有些東西如海洛因便是完全禁止的，一個可能的解釋是人們無法抗拒毒品的誘惑。此外，法律規定乘車要繫安全帶、要存退休金、開車不可滑手機，這類規定和禁令可視為純粹家長制，而非自由家長制，但通常都是因影響到第三人的利益。若沒有牽涉到這類利益，我們會希望政府扮演的角色不那麼具侵擾性，例如課徵香菸稅對癮君子或許是好的，因為這只是鼓勵你不要抽菸，卻沒有完全禁止。依據食品的含糖成分課稅，也可以用同樣的道理解釋；這種稅可對抗「內部成本」（internalities）——亦即我們對自己未來的健康所造成的傷害。有些政府提供一種方法幫助賭徒自制：民眾可讓自己列入禁入賭場的黑名單。這不是強制規定，拒絕配合也不費成本，因此確實符合我們對自由意志主義的定義。

政府實施的自制策略中，日光節約時間（很多地方稱之為夏令時間）是比較有趣的例子。調查顯示很多人（當然不是所有的人）支持此一措施，主要是因為覺得夏天傍晚「多出」一小時很不錯。當然，每一天的白晝時間是固定的，將時鐘往前撥一個小時，根本不會讓白晝真的延長，只不過是將時間的名稱改變了——將「六點」稱為「七點」——如此卻可發揮推力，讓我們提早一小時醒來，除了傍晚可多一點時間散散步，也有助於節約能源。

很多情況下，市場就可提供強化自制力的服務，完全無須政府介入。像Stickk.com這樣的公司能賺錢，就是靠著幫助你的計畫者戰勝行動者。一個有趣的例子是曾風行一時、現在仍有少數人使用的一種獨特的金融服務——聖誕儲蓄俱樂部（Christmas savings club）。俱樂部的典型運作方式是這樣的：十一月時（美國感恩節前後），客戶到當地銀行開戶，同意在一年內每週存入固定金額（如十美元），中間不可領出，期滿領出時，恰好趕上聖誕節購物季。即使在銀行儲蓄帳戶有利息可領的年代，這類帳戶的利息通常也接近零。

我們不妨從經濟學的角度來加以探討：這種帳戶沒有流動性（一年內不可領出），作業成本很高（每週必須存錢），報酬率幾近零。如果經濟學的作業要學生證明這種機構無法生存，應該很容易。但多年來，聖誕儲蓄俱樂部普遍存在，投資額高達數十億美元，在小型地方性銀行和社區式的信用合作社仍然盛行。[2]

為什麼？我們只須了解這些人是一般人而非經濟人，就不難解釋俱樂部的吸引力。因缺錢而無法在聖誕節送禮的人家，會願意透過加入俱樂部來解決問題。為了換得有錢買禮物的保證，定期存款的麻煩與利息的損失都不算什麼。我們只要回頭想想把自己綁在船桅上的尤里西斯，便能理解無法將錢領出來並非缺點，而是一大優點。從很多方面來看，俱樂部等於是成人版的小豬撲滿，撲滿的設計同樣是存錢比拿錢方便；很難將錢取出，是整個設計的精髓。

現在很難找到聖誕儲蓄俱樂部了，有了信用卡之後，很多家庭已沒有這個需要。＊現在的人在聖誕節可以融資購物，不再需要預先存錢。這當然不是說新的方法在各方面都比俱樂部好。既沒有利息可領、又不能動用錢，聽起來似乎很笨，顯然不如把錢存入有利息的帳戶更好。但話說回來，零利率總比付百分之十八或更高的信用卡利息好。

信用卡與聖誕儲蓄俱樂部的市場爭奪戰很能凸顯一個更普遍的現象，此處將進一步探討。市場提供強大的誘因讓企業去滿足消費者的需求，並為此互相競爭，不論那些需求是否反映出最明智的選擇。也許會有某家企業設計出像聖誕儲蓄俱樂部這麼聰明的自制策略，但這無法阻止別的企業借錢給民眾（預期民眾拿到儲蓄俱樂部的錢就能償還）。信用卡與聖誕儲蓄俱樂部互相競爭，兩者其實系出同源——都是由銀行提供。競爭雖有助於壓低價格，卻未必對消費者最有利。不過，現在已有眾多app專門設計來幫助人們對抗誘惑：現有的例子包括Daily Budget、Lose It!、Flipd、Mute。

儘管我們即將做出明智的選擇，充滿競爭的市場總有辦法讓我們功虧一簣，無法抗拒拙劣的選擇。在芝加哥的歐海爾國際機場（O'Hare Airport），有兩家食品業者隔著走道競爭生意。一家賣水果、優格及其他健康食品，另一家是肉桂捲專賣店Cinnabons，這可怕的肉桂麵包含有高達八百八十大卡的熱量與三十七克的脂肪。你的計畫者也許決定走向優格水果店，但肉桂捲專賣店的烤箱直接將香味傳送到店前的走道。你想知道哪一家店前面的排隊人龍較長嗎？

心理會計

鬧鐘與聖誕儲蓄俱樂部都是人們用以解決自制問題的外在設計，另一種方法則是採用內在的控制機制，亦即心理會計（mental accounting）。很多家庭利用這套（可能未言明的）機制來評估、調節與處理家庭的預算；事實上，幾乎每個人都會使用心理帳戶（mental account），只是有些人不自知而已。

演員金．哈克曼（Gene Hackman）與達斯汀．霍夫曼（Dustin Hoffman）的一段對

* 聖誕儲蓄俱樂部已經不太流行，但多數美國人還是會利用一種沒有利息的儲蓄工具——或可稱為復活節帳戶。四分之三的美國人在報稅後能夠退稅，平均金額超過三千美元。如果將這些錢形容為免息借貸給政府，恐怕不會那麼受歡迎。其實納稅人可以調整扣繳率（withholding rate），以減少退稅金額，原則上就可賺取這筆錢一年的利息，但很多人還是寧可將退稅當作強迫儲蓄的方法。收到退稅時，感覺就像意外的收穫。

話便生動表現出這個概念，你可以在網路上找到這段對話。[3]哈克曼與霍夫曼在窮困的藝術青年時期就已是好友，哈克曼說起有一次到霍夫曼的公寓，後者向他借錢。哈克曼同意了，但他走進廚房時，看到桌上排了幾個玻璃罐，有些罐子裡放了錢，其中一個註明「房租」，另一個註明「娛樂」等等。哈克曼問霍夫曼，罐子裡明明有那麼多錢，怎麼還需要借錢？霍夫曼便指了指標示著「食物」的空罐。*

依據經濟學理論（與簡單的邏輯），錢是「可替換的」，意指每一張鈔票都沒有規定用途。房租罐裡的二十元和食物罐裡的二十元能買到相同的食物，但還是有很多家庭會採取違反可替換原則的心理會計，理由和企業一樣：為了控制支出。多數企業訂有不同項目的預算，凡是在這類企業工作過的人，大概都體會過一種挫折感——需要購買一項重要的東西時，因該帳戶的預算告罄而不得支用。其實其他帳戶明明有錢，只是和霍夫曼廚房裡的房租罐一樣，只能看、不能用。

在家庭經濟裡，這種違背可替換原則的現象隨處可見。我們認識的一位財金系教授便發明了一種極富創意的心理會計，每年年初他都會指定一筆錢，預定要捐給當地的慈善機構：聯合勸募協會（United Way）。在這一年中，若發生任何不好的事（如超速罰單），他便在心裡從捐款扣除，就像投保一種預防小額損失的「心理保險」。**

在賭場裡也可以看到心理會計的運作。有時候你會看到某位幸運的賭客進場沒多久後便贏錢，接著你會看到他將贏來的錢放入一邊口袋，他自己的錢放在另一邊（這是另一種心理帳戶）。賭客甚至為此發明了一個詞，贏來的錢叫做「賭場的錢」（house money），使用這些錢就是「用賭場的錢來賭」，彷彿那和別的錢有什麼不同。實驗證明，人們用賭場的錢賭博比較乾脆。[4]

同樣的心理也會影響從不賭博的人。當投資獲利時（好比從股市中賺錢），人們比較願意用「贏來的錢」玩大一點。舉例來說，一九九〇年代的股價狂飆便與心理會計有關，很多人愈來愈勇於冒險，因為他們自認是拿前幾年贏來的錢投資，幾年後的房產投機也是一樣。同樣的道理，人們獲得意外之財時，比較可能衝動大買奢侈品，但若是慢慢存下來的錢則往往捨不得花，縱使那些存下來的錢完全閒置著。

心理會計的重要性，在於那些帳戶被視為不可替換的。誠然，霍夫曼（以及他的父母

---

* 影片網址：https://youtu.be/t96LNX6tk0U。

** 你可能會覺得這是剝奪了聯合勸募協會的捐款，其實不然。那位教授會確保他的捐款預算多到足以涵蓋所有的意外支出。

那一輩）使用的玻璃罐在現代經濟結構中已大致消失（雖則在一些貧窮國家仍然存在），但很多家庭仍會指定不同用途的帳戶：子女的教育、旅遊、緊急備用金、退休金等等。很多時候，這些錢真的存入不同的帳戶，而不只是記在心中的帳簿裡。這些帳戶被視為神聖、不可互通的，有時會導致看似很怪異的行為，例如同時以差異很大的利率借款與放貸。這個問題在第十一章會有進一步的討論。

當然，很多人沒有存不了錢的問題，其中有些人的問題甚至是不會花錢！我們稱比較極端的人為守財奴，但即使是一般人也可能對自己不夠慷慨。我們有一個朋友丹尼斯，為此採取一種聰明的心理會計策略，他在某一年開始領社會福利金（Social Security payment），雖則他與妻子仍繼續全職工作。丹尼斯一向很會存錢（一部分是因為他的雇主強制實施一項很大方的退休計畫），他決定趁著還健康時趕快去做喜歡的事（尤其是到巴黎旅遊兼享受美食），不要因為捨不得花錢而一延再延。於是，他特別開了一個儲蓄帳戶存入社會福利金，將這些錢指定為「娛樂費」。我們聽說他的最新花費是買了時髦的電動腳踏車。

善用心理會計對我們每個人而言都很有價值，生活可以變得更有趣、更安穩，例如設定一個近乎神聖、不可動用的「緊急備用」帳戶，以及一個可自由運用的「玩樂」帳戶。

了解心理帳戶也有助於改善公共政策，掌握心理會計的概念對政府來說助益良多。如果要鼓勵儲蓄，便應該將增加的儲蓄導向不會太引誘人花錢的心理帳戶（或真實的帳戶），後文會有更詳盡的討論。

第三章
從眾心理

經濟人（以及我們認識的一些經濟學家）是比較不合群的動物，他們與別人溝通時總希望有收穫，而且很在乎自己的聲譽（因為好名聲很有價值）。如果能獲取真實的資訊，他們很樂於從別人身上學習。但經濟人絕不會趕流行，他們的裙長或外套下襬不會跟著潮流變長變短；除非是為了實用的目的，否則也不打領帶，就算真要打領帶，領帶也不會跟著時尚變寬變窄。（順帶一提，領帶原本是當作餐巾使用，因此確實具備實用功能。）反之，一般人常受其他一般人的影響，即使不應該受影響。

有時候，微小的、甚至是偶然發生的社會推力，也會在市場與政治領域促成巨大的改變，好比某個重量級人物表達某種意見或採取某種行動，傳遞的訊息讓其他人看到綠色燈號，紛紛起而仿效。這一切也可能源自地位不是那麼重要、但全心投入的某個人，終而引起大眾的注意，大幅扭轉一個事業或文化——可能是關於某種產品、書籍、觀念、理想或政治候選人。涓涓細流偶爾會變成滾滾洪水，尤其當社交媒體參與其中時。

本章要探討社會影響力的形成原因與過程。探討這個問題，對選擇設計師而言很重要，理由有兩點。第一，多數人都是以別人為學習對象。當然，這通常是一件好事，也是個人與社會賴以進步的力量；但有許多嚴重錯誤的思想也是習自他人，我們從人際互動中學到的可能是錯的觀念。當社會影響力導致人們產生錯誤或偏頗的觀念時，便可能需要推力來矯正。我們之所以要探討這個問題的第二個理由是：最有效的推力之一就是透過社會影響力（不論是推向好的或不好的方向）。

二〇二〇年的春夏，我們住在北加州和波士頓，這兩個地方大部分的人為了因應新冠疫情，選擇在公共場合戴上口罩，但在美國其他地方，很多人（包括重要的政治領導者）堅持不戴。社會影響力既推廣也阻礙戴口罩。要記住一點：當你向別人述說**新的規範正在興起**（好比在永續發展的領域），便可能創造自我實現的預言。[1]很多人都不希望在歷史的發展中站錯邊，若體認到愈來愈多人在做某件事，便可能相信原本看似很困難或甚至不可能辦到的事是可以做到的，甚至是必然的。

社會影響力有兩種基本類型。第一種與資訊有關：當很多人表現出同樣的行為或抱持同樣的想法時，等於傳達一個訊息，告訴你應該要依循什麼樣的行為與想法才是對的。如果人們遛狗時會清理狗大便，乘車會繫安全帶，開車不超速，存退休金，平等對待別人，出門戴口罩，你可能就會認為這樣才是對的。第二種形式是同儕壓力。如果你在乎別人怎麼看你（或許你誤以為別人很注意你在做什麼——請參見下面的討論），你可能會為了避免觸犯眾怒或博取認可而從眾。疫情期間，在某些地方，你在公共場合戴口罩會遭白眼或更糟糕的對待；在另一些地方，卻是不戴口罩才會。

我們可以從幾項研究結果快速檢視社會推力的力量：

一、青少女若看到同儕生小孩，自己比較可能懷孕。[*2]

二、如果一個工作團體裡有部分成員控告雇主，其他員工提出告訴的機率會高很多。[3]

三、電視台會互相模仿，引發難以解釋的一窩蜂現象。[4]（例如實境節目、遊戲節目、唱歌跳舞比賽節目來來去去；科幻節目流行一陣後退燒，一段時間又流行起來，諸如此類。）

四、大學生的用功程度深受同儕影響，因此剛進大學時，任意安排的室友或同宿舍的人對彼此的成績及延伸而言的未來發展有很大的影響。[5]（也許父母最應該擔憂的不是孩子讀哪所學校，而是和誰同寢室。）

五、在美國的司法體系裡，聯邦法院的三人法官小組會受到彼此的投票傾向所影響。典型的共和黨受任命者，若是與兩位民主黨受任命者一起審理，投票傾向會變得偏左。反之，典型的民主黨受任命者，若是與兩位共和黨受任命者一起審理，投票傾向會變得相當保守。不論是哪一黨的法官，只要與至少一名敵對政黨的受任命者一起審理，投票傾向都會趨於溫和。[6]

簡而言之，一般人很容易互相影響。為什麼？一個理由是我們喜歡和別人一樣。

和別人一樣

請想像你和另外五個人一起參加視覺測試，測試內容簡單無比，一大張白紙上有一條

＊就和這裡提到的所有例子一樣，我們都省略了隱含的句子：「當其他所有的條件維持不變時。」因此，這個例子的完整意思是：當預測青少女懷孕的其他風險因素獲得控制時，青少女若看到同儕生小孩，自己比較可能懷孕。

線，你要在另外三條線當中找出與白紙的線相同長度的一條。

剛開始的三次測試都很簡單也很順利，每個人依序大聲說出答案，每個人的答案都一樣。這個測試一點都不難。但到了第四次，發生了奇怪的事，在你前面的五個人先說答案——每個人都犯了同樣的明顯錯誤，竟然選錯線了！接著輪到你了，你會怎麼做？

如果你和多數人一樣，你一定以為自己的行為很容易預測：你會說出你認為對的答案。你相信自己看到的，你是有獨立思考能力的人，因此你會據實以答。但如果你是一般人，而且真的參與這項實驗，你很可能會遵照前面五個人的說法，違背你自己的經驗認知。

一九五〇年代，優秀的社會心理學家所羅門．艾許（Solomon Asch）進行了一系列類似的實驗。[7] 當實驗者沒看到別人的答案、自己做決定時，幾乎都不會出錯，因為實驗內容很簡單。但如果其他人都犯錯，實驗者有三分之一以上的機率會跟著犯錯。事實上，在進行一系列十二個問題的實驗時，將近四分之三的人至少有一次違背自己的經驗認知，跟著犯錯。請注意，在艾許的實驗裡，參與者彼此是陌生人，可能永遠不會再見面，因此並沒有特別的理由希望其他人喜歡自己。

這項實驗似乎反映出某種普遍的人性。複製與延伸此類從眾測試的實驗超過一百三十種，範圍遍及十七個國家，包括薩伊（Zaire，現為剛果民主共和國）、德國、法國、日本、黎巴嫩、科威特。[8] 跟著明顯出錯的機率大約介於百分之二十到四十之間，各國的犯錯模式確實顯示有趣的差異，但每個國家的從眾率都相當高。百分之二十到四十的機率看似不高，但別忘了，這項測試的正確答案很明顯。這幾乎讓人懷疑，是不是只要有足夠多的人指鹿為馬，就真的能讓人跟著指鹿為馬。

人們到底為什麼有時候會忽略自己的感官證據？前面已約略提到兩個主要理由，第一點與別人的答案所傳遞的訊息有關；第二是同儕的壓力以及不希望承受團體的不認可。在艾許的研究裡，若干從眾者私下受訪時，都說自己一開始的判斷一定是錯的。當在場的每個人都接受某種陳述，或者看法一致時，你便可能認定他們應該是對的。值得注意的是，腦部攝影研究發現，當人們在類似的情況下從眾時，真的會和所有的人**看到**同樣的情況。[9]

另一方面，社會科學家也發現，在類似上述實驗的簡單情境中，當人們被要求匿名提供答案時，比較沒有從眾的傾向。如果人們認為別人看得到自己的反應，則比較容易從眾，有時候甚至以為或明知別人是錯的，也會跟著錯。當一群人意見一致時，所產生的推力最強大——即使涉及的問題很簡單，且很容易能判斷其他人都錯了。[10]

艾許要求實驗者所做的判斷很簡單，多數時候，比較線條的長短並不難。如果涉及的判斷更難一些，會如何呢？這個問題對我們的目的來說特別重要，因為我們最感興趣的就是人們在面對艱難且不熟悉的問題時會如何被影響，或可以如何被影響。心理學家穆札弗·謝里夫（Muzafer Sherif）在一九三〇年代做了一些關鍵性的研究。[11]他的實驗是請參與者坐在黑暗的房間裡，觀看前方一小點燈光，那燈光其實是靜止的，但利用自動效果（autokinetic effect）以產生移動的錯覺。謝里夫進行數次實驗，每一次都請實驗對象估計燈光移動的距離。當個別受訪時，每個人的答案都不同，且每次測試後說出的答案也很不相同。這倒不足為奇，因為燈光並沒有移動，任何判斷都是瞎子摸象。

但當實驗對象以小組方式一起觀看，公開說出答案，便出現高度的從眾現象。每個人的答案匯聚起來，很快便形成群體規範（group norm）——亦即對距離的判斷產生共識。一段時間後，特定小團體內的規範愈趨固定，每個團體分別做出非常不同的判斷，且相當堅持。這個重要的線索讓我們得以明白，一些看似相似的團體、城市甚至國家，如何因為最初極微小、甚至莫名其妙的差異，後來便各自抱持某種共同的信念或行為模式，且彼此差異極大。

謝里夫也做了推力的實驗，他在某些實驗裡加入一個共謀者——其他實驗者都不知道。這時情況有了奇妙的變化。假如那位共謀者說話的語氣自信且堅定，他的判斷對整個團體會產生強大的影響。如果他的答案比其他人原先的判斷高出很多，那個團體的判斷便會向上調整；反之，如果低很多，則團體的判斷會跟著向下調整。可見，只要以自信的方式表達小小的推力，就能對團體的結論產生巨大的影響。謝里夫實驗過了數十年之後，社會科學家發現了自信捷思法（confidence heuristic）：人們傾向於相信說話自信的人一定是對的。這告訴我們：不論在公私領域，立場一貫且堅定不移的人，可以將人或事推往他希望的方向走。這帶給我們一個重要的啟示：團體裡的資深成員若想要了解資淺同仁的真實想法，應該要個別詢問（以免同仁彼此影響），最重要的是先不要說出自己的意見。

更奇特的是，團體的判斷會變得完全內化，就算是私下個別表示意見，也不會改變初衷——即使時間已過了一年，即使這些人再去參加新的團體、而其他人提出不同的判斷，也不會改變。值得注意的是，原始的答案甚至還會「代代相傳」。儘管當足夠數量的新成員加入，舊成員退場，到後來所有的成員都不了解狀況時，原始的集體判斷還是無法被動搖，雖則最初促成此判斷的那個人早已不在。[12]其後又有人運用謝里夫的基本方法進行一系列實驗，發現這種距離的判斷會形成莫名其妙的「傳統」，在一段時間後變得根深柢固，到後來，很多人會一直遵循下去，而不去探究最初形成時是否有道理。[13]

由此便不難明白，為什麼很多傳統其實是偶然形成的，既沒有意義也沒有作用，經過數十年、數百年卻仍歷久不衰。同樣的道理，很多團體因此落入「集體保守主義」（collective conservatism）的窠臼：即使時移勢轉，需要新的做法才能因應，人們往往還是會堅持既有的模式。一種做法（如打領帶）一旦被大家所接受，便很可能繼續延續下去，即使已經沒有存在的理由。當然，很多傳統能延續下來，是因為對那些遵循傳統的人有幫助。但有些傳統可以延續很久，獲得許多人的支持或至少默認，其實最初只是一小撮人、甚至一個人稍微輕推的結果。當然，若能證明某種做法會造成嚴重的問題，人們還是可能改變，但如果無法確知有害，人們便可能繼續原來的做法，因為：「這是傳統啊！」

專家依據艾許的基本方法進行了許多實驗，發現很多事情的判斷也都有明顯的從眾效應。[14]例如，有一項實驗請人們回答：「你認為下列何者是國家當前最大的問題？」訪問中列出五種選項：經濟衰退、教育設施、顛覆活動、心理健康、犯罪與貪腐。私下訪問時，只有百分之十二的人選顛覆活動，但當公開在一群人之中回答，而那群人一致認為顛覆活動是最大的問題時，選擇同一答案的比例變成百分之四十八！[15]

另一項研究也有類似的結果，他們請實驗對象思考下列這句話是否正確：「言論自由是特權而非基本權利，當社會的安定受威脅時，可以限制言論自由。」個別回答時，只有百分之十九的控制組同意，但僅僅四人聯合提出一致的意見時，同意的人便變成百分之五十八。這樣的結果與艾許真正要探討的問題有很大的關聯：「納粹主義怎麼可能存在？」艾許相信從眾效應會造成非常強大的推力，終而引發（至今仍）讓人覺得不可思議的行為（如導致納粹大屠殺的行為）。

不論艾許的研究是否足以解釋法西斯主義的興起或其他任何讓人驚訝的運動，可以確定的是社會壓力會促使人們接受很奇怪的結論——從而影響他們的行為。一個明顯的問題是，選擇設計師是否能利用這個事實，輕推人們往更好的方向發展？這就是我們接下來要探討的。

文化變遷、政治更迭與不可預測性

你是否曾想過，一些表演者、舞蹈或流行語是怎麼突然流行起來的？那通常是因為機運和社會影響力聯合起來，發揮了強大的效果。馬修．賽格尼克（Matthew Salganik）、彼得．達德斯（Peter Dodds）與鄧肯．瓦茲（Duncan Watts）做過一項關於音樂下載的高明實驗，能夠說明這一點。他們為了這項研究創造出一個人造的音樂市場，找來數千位參與者——這些人經常造訪某個很受年輕人歡迎的網站。[16]實驗方式是提供參與者一長串過去不曾聽過的樂團所唱的、不曾聽過的歌曲，參與者只要對任何歌曲有興趣都可試聽一小段，然後選出想要下載的歌（都不下載也可以）。其中約半數的參與者完全依據樂團的名稱、歌名與自己對音樂品質的判斷，做出獨立決定；另一半的人則是可以看到每首歌被其他參與者下載的次數。這裡的關鍵問題是：人們是否會受其他人的下載決定所影響？

此外，後面這一半的人被隨機分為八組，每一組獨立運作，且都只能看到同組成員的下載次數。你可能會預測，這些人最終應該不會真的受社會影響力左右，歌曲受歡迎與否還是取決於品質（品質高低由控制組成員的選擇來評斷）。賽格尼克與同僚要探討的是：人們是否會受其他人的選擇所影響？各組受歡迎的歌曲是否不同？人們是否會受其他人的推力左右？

答案無庸置疑。八組成員都更有可能會下載先前已被多次下載的歌，且比較不會下載較冷門的歌。因此，一開始是否受歡迎，影響很大——足以決定成敗。控制組裡，最冷門的歌永遠升不到前幾名，最受歡迎的歌也絕不會跌到最後幾名——**除此之外，任何情況都可能發生**。同樣的歌曲，在成員看不到別人評斷的控制組與「社會影響組」，評價大不相同。在社會影響組裡，歌曲紅不紅與一開始是否受歡迎有非常重要的關係。同一首歌可能在某一組很熱門，在另一組卻乏人問津，只因為一開始聽的人評價不同。也因此，很難預測熱門歌曲，每一組的狀況會有相當大的差異。

賽格尼克與共同作者所發現的現象稱為「資訊瀑布」（informational cascade），這個現象發生在人們從別人的選擇獲得資訊時。假設一家小公司要徵聘一個新人，由八個人決定人選。三位應徵者是亞當、芭芭拉和查爾斯。如果第一個人說亞當顯然是最優秀的，第二人可能會同意，倒不是因為覺得亞當比較好，而是因為信任第一人，又無法明顯看出他說的話有什麼不對。一旦前兩人都說亞當好，便會創造出對亞當有利的強大推力，第三人大概就會順勢而為。第四人及後面的人多半也會同意（至少在沒有強烈的不同感受時）——這些人就是身在瀑布中。音樂（以及電影、書籍）會紅起來，常常是這種瀑布效應所致。當然，資訊瀑布可以伴隨「名聲瀑布」——跟著別人走，不是因為從別人身上學到什麼，而是因為不想要引起別人的憤怒或不贊同。

音樂下載的實驗也可說明其他很多領域難以預測的改變，包括商業與政治。康乃爾大學的社會學家麥可．梅西（Michael Macy）直接以上述實驗為基礎，與同僚進行另一項實驗，探討是否會因為人們看得見別人的意見，而使得某種政治立場突然受民主黨支持、共和黨反對（或反過來）。17

實驗方式是這樣的，數千名參與者起初被詢問認同哪一黨，接著分成十組：兩個「獨立組」和八個「影響組」。他們詢問獨立組的參與者對大約二十項議題的看法——完全未向參與者說明兩黨對這些議題的立場。八個「影響組」的參與者，則會知道共和黨支持者和民主黨支持者較可能同意哪些政治主張。詢問的議題都經過研究者謹慎選擇，無法明顯看出兩黨的立場，例如：「企業應在設立總部的國家被課稅，而不是在產生收入的國家。」

研究作者的假設是，在受影響的情況下，特別難以預測兩黨支持者最後選擇的立場。如果某一組先回答的共和黨參與者最後支持某立場，其他共和黨參與者較可能也支持——民主黨參與者則較可能反對。但如果先回答的共和黨參與者持反對立場，其他共和黨參與者也會反對——民主黨參與者則會支持。結果正是如此！不論是哪一組，兩黨參與者都常常翻轉立場，端視先回答的參與者的選擇而定。如同研究人員所說的，「少數早期推動者的偶然選擇」可以發揮很大的力量，翻轉很多人的立場，讓兩黨成員支持各種實際上互不相干的意見。這些研究結果可以解釋，兩黨成員為何會在短時間內翻轉立場，以及有些議題為何會突然出乎意料地在各種政治光譜中走向兩極化。

在很多領域中，人們看到某位音樂家、演員、作家、政治人物很成功，便容易以為這是必然的，因為他們具備優異的能力或特質。要小心提防這種想法的誘惑。事實是某個關鍵階段的小小干預、甚至是偶然的事件，都可能對結果有很大的影響。目前當紅的歌手，可能與數十位、甚至數百位名不見經傳但同樣有才華的人難分軒輊。我們還可以繼續推斷下去。當今多數政治領袖，可能與數十名、甚至數百名仕途不順的政治人物不相上下。教授、企業、各種產品，大概也有類似的情況。社會影響力至關重要，運氣也是。

社會影響力未必是特定人士刻意推動的結果，有時候即使沒有任何人推動，也可能左右人們的想法。我們想到一個有些滑稽的鮮明例子——西雅圖擋風玻璃破壞事件。[18] 一九五四年三月底，華盛頓州貝林罕市（Bellingham）有一群人注意到，他們的擋風玻璃上有一些很小的凹痕，當地警察懷疑是有人用ＢＢ彈或大型鉛彈破壞的。不久，貝林罕市南方的一些城市也有人舉報同樣的問題。不到兩週，看似破壞分子的惡行更進一步朝南方蔓延，多達兩千輛汽車被舉報遭破壞——但這顯然已不能歸咎於破壞分子。災難逐漸逼近西雅圖，四月中，當地的報紙盡職地進行相關報導。沒多久，果真有多起事件引發警局注意。

很快地，舉發事件多到很嚴重的程度，引發各界對可能的原因進行熱烈的討論（搞不好來自地球以外）。蓋格（Geiger）計數器測不出輻射現象。有人認為可能是某種奇特的大氣因素；有人推測是聲波與地球磁場的移動；也有人說是導因於太陽的宇宙射線（cosmic rays）。到四月十六日為止，西雅圖一地便有三千部汽車的擋風玻璃被「打出凹痕」。西雅圖市長立刻寫信給州長與總統艾森豪：「原本侷限在華盛頓州北部的汽車擋風玻璃與車窗破壞事件，已擴散到普吉特海灣（Puget Sound）地區……促請聯邦（與州）政府與本地相關當局合作，以因應此緊急情況。」州長遂成立由科學家組成的委員會，調查此詭異又驚人的現象。

科學家的結論是什麼呢？會造成汽車這種不大不小的損壞，可能是「正常行駛狀態下，被小東西打到擋風玻璃所致」。後來的另一項調查也支持此一說法，他們發現新車沒有這些凹痕。最後的判斷是：「那些凹痕一直都在，只是以前沒有人注意過。」（讀者不妨看看你的車，如果不是全新的車，或許會有一兩處或更多的凹痕。那不是外星人的傑作。）

再舉一個較近的例子說明社會影響力。二〇一二年，哥倫比亞政府開始在學校推行HPV（人類乳突病毒，有時稱為生殖器疣）的預防接種，第一年符合資格者的接種率高達百分之九十，到此為止一切都沒問題。但在二〇一四年，某校有一些少女似乎對疫苗產生不良反應，住進當地的醫院。不久之後，社交媒體平台及全國性的報紙開始出現少女產生各種症狀的影片——抽搐、暈厥、失去意識。大約通報了六百個案例。衛生當局發現，這些狀況是集體心因性反應（mass psychogenic reaction），與疫苗無關，但此一發現無法消除大眾的疑慮。恐懼在相關社群中快速蔓延，到了二〇一六年，合乎接種資格的少女第一劑接種率跌到百分之十四，完整接種率百分之五，兩者在二〇一二年時則是百分之九十八與百分之八十八。19

西雅圖擋風玻璃破壞事件和哥倫比亞心因性反應，是社會推力無心插柳的極端例子，但事實是我們每一天都被那些無意影響我們的人所影響。例如我們多數人都會被一起吃飯的人的飲食習慣所影響（姑且不論他們是否有任何意圖），如果你發現自己被朋友的飲食習慣輕推，應該不是因為對方故意影響你，比較可能是你自己覺得：哇，看起來很好吃的樣子。但社會影響力確實常常是策略運用的結果，廣告主尤其深諳此道。他們常會強調「多數人都喜歡」他們的產品，或是「愈來愈多人」轉而使用他們的品牌，言下之意，別的品牌是昨日黃花，他們的才是明日之星。廣告主輕推你的方式，就是告訴你多數人的做法或趨勢。

很多國家的公職候選人或政黨也是如此：常會強調「多數人已轉而支持」他們推薦的人選，希望說出這句話就能讓它成真。若能讓人感覺民眾已集體倒向某位候選人，其發揮的影響力是最大的。在美國，這個現象很能解釋二〇〇八年歐巴馬的當選、二〇一六年川普的勝利，以及二〇二〇年川普為何敗在拜登手下。當民眾集體跑去支持某位候選人時，每個人都會自認是依據該候選人的條件做出獨立判斷。這可能是事實，但也可能是因為民眾強烈受到一個普遍的觀感所影響：以為其他人都跑去支持那位候選人了。

身分認同：和你一樣的人在做什麼

一個人的身分認同——或者說他對自己的了解——對其行為有很大的影響，我們當然要認清這一點。如果世界某個地區的人被告知，世界另一個地區的人都在回收、吃素、戴口罩，他們可能會想：「噢，我也應該那麼做！」但他們的反應也可能是：「感謝上帝，我跟他們不一樣！」選擇設計師若要運用社會影響力，必須克服的一個挑戰是依據人們的自我認知順勢而為，而不是逆風而行。這種自我認知可能與國籍、文化、地區、種族、宗教、政治或最喜歡的球隊有關，我們甚至可以賦予它一個名稱：自我認同的認知（identity-based cognition）。

舉例來說，德州政府為了減少公路垃圾，想出一種極成功的方法，現在已被視為經典。起初，德州官員用花了大筆資金與高曝光的廣告來告訴民眾，不亂丟垃圾才是好公民，卻因效果不彰而感到非常挫折。很多丟垃圾的人是十八至二十四歲的年輕男性，聽到高高在上的菁英官僚勸誡他們改正行為，自是不放在心上；官員決定另外尋找一句「聽起來很有男子氣概的口號，同時訴諸德州人特有的驕傲感」。為了打動那群不甩政府的年輕族群，他們找來很受歡迎的達拉斯牛仔（Dallas Cowboys）美式足球隊球員拍電視廣告，他們在廣告中撿垃圾，徒手壓扁啤酒罐，粗聲粗氣地說：「德州不是讓你來亂的！」（Don't mess with Texas!）另外還請威利．尼爾森（Willie Nelson）等歌手拍攝其他廣告。

現在有各種產品以「德州不是讓你來亂的」為名，包括轉印貼紙、上衣、咖啡杯等。有一種頗受歡迎的轉印貼紙提供很「愛國」的配色，不僅有美國國旗的顏色，還有德州州旗的顏色（後者也許更重要）！

現在絕大多數的德州人都認得這句口號了，曾以壓倒性票數獲選為美國最受歡迎的口號，還在紐約麥迪遜大道遊行慶祝。（這可不是捏造的，當然，這種事大概只會發生在美國。）重點是：這項宣傳活動開始的第一年內，德州亂丟垃圾的情形大幅減少了百分之二十九；六年內，路邊可見垃圾量減少了百分之七十二。[20] 這麼好的成績並不是透過命令、威脅、強迫，而是極富創意的推力。

現在很多政府以某種方式訴諸自我認同的認知，做法大同小異。例如，印度的公衛部門為了讓更多人使用廁所，便強調甘地非常注重衛生，以此直接訴諸國族的驕傲感。又如蒙大拿州的州長史提夫．布洛克（Steve Bullock）為鼓勵民眾戴口罩，在宣傳活動中秀出蒙大拿人釣魚、滑雪、射箭打獵的照片，附上文字：蒙大拿人隨時戴口罩。當然，我們需要證據，才知道這類訴求能夠奏效的使用時機和方法。善用社會影響力和社會規範的推力，請民眾學習與效法他們能夠信任、且覺得和自己相似的人，最有可能成功。

多數的無知

若想要發揮社會影響力，一個很重要的挑戰與具體的機會是「多數的無知」（pluralistic ignorance），意思是所有的人或多數人都不知道別人的想法。我們有時會遵循某種慣例或傳

Don't mess with Texas.™

圖 3-1 「德州不是讓你來亂的」的標誌（獲德州交通局〔Texas Department of Transportation〕「德州不是讓你來亂的」網站同意轉載）

統，倒不是因為喜歡或認同，只是因為以為多數人都喜歡。很多社會習慣都是因此延續下來的，這表示，只要微小的打擊或推力就能夠撼動它。21舉一個最明顯的例子：共產主義能在前蘇聯集團存在那麼久，一部分是因為民眾並不知道有那麼多人鄙視共產政權。當人們了解他人的真實想法，便能鼓起勇氣說出自己的觀念，並據以行動。

我們可以藉此了解大規模的社會變遷是如何發生的。通常，人們一開始會被賦予權力或被鼓勵依照自己實際的觀點表達看法和行為，就像安徒生的精彩故事〈國王的新衣〉所描述的。這顯然是社會性的推力，能發揮類似許可證的作用。如果小孩大聲說出國王沒穿衣服，群眾可能突然覺得也可以這樣說。有時也會發生戲劇化的改變，推翻長期以來的做法，而這通常是推力造成的，引發類似瀑布效應或羊群效應，讓人感受到別人的實際想法後，覺得自己也能說出真實的感受，例如同性婚姻、#MeToo、#黑人的命也是命（BlackLivesMatter）。這些運動都是因明顯的行動而引燃，包括社交媒體的強大活動，容許或鼓勵人們袒露長期以來被壓抑的憤怒和憤慨。原本噤聲或默默受苦、悲傷、憤怒的人，突然看到可以通行的綠燈。

沙烏地阿拉伯的實驗是個鮮明的例子，該國長期存在「監護人」（guardianship）的習俗，即丈夫有權決定妻子是否能出外工作。經濟學家李奧納多．伯斯汀（Leonardo

Bursztyn）及同僚私下詢問一大群已婚的年輕男性，是否贊成女性參與勞動，結果發現絕大多數都贊成。[22]他們同時也發現那些男性對社會規範有極深的誤解，誤以為其他相似處境的男性（甚至包括同社區的人）都不希望妻子加入勞動市場。

伯斯汀與同僚隨機將受訪者分成兩組，讓其中一組了解其他年輕男性的觀念。結果，他們同意妻子工作的意願大幅提高（別忘了當地有監護人習俗），這對女性的實際行為產生極大的影響。這項干預實施四個月後，被矯正觀念的半數實驗者的妻子較可能去應徵與面試。這帶給我們一個更普遍的啟示：如果人們誤以為多數人都認同某項長期存在的社會規範，只要稍微施加推力來矯正誤解，就能激發大規模的改變。

善用社會規範作為推力

這些研究給我們很清楚的啟示，假如選擇設計師希望透過推力改變人們的行為，那麼只需向大家說明其他人的想法與行為即可。有些人會對其他人的想法與做法感到訝異，因而受到較大的影響。大量研究顯示，讓人們了解社會規範，便能產生極大的效果。就像在其他議題上，實際測試你的假設是最有效的，這是其他方式所難以取代的。畢竟每個地方的人可能都不太一樣，（有些推力單位秉持一句很有用的口號：「測試、測試、再測試。」）試舉下列幾個例子說明。

以納稅為例，明尼蘇達州政府的一項實驗便促成了行為的巨大改變。[23]他們提供四種資訊給四組納稅人：第一組被告知他們的稅金用於教育、警政、消防等有益的事；第二組被威脅若不繳稅要如何處罰；第三組被告知對報稅有任何不清楚的地方該如何求助；第四組被告知超過九成的明尼蘇達人已百分之百依法報稅。

結果只有一種方法對於促進繳稅有明顯的效果——第四種。顯然有些人會不納稅，是因為誤以為依法納稅的人不多——可能是因為常在媒體及其他地方看到關於逃漏稅的報導。一旦被告知依法納稅的人很多，便比較不會逃漏稅。可見，只要引導大眾注意其他人的行為，便可能讓某種行為增加（至少增加到一定程度），不管是好的或不好的行為。（給政黨的提醒：如果你們希望提高投票率，請不要哀歎太多人不投票，倒是應該告訴民眾，他們有很多鄰居都會投票！）

運用這個策略可為政府省下很多錢，如同英國行為洞察團隊早期的一項實驗所顯示的。該實驗的目標是探究如何讓欠稅的人更快繳清；實驗結果由組員麥可．霍斯沃思（Michael Hallsworth）與三位經濟學者一起分析。受試者（他們都不知道自己參加實驗）

是收入不會被預扣所得稅、且未全額繳清稅款的納稅人，例如企業主。研究人員試驗寄出不同的信，與控制組的信相比較（後者只提醒人們還欠多少錢）。

最有效的信件內容是：「英國有九成的人按時納稅，只有極少數人目前還未繳，你是其中之一。」請注意，這封短信同時（忠實地）傳遞兩個訊息：多數人按時納稅，你是未繳稅的少數人。後續的實驗發現，在訊息中加入地區，可以進一步強化效果，如「曼徹斯特有九成的人按時納稅」。這些信件發揮了很實質的影響，收信後二十三天內繳稅的人增加了百分之五。[24]幅度看似不大，但就像許多類似的干預方法，成本低到可以忽略。政府原本就要寄提醒信，何不同時輕推一把？

事實證明，不論是關於哪些議題，要求人們仿效的對象是**誰**很重要。名人與所謂的網紅，或許自認最適合激勵我們這些一般人改變做法，但事實是，人們似乎對於境況及條件與自己相似的人所樹立的規範，反應最佳。二〇〇八年，有人研究哪種方法最能有效讓飯店住客重複使用毛巾。[25]讀者大概已經猜到了，請客人為了環保而重複使用毛巾不太有效，還不如傳遞社會規範的訊息：「請加入其他客人的行列，一起環保愛地球。將近百分之七十五的客人……會重複使用毛巾。」

「客人」的部分是關鍵。研究人員也試驗了其他訊息，強調與收信人的某項特質（如性別）相同的客人重複使用的比例，以及同一間客房的前房客的行為。參與者雖表示其他身分特質對他們更重要，但影響其行為表現最多的，終究是同一間客房的前房客！研究人員稱這種認同小集團的現象為「周遭環境的規範」（provincial norms）。隨便哪個青少年都可以告訴你，同儕壓力是很真實的。

論及公共意見與法律，很多國家在一個議題上都見證到瀑布效應，本書第一版為此特別寫了一章：同性婚姻。二〇〇八年本書出版時，許多國家（包括我們的國家）對這個議題的看法嚴重分歧。很多人強烈認為同性婚姻應該被允許和承認，甚至認為道理不言可喻。在美國，跨種族的婚姻在許多州曾經是違法的，但到了一九六七年，這類法律已被宣告違憲。支持同性婚姻的人相信，同性婚姻也適用同樣的論點；但另一些人對同性婚姻抱持同等強烈的反感。值得注意的是，二〇〇八年，立場中間偏左的混血總統候選人歐巴馬致力維護民權與人人平等，他的官方立場卻仍認定婚姻是一男一女。當時我們自信找到解決方法，十分符合自由家長制的精神：婚姻民營化。

我們主張政府不該再將婚姻定義為一種法律類別，而是簡單地將家庭合夥關係當作商業關係來處理。在美國，這種合夥關係稱為民事結合（civil union）。當時很多政府（州與國家）也確實同意，同性伴侶可以走民事結合，但這些人合理地感覺被歧視，因為只有異性伴侶有資格獲得**婚姻關係**，這個詞同時賦予了法律與社會地位。（在美國，民事結合伴侶無法取得許多法律權利，包括配偶的稅賦減免。）依照我們提議的制度，所有這些法律條款須依據政府賦予的地位來定義，但婚姻應該是純私人事務，依據人們想要遵循的規範，由宗教或其他團體主持。如此，婚姻便不再是政府界定的官方類別。我們希望這套做法有助於緩和嚴重的歧見：如果政府不再管婚姻，這整個領域都會減少很多紛爭。

我們其實還是很喜歡那個構想，但經過十二年的發展，現在大抵已派不上用場了。讓我們大為驚喜的是，很多國家在這段期間採取簡單許多的另一種方法——直接容許與承認同性婚姻！在美國（我們主要探討的地區），這件事的發展出奇快速。二〇一二年，總統歐巴馬說他改變主意了，宣布「同性伴侶應該能結婚」。[26]二〇一五年，美國最高法院裁定，依據美國憲法，同性伴侶有權結婚。[27]讓很多人（包括我們）大為驚訝的是，法院的裁定並未引發太多反彈。在美國的每個州，同性婚姻現在是合法的。

全世界很多地方異乎尋常地快速走向相同的結論。截至二〇二一年，大約三十個國家承認同性婚姻，包括阿根廷（二〇一〇）、澳洲（二〇一七）、奧地利（二〇一九）、巴西（二〇一三）、加拿大（二〇〇五）、丹麥（二〇一二）、英格蘭與威爾斯（二〇一三）、芬蘭（二〇一五）、法國（二〇一三）、德國（二〇一七）、冰島（二〇一〇）、愛爾蘭（二〇一五）、墨西哥（二〇〇九）、荷蘭（二〇〇〇）、紐西蘭（二〇一三）、挪威（二〇〇八）、葡萄牙（二〇一〇）、南非（二〇〇六）、西班牙（二〇〇五）、瑞典（二〇〇九）。*28

請多看幾眼上述年分。前述每個國家都曾經長期拒絕承認同性婚姻，一代一代的多數人民曾經嘲弄或厭惡這個觀念，但在短時間內，全都改為將同性婚姻等同異性婚姻看待，且大致沒有經過太多爭議就變成如此。這是如何發生的？為何這麼多人（包括筆者）未能預期這樣的發展？

若要完整探討，需要另外寫一本書，但我們已經找出兩大線索。第一，很多未表露性傾向、甚至也從未嘗試爭取同性婚姻的同性戀者出櫃。每當有人分享「我是男同」、「我是女同」或「我是雙性戀者」，就是小小的推力。一旦人們開始向家人朋友表露性傾向，閘門就開啟了，尤其當家人是政治人物且所屬政黨反對這項改變時，影響更大。

在職場公開性傾向也有影響，尤其當那個職場是美國最高法院。法官小劉易斯・鮑威爾（Lewis Powell Jr.）在一九八六年投下關鍵票，導致同性戀平權運動挫敗，他對法官同

＊編注：台灣於二〇一九年承認同性婚姻，成為亞洲首個同性婚姻合法化的國家。

僚說了一句名言：他不曾遇過任何人是同性戀。事實上，在他的那個任期裡，就有一位書記官是同性戀。此外，二〇一三年，即通過全國同性婚姻合法的裁定的前兩年，全國ＬＧＢＴ律師協會（National LGBT Bar Association）有三十名成員進入最高法院執業——這是第一次有公開出櫃的同性戀律師獲准以團體身分進入最高法院。[29]

第二，社會影響力很關鍵。在同性婚姻的議題上，城市、州、國家都見證了資訊與名聲的瀑布效應。愈來愈多人加入陣容日趨龐大的輿論，使得最初引發他們做出回應的訊息擁有更大的聲量。長期以來被舊規範所懲罰的陳述（「我贊成同性婚姻」），突然被新的規範所獎勵。我們已經看到，當一種規範或做法被認為正在興起或愈來愈受到支持，就能發揮強大的推力，即使尚未獲得大多數人的支持。[30]在重要時期，新興的規範無疑是支持同性婚姻的，形成一種自我實現的預言。我們必須說，儘管我們很喜歡自己的點子，看到這樣的結果還是非常高興。

公私機構的選擇設計師都能運用本文強調的社會影響力。企業與政府也可以利用這股力量，推動許多好的（或壞的）目標。事實上，這樣的情況每天都在發生。就好的目標來說，還有很多事可以做。

第 2 部

選擇設計師的工具

第四章

我們何時需要推力？

人類有能力創造非凡的成就，但也會犯愚蠢的錯誤，這些我們都見識過。那麼，應該怎麼做最恰當？既然不能免於選擇設計及其影響，答案就很明顯了。簡單地說，就是採取所謂自由家長制的黃金原則：提供最可能有幫助、最不可能造成傷害的推力。*1更詳盡的回答是：當人們面對的抉擇不太需要專注或比較困難、抉擇後無法得到立即的反饋、很難將問題轉換成自己容易理解的語彙、面對不熟悉或少見的情況——這時便很可能需要推力。如果你要從家裡開車到當地的商店，應該不需要使用導航裝置；但若要在一個從沒去過的城鎮裡找路，導航也許是不可或缺的。

本章將試著具體闡明這些觀點。首先要說明，人們在哪些情況下最有可能做出不明智的選擇，接著把重點放在所謂「市場的潛在神奇力量」，探討自由市場與公開競爭是否會淡化人性的弱點，或反而只是助紂為虐。重點是市場機制雖有許多優點，卻常常讓企業有強烈的誘因要訴諸人性的弱點（並從中獲利），而非致力消除或減輕其影響。

棘手的選擇

假設你被告知有一群人在不久的將來必須做一些選擇，而你是選擇設計師，負責設計人們做選擇的環境，決定提供哪些推力以及推力的明顯程度，那麼你需要哪些資訊，才能設計出最佳的選擇環境？

■ 心不在焉

任何人最常犯的錯誤大概就是健忘。我們都知道注意力就像自制力一樣有限，心不在焉是在所難免的，所以我們會列出待辦事項和購物清單，手機裡會有日曆提醒特定日子的

＊ 柯林・卡默若（Colin Camerer）與同僚主張「非對稱家長制」（asymmetric paternalism），意指採取行動幫助最不具判斷力的人，同時儘量減少對其他人的傷害。我們基本上遵循此一精神。

活動，這些提示很有幫助。在其他很多領域，科技同樣讓我們很容易便能輕推自己或別人。現在幾乎每個人口袋裡都有手機可以接收文字訊息（就連貧窮國家通常也是），適時寄發提示是很容易的。多數企業已學到這一招：診所、美容院、餐廳都會在約定日期來臨前寄發提醒。帳單也是。可嘆的是，有些企業就是靠著我們的健忘來賺錢，好比信用卡公司，如果你沒有準時繳款，就得付出高昂的費用，他們可不會提供上述禮貌的提醒，除非你弄清楚如何提出這項要求。這不是有點荒謬嗎？

各種提醒方式無所不在，有時候是很棒的推力，但這不表示我們無法找到新的方法幫助人們記住約定的時間和該做的事。下面舉兩個例子。

催出選票：自有記憶以來，競選活動都是使用同樣的招數鼓勵民眾出來投票。候選人會打電話給可能支持自己的選民，詢問是否打算投票，如果答「是」，電話就結束了。二〇〇八年美國總統大選後，這項做法有了改變。政治學家大衛．尼柯森（David Nickerson）和行為科學家陶德．羅傑斯（Todd Rogers）在黨內初選期間做了一些實驗，初步詢問民眾是否會去投票後，接著問三個問題：一、你預計何時前往投票所？二、你預期從哪裡前往？三、你出發之前可能在做什麼？

提出這些追蹤問題的概念，來自心理學家彼得．高爾維哲（Peter Gollwitzer）的研究，他發現，人們若做出明確的「實踐意圖」，就較可能實現目標。他的理論在這個情境中發揮很大的作用——提醒選民安排計畫，讓投票率提升了百分之四點一！有趣的是，這個效果在單人家庭更是強大許多。如果一項計畫需要事先安排，光是記得要做，只算達成目標的一半。若能進一步激發實踐的意圖或詢問類似前述的三種問題，在很多領域都能發揮很好的效果。

檢查表：商業飛機的駕駛即使飛行了數百次甚至數千次，每次起飛前還是要遵循一套正規儀式，完成一份檢查表，以便在飛機出發之前做好萬全準備。他們可不希望在起飛前忘記把油加滿！外科醫師阿圖．葛文德（Atul Gawande）在暢銷書《清單革命》（*The Checklist Manifesto*）裡詳述手術室的類似儀式。由於手術過程中可能造成感染，這套儀式就是要降低這類風險。事實上，如果所有相關人員都徹底清洗雙手，感染風險可以降到零，問題是外科醫師也可能心不在焉！

例行檢查要能成功，一個有趣的關鍵是授權在場每個人都能提醒心不在焉的出錯者。當團隊中的低階成員（如護理師）看到知名的外科醫師跳過某一步驟時，可能不太願意說話，但如果出聲提醒被視為工作的一部分，他們就會做。順帶一提，這絕對是普遍適用的原則。倘若每個人都被賦予權力，可以在上司即將犯錯時出聲提醒，所有的組織都會運作得更好。檢查表能作為一種選擇設計：桑思坦在白宮服務時，協助建立了「法規影響分析檢查表」，內容只有一頁多一點，主要是提醒政府機構，一項法規在定案前應該注意的具體事項。

■先享受，後付代價

我們已經看到，當人們面臨的抉擇對自制力構成考驗時，便會出現一些可預期的問題。生活中的許多選擇——例如要穿藍襯衫或白襯衫——與自制力比較無關。自制力最可能受到考驗的情況，是做了選擇之後要隔一段時間，才能看到後果。有一種極端的例子或可稱為投資財（investment goods），如運動、使用牙線、健康飲食（意思是攝取健康的食物但不過度）。要得到這些投資財，你必須立即付出成本，效益卻會延遲出現。在這方面，多數人的問題是做得太少。雖然也有一些運動狂或酷愛使用牙線的人，但我們應該可以確定，極少人的新年願望是在新的一年裡少用牙線或少騎運動自行車。

另一個極端的例子可稱為誘惑財（temptation goods）：抽菸、酗酒、狂追經典美劇《六人行》、嗜吃超大的巧克力甜甜圈等。現在立刻享受，事後承擔後果。（我們也會追劇，後果是因為拖延而來不及交稿。）此處同樣適用新年願望的試驗：有多少人會立志來年多抽菸、多喝酒、追更多劇，或多吃幾個巧克力甜甜圈？投資財與誘惑財都很適合使用推力。多數人並不需要別人慫恿自己多吃一塊布朗尼，卻很可能因別人的鼓勵而多運動一些。

■困難度

幾乎所有六歲以上的人都會綁鞋帶、玩圈叉遊戲、輕易拼出貓（cat）這個字，但恐怕沒有多少人能綁出漂亮的領結、精通西洋棋或拼出（更遑論讀出）心理學家米哈里・契克森米哈伊（Mihály Csíkszentmihályi）的名字。當然，我們會想辦法克服困難，好比購買預先綁好的領結、閱讀關於西洋棋的書、上網查詢Csíkszentmihályi的拼法（然後在每次需要時複製貼上）。我們也會利用拼字檢查與試算表解決難題，但人生有些問題真的很艱難，科技也無法提供像拼字檢查這麼簡單的解決方法。例如，要選擇適合的貸款，恐怕比選對吐司更需要旁人的協助。

■頻率

即使是困難的問題也會因練習而變得容易，甚至變成自動化解決。我們兩人都能經常將網球打到發球區（桑思坦的球速甚至相當快，至少在表現不錯的日子裡是如此），但確實花了一些時間練習。一般人初次打網球根本不容易打過網，更遑論打進發球區。所幸，熟能生巧（至少練習後不再那麼笨拙）。

遺憾的是，人生有一些很重要的決定，並沒有提供太多練習的機會。多數學生只能選擇一次大學。在好萊塢之外，我們多數人一生選擇配偶的次數……嗯，最多也不過兩三次。多數人也不會嘗試太多種職業。除了科幻小說之外，我們只有一次機會儲存退休金（雖則過程中可以做一些調整）。一般而言，影響愈大的事，愈沒有機會練習。多數人買房子和汽車的頻率，十年內大概不超過一兩次（甚至更少），但買日用品的經驗就多很多了。多數家庭已學會相當精準地控管牛奶的庫存，倒不是因為數學很厲害，而是透過嘗試與犯錯。*2

這並不是說政府應告訴人民，該和誰結婚或該讀什麼科系。本書談的是自由家長制，此處只是要強調，推力很適合運用於少見且艱難的選擇。

■反饋

然而，如果欠缺學習的機會，練習也未必有效果。比較有效的學習方式，是每次嘗試之後都能立即得到清楚的反饋。假設你在練習場練習推桿，如果十球都打向同一個洞，很容易便能約略掌握如何施力。在這種情況下，即使是最沒有運動細胞的人，也可以很快學會評估果嶺上的球速。反之，假如你在練習時看不到球停在哪裡，即使推一整天也不會有任何進步。

＊這裡面存在很深的諷刺。行為經濟學發展的初期，許多囿於傳統觀念的經濟學家認為，心理學實驗不值一哂，理由是這類實驗的內容多半是「無關緊要」的小事，且人們通常沒有足夠的機會學習。意思是，只要問題更攸關當事人的利益，且實驗對象有很多機會練習，應該很容易「答對」。這種論調至少有兩個問題。第一，並沒有證據可證明攸關當事人的利益，就能讓人表現得更好。大致來說，利益的關聯性的影響似乎沒有那麼大。更重要的是第二點，經濟學應該是要幫助我們了解人生的重大決定，偏偏這些決定通常沒有很多機會可練習。如果人們在二、三十歲時能先有幾次「試婚」的經驗再定下來，離婚率或許會比較低（雖則我們對這項預測也不是很有信心）。事實是，在現實生活中，選擇伴侶很困難，失敗者大有人在。同樣的道理，如果讀研究所可以有練習的機會，或許會少一些開計程車的哲學博士。一個人到了三十五歲，顯然已不容易「重新來過」。

遺憾的是，人生的很多選擇就像練習推桿，卻看不見球滾到哪裡去，原因很簡單：選擇的環境未提供適當的反饋。舉例來說，我們通常只能就自己的選擇獲得反饋，棄選的部分則完全沒有。除非你特別去做實驗，否則可能永遠無法知道走一條不熟悉的路會通往哪裡。如果你每天晚上都繞遠路回家，你可能永遠不知道有更快的路。費時較久的事情，也很少提供好的反饋。有些人長年吃高脂飲食，卻未得到任何嚴重的警訊，直到有一天突然心肌梗塞。當反饋機制失靈時，推力便可派上用場。

■了解你的好惡

多數人很清楚自己是否喜歡咖啡冰淇淋甚於香草冰淇淋，喜歡布魯斯．史普林斯汀（Bruce Springsteen）甚於巴布．狄倫（Bob Dylan）、籃球甚於足球（或橄欖球）；在這些例子裡，我們都有機會嘗試不同的選擇，從而確認自己的品味。但是，假設你必須對不熟悉的事物預測好惡，例如第一次到緬甸餐廳或食物很奇特的國家用餐，聰明的觀光客通常會求助他人，好比服務生可能會告訴你：「多數外國人愛吃X，討厭吃Y。」即使不是很奇特的地方，讓別人幫你做選擇也可能是明智之舉。世界上很多最好的餐廳提供給客人的選擇很少，可能只會問你要選擇兩小時或三小時的菜色、是否有飲食的限制。選擇少的話，有一個好處，等於授權廚師提供你永遠想不到要點的美食。在最好的壽司餐廳，傳統做法是讓廚師決定你吃什麼；你只須要求「無菜單料理」，就能吃得很好。外國人通常不太喜歡某些食物，有些廚師會問：「你確定要海膽嗎？」這就是個人化無菜單料理。

如果人們在做選擇時，無法將之轉化為即將發生的體驗，也就比較難做出明智的決定。一個簡單的例子是，點餐時發現菜單是你不懂的語言，但即使你懂得字義，也未必能將考慮的選項轉化為對你有絲毫意義的內容。

試以選擇哪一種共同基金納入退休投資組合為例。多數投資人（包括作者）都不太知道如何比較「資本增值基金」（capital appreciation fund）與「動態紅利基金」（dynamic dividend fund），就算把這些詞彙弄懂了，也不見得能解決問題。投資人唯一需要知道的是：在不同的情況下，這些選擇會如何影響退休後的消費力——但即便是擁有優質軟體且完全了解這兩種基金投資組合的專家，也不一定能好好分析。（就像他們依照規定所附的免責聲明所說的：「過去的報酬率未必能準確預測未來的報酬率。」）醫療保險也有同樣的問題；我們都不太了解做選擇之後會有什麼影響。如果你的女兒罹患罕見疾病，你去求助高明的醫生，能獲得保險給付嗎？一般要等多久才能獲得醫治？選購汽車不算特別困難，但你知道確切來說需要哪些配備嗎？循跡控制系統？主動轉向頭燈？盲點警示？後方來車偵測？當人們很難預測自己的選擇會有哪些影響時，提供太多選擇或甚至讓民眾自己選擇，未必是有利的。這時候，適當的推力或許是及時雨。

市場機制：功過難定

我們且就目前為止的討論做一個簡單的結論，人們在面對下列選擇時可能最需要適當的推力：需要牢記，或選擇之後無法立即看到效果；面對的選擇很困難、少見，且不易得到反饋；選擇與體驗之間的關聯不清楚。我們當然要探討一個問題：即使在這種情況下，自由市場的機制難道無法解決問題？市場的競爭通常能發揮很好的作用，但市場能製造奇蹟嗎？我們對奇蹟永遠要抱持懷疑的態度。

一個鮮明有趣的例子是銷售假的醫療法，在世界各地都能看到不同形式的類似做法。美國西部電影裡，這種神奇萬靈丹通常稱為「蛇油」，也許是為了讓競爭對手聽到之後不想進入市場。蛇油號稱能治百病，不論是粉刺、關節炎、性無能都沒問題。現代版蛇油仍存在於「自然保健」領域（很多國家在這部分沒有太多規範），但為了方便本章的簡短討論，我們且把重心放在蛇油上，因為蛇油的行銷策略，可以幫助我們約略了解市場的機制及其侷限。

每隔一段時間就會重新冒出各種騙局，手法往往與典型西部電影版的蛇油設計相當雷同。通常是一個「醫生」乘著篷車來到鎮上，在本地的酒館附近開業，販售一瓶瓶自己特製的蛇油，不論你生什麼病都可以醫治。好巧不巧，人群中一個拄著拐杖的人馬上冒出來，質疑醫生的話，說他是冒牌貨。那人指指讓自己不良於行的跛腳說：「醫生，我打賭你治不好這條腿！」醫生慷慨地送那名可憐人一瓶蛇油免費試用。奇蹟發生了，隔天他的腿就好了！接著，蛇油銷售一空，但隔天一早，醫生和他的合夥人（假扮拄拐杖的人）就溜出城，往下一站去了。在擁擠的城市裡觀光客愛去的地方，還可以看到某種版本的同樣騙局，只是現在不賣蛇油，而是容易賺錢的方法，好比玩猜三張紙牌的一張牌或三個杯子下的豆子藏在哪裡。（這種版本的同夥會在一開始贏錢。）

很多產品都是要吸引一般人而非經濟人，這類看似極端的騙局只是其中幾個例子。你可以在網路上找到一大堆案例，如果你在某些國家觀看深夜的電視節目，還是有很多人在賣蛇油。本書有一章談保險，內容相當刺激（有的評論家甚至說很驚悚），裡面談到，這個領域的很多產品就像蛇油一樣，你應該盡量避開。這裡先預告一下：你不需要延長保證。但此處要探討的是更大的議題：競爭市場能否保護消費者不被詐術所害？遺憾的是，答案是否定的。

進入蛇油市場雖然並非零成本，卻沒有受到規範。只需要兩個人、一輛篷車、幾個瓶子、有本事說得天花亂墜，就可以進入這一行。若能說謊不臉紅、騙走無辜旁觀者的錢而不愧疚，就更能勝任。當然，風險是他們隨時可能被認出來，被當地警察抓走。但關鍵是：沒有人能因為叫別人不要買蛇油而賺到錢！通常很少人完全沒有病痛，所以，開開心心花一點錢、買一瓶仙丹也是可以理解的。只是不知道能不能治癒新冠肺炎？網球肘？背痛？寫作沒靈感（或打字打到手指痛）？

買蛇油只是亂買東西的極端例子之一。很多人賭博成癮，對這些人而言，賭場的危險性不下於海洛因或古柯鹼。賭場雖有規範，進入市場也有一些限制，但確實會與同業及其他形式的賭博互相競爭，如運動博彩或自己下單交易期權。競爭方式是提供誘人的環境、免費飲品，有時候還有較高的贏錢機率。但是，從沒有人靠著說服別人不要賭博而致富。我們希望之後談金錢的各章，能幫助讀者避開一般人在財務領域常犯的錯誤，但我們不會因為你讀這幾章而多收錢，也不期待本書會消除延長保證的事業。

在這個時代，販賣蛇油比任何時候都更容易，人們可以上網販售號稱可降低癌症風險、治療糖尿病、幫你省錢、讓你的皮膚晶瑩剔透、對抗焦慮和憂鬱的產品。我們是女星葛妮絲・派特洛（Gwyneth Paltrow）的粉絲（推薦觀賞評分被低估的《樂下星情》〔*Country Strong*〕），但她的網站Goop銷售的產品實際上可能包含少量的蛇油。論及健康、愛情和金錢，要利用人們的資訊匱乏來賺錢，一點都不難。當涉及這三樣時，業者有強大的誘因去利用人們的行為偏見來獲利，包括可得性、不切實際的樂觀和定錨。當然也會創造資訊瀑布，有時候也真的會得逞。

這帶給我們一個普遍的啟示：很多時候，訴諸人性的弱點，比幫助人們避開這些弱點更能賺錢（酒吧賺的錢比匿名戒酒會多得多）。因此，當一般人遭遇問題時，妥善設計的推力或許可助他們一臂之力。

第五章
選擇設計

設計的重點不只是商品的外觀和給人的感覺，還包括運作的方式。

——賈伯斯

塞勒早期曾在商學院教書，有時會有學生提早離開去面試（也可能是去睡午覺），他們會努力偷偷摸摸地溜出教室。不幸的是，走出教室的唯一出口是前面的大型雙扇門，出去時全班都看得到（但不在塞勒直接的視線範圍）。門上有巨大又漂亮的直立圓筒木手把，長約九十公分。當學生走到門口時，必須面對兩種相反的直覺，一是推門出去，一是用拉的——因為那種木頭手把顯然是設計來給人拉的。第一種直覺顯然敵不過第二種，每個學生離開時都會用拉的。（這種手把會稱為拉桿是有理由的。）很可惜，他們都錯了。

某一天，一位想要逃離教室的學生尷尬地想要拉開門時，塞勒向全班指出這件事。其後每當有學生要偷溜時，其他人便熱切地等著看好戲。讓人驚訝的是，多數人還是用拉的！他們的自動系統太強大，巨大的木製門把所傳遞的訊息硬是無法被過濾掉。（說來汗顏，塞勒自己要離開教室時偶爾也會用拉的。）

這種門把是很拙劣的選擇設計，因為違反了一個名稱很複雜的心理學原則：刺激－反應的相容性（stimulus response compatibility）。簡單來說，就是你接收到的訊息（刺激）應與期待的行為一致。若有不一致的情形，便會影響表現，讓人容易犯錯。

舉例來說，如果路邊豎立著一個紅色八角形的大標誌寫著「通行」，可能會造成災難。這種矛盾現象所造成的困難很容易透過實驗顯示，其中最有名的實驗之一是司楚卜測試（Stroop test）。[1]現代版的實驗是讓人們看電腦螢幕上閃現的字，然後做一件很簡單的事：看到紅字按右鍵，看到綠字按左鍵。多數人都覺得很容易，沒多久就可以按得很快，而且非常準確。但那是在還沒碰到變化球以前，一旦碰到用紅字顯示的「綠色」或用綠字顯示的「紅色」時就糟了。碰到這種矛盾的訊號，反應的速度會變慢，錯誤率會提高。

一個關鍵因素是自動系統閱讀文字的速度較快，省思系統負責顏色名稱的部分，在判斷文字的顏色時比較慢。當你看到紅字顯示的「綠色」時，不假思索的自動系統便急著按下左鍵，結果當然是錯的。讀者不妨自己試試看。你可以拿一些蠟筆寫下各種顏色，但所用的蠟筆必須與所寫的顏色不同。（若是找個小孩幫你做這件事更好。）然後盡可能以最快的速度讀出顏色名（亦即只看文字，不管顏色）。是不是很容易？接著以最快的速度讀出使用的顏色，但忽略文字。是不是比較難？那是因為碰到這種情形，自動系統經常勝過省思系統。（你是否聽過那句俗語：「老百姓鬥不過官府」？自動系統就是人腦的官府。）

我們雖未見過綠色的「停止」標誌，前述不知該推或拉的門卻很令人挫折地常見，這其實都違反了同樣的原則。扁平的門把就是告訴我們「推開」，巨大的門把就是「拉開」，設計者不該預期人們看到理應用拉的門時會用推的！這就是選擇設計未能符合人性基本原則的失敗案例，在許多生活用品上都看得到這種問題。舉例來說，電視遙控器最大的按鍵，不是理所當然應該是開關、頻道和音量嗎？但我們看過多少遙控器的音量鍵和「輸入鍵」一樣大？（若不小心按到輸入鍵會導致畫面消失，有時候得等你找到一個青少年幫你調整回來。）

這世界不需要充斥明顯是叫人「拉開」、實際上卻必須「推開」的門把。將人的因素融入設計裡並非不可能，如同唐納．諾曼（Don Norman）在他的傑作《設計的心理學》（*The Design of Everyday Things*）裡所描述的。事實上，這本書的精髓充分表現在聰明的封面設計上：那是一張茶壺的圖片，茶壺的把手和出水口在同一邊。讀者不妨停下來想想這個設計。

他提到的另一個設計失敗的例子，此刻可能就在你的廚房裡：基本的四口爐（圖5-1）。這類爐子的爐口通常是對稱排列，開關則是一直線排列在下，這種設計常會讓人搞不清楚哪個開關控制哪個爐子，很多人因此燒壞鍋子。圖中另外兩種設計只是眾多更好的可能性之二。本章要凸顯的精神是：好的設計通常不會比拙劣的設計昂貴。事實上，簡單標示「推」的牌子，就比精緻的銅製或木製拉把便宜。

好的設計與實用的建築所採取的原則也可適用在選擇上。我們的主要原則很簡單：若要鼓勵人們採取某種行動或從事某種活動，一定要把它變簡單。這個道理可歸類為頂尖心理學家庫爾特．勒溫（Kurt Lewin）所說的「渠道因素」（channel factors），勒溫指的是可用以促進或阻止特定行為的微小影響力。[2]讀者不妨把渠道想成是春雪融化時的河道，河道的走向可能取決於地形的微

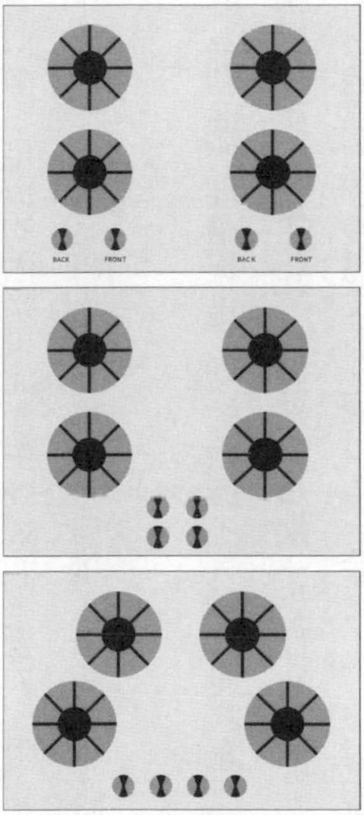

圖 5-1　四口爐的三種設計

小改變。勒溫認為人類也是一樣，看似微不足道的因素可能產生強大的影響力，阻止人們去做原本想做的事。如果你要促進正向行為，與其將人們往那個方向推，去除微小的阻礙會更有效。

在耶魯大學校園進行的一項實驗為勒溫的理論提供早期的證據，實驗者是霍華・雷文索（Howard Leventhal）、羅伯・辛爾（Robert Singer）與蘇珊・瓊斯（Susan Jones）。[3]他們以耶魯的四年級生為對象，針對破傷風的危險以及前往健康中心接受預防注射的重要性進行極具說服力的教育。多數學生都信服了，表示會去注射，但意願卻未能完全化為行動。真正去注射的人只有百分之三。

其他實驗對象除了上同樣的課，還另外拿到一張校園地圖，圖中將健康中心的位置圈起來。接著，請實驗對象查看每週時間表，先計劃要去注射的時間，再看看地圖，決定走哪一條路線。受到這些推力的影響，百分之二十八的學生去接受了注射。這些操縱手法其實非常委婉，別忘了這些學生已四年級，當然知道健康中心在哪裡（耶魯校園並不大），而且也沒有請他們真正預約注射時間。但是，真正去注射的學生竟然是原來的九倍，顯示渠道因素的潛在力量很大。這裡採取的原則，與前述鼓勵民眾出來投票的研究的原則是一樣的。

所以，如果本書只讓你記住一件事，那就記住這一點：假如你要鼓勵別人做某件事，**就把它變容易**。你願意的話，不妨搭配老鷹合唱團那首老歌〈放輕鬆〉（Take It Easy）一起哼唱。

預設選項：鋪一條阻力最小的路

基於前面分析過的理由，很多人習於選擇最不費力或阻力最小的路走。讀者應當還記得，前面討論過的惰性、維持現狀的偏見，以及「無所謂」捷思法。這些分析告訴我們，當你提供人們預設選項——亦即當人們無所作為時，便自動生效的選項——我們可以預期最後會有很多人接受預設選項，不論那個選項對他們是好是壞。我們也強調過，當局提供預設選項時，若明示或暗示這是正常或推薦的做法，會更強化人們這種無所作為的行為傾向。

預設選項無所不在，而且具有很強大的力量。事實上，提供預設選項是無可避免的，因為在選擇設計系統的任何一個點，都必然要有一條規則決定人們無所作為時的相應結果。當然，通常的答案是：如果你無所作為，就不會發生任何改變，原本的情況會繼續維持下去。但也不是沒有例外，有些危險的機器如鏈鋸和除草機都有控鈕型開關（dead man switch）的設計，只要沒有人握著機器，它就會自動停止。又如你離開電腦去接聽電話，若時間很短還不會發生任何事，但在一段時間後，電腦便會啟動螢幕保護裝置。當然，你可以選擇要等多久才啟動螢幕保護裝置，但這需要你採取行動。你的電腦可能預設在一定的時間後，啟動一定形式的螢幕保護裝置，你現在使用的很可能就是這套設定。

選擇設計師（如自助餐廳的主管卡洛琳）有很多機會決定預設選項，動機可以是增進自身利益或提升使用者的福祉，無論公民營組織都是如此。一九三八年，德國舉辦選舉，詢問選民：「你是否贊同奧地利與德意志國於一九三八年三月十三日完成統一，你是否贊成希特勒成為我們的元首？」如圖5-2所示，「贊同」（ya）的選項不只是被輕推而已。[4] 民營企業也是一樣，公司通常可以、也確實會依據兩個理由來決定預設選項：善意猜測顧客的偏好，或是為了自身利益去取得隱私資料或金錢。舉例來說，企業可能會讓人們自動加入一點都不符合顧客利益的方案。第八章探討淤泥時，會更詳細討論這一點，但此處要清楚說明一點，無論是在任何領域，我們對選擇設計師的意圖都不抱持天真的樂觀。每當塞勒被要求在《推力》簽名，他都會寫「推向更好的明天！」（Nudge for good!）這是呼籲，不是預期。

我們要重申，預設選項未必都有很高的黏性，後文會看到相關例子。舉例來說，如果預設選項的結果明顯不好，選擇退出的成本又很低，人們就比較可能拒絕預設選項。多數汽車啟動時，預設的音響設定是依據前次設定的音量，播放前次的音樂來源。假設車子只有一人使用，這樣很好，但如果家長平常的選擇是低音量播放新聞台，碰到上次的使用者是大聲播放嘻哈樂的青少年，那麼家長一上車就會快速改變音量或來源，或是兩者都改。事實上，兩位駕駛人可能養成一上車便立刻改音樂的習慣（如果身高差異很大，還會調整座椅和後視鏡）。現在，有的電子鑰匙會辨識駕駛人，可以自動調整座椅和後視

Volksabstimmung und Großdeutscher Reichstag

Stimmzettel

Bist Du mit der am 13. März 1938 vollzogenen

Wiedervereinigung Österreichs mit dem Deutschen Reich

einverstanden und stimmst Du für die Liste unseres Führers

Adolf Hitler?

Ja

Nein

圖 5-2　德國一九三八年的選票。

鏡，也許接下來連音樂也可以？

這帶給我們一個普遍的啟示：如果人們知道自己的偏好，也知道預設選項內建的結果是自己不喜歡的，可能就會改變預設選項。下面舉一個簡單的例子說明：改變恆溫器的預設溫度，對經濟合作暨發展組織（OECD）的員工產生預期中的影響。冬天時，若將預設溫度降低攝氏一度，可以讓平均設定度數明顯下降。但當選擇設計師將預設溫度降低兩度，平均而言，員工反而會設定較高的溫度。原因為何？很多員工覺得太冷，便立刻將設定溫度調回自己喜歡的。看來，如果預設選項真的讓人不舒服，就連一般人也會拒絕。[5]

前面強調預設選項是無可避免的——民間機構與法律系統都不能避免做選擇。在某些（雖然不是所有的）情況下，這個說法有一個重要的條件：選擇設計師可以強制人們自行選擇！這種做法有各種名稱，包括「必選」（required choice）、「強制選擇」（mandated choice）、「主動選擇」（active choosing）。[6]例如，在設定新的app時會規定必選，所有的選項都空白，要求使用者每次都要挑一個選項才能繼續下一步。政府的表格通常有這個特點。在美國，你若要申請各項福利，可能得回答很多問題，只要一個空格沒填，或許就無法進行到下一頁。

主動選擇並不少見。許多合約的一些問題被認為太重要、太容易被忽略，因而規定必須明確表示已同意特定條款，因為不希望人們在不知情或心不在焉的情況下做決定。主動選擇的優點是可以克服惰性、不注意和拖延；選擇設計師不必猜測，就能明白人們的真實偏好。你可以把「明確同意制」想成是以行為科學為基礎所設計的政策，希望能保護民眾不僅不會因自己的心不在焉而受害，也不因他人的操縱而受害。（事實上，有很多這類政策都能以這個角度來理解，這意謂法律要保障一種新的權利——不被操縱的權利。）主動選擇制可以設計成確保人們真正同意某件事。芝加哥大學曾因疫情而關閉，二〇二〇年秋天重新開放時，學生和員工都被要求提供「新冠證明」，表示清楚所有的規定並同意遵守。

還有一種中間的選項：提示選擇制（prompted choice）。如果你上網購物，可能被提示加購某些附加的服務（如保險）。提示選擇制完全沒有規定你必須選擇，你可以直接忽視提示，按「下一頁」。提示選擇制若要發揮作用，必須有一個預設選項（亦即忽略提示會發生什麼事）。在一項特別容易引起爭議的議題中——器官捐贈——我們將提出一些採取提示選擇制的優點。就某種意義上來說，這種做法比必選制更溫和、更不具侵擾性，後者真的就是強迫你說出你的選擇。

我們相信必選制通常是最好的策略（也是很多愛好自由者喜歡的方法），但需要考量兩個反對論點。第一，一般人通常認為必選制是一件麻煩的事（甚至更糟糕），他們寧可有經過高明設計的預設選項。例如，在下載軟體時，能夠被告知推薦選項真的很有幫助。多數使用者一定不願意為了決定選擇哪一種難懂的設定，而去閱讀複雜的使用說明。當人們面對複雜又艱難的選擇時，提供合理的預設選項確實是一大福音，反倒是強迫選擇的理由讓人難以理解。

第二，必選制通常較適合簡單的是非題，而不適合複雜的選擇題。比如餐廳的預設選項是接受廚師通常的烹飪方式，但可以選擇增減特定食材。極端的必選制則是顧客點每一道菜時，都必須提供食譜給廚師！碰到極複雜的選擇時，必選制也許不是好主意，甚至不可行。第十章會探討瑞典的退休制度，你會看到當人們被強烈鼓勵自己做選擇時，可能發生多大的問題。

預期錯誤

一般人都會犯錯，一個設計完善的系統會事先預期使用者可能犯錯，而且盡可能寬容。真實世界的許多設計都可證明這一點。

- 在巴黎乘坐地鐵（Le Métro）時，乘客會買一組車票，將車票插入機器，判讀後在卡上留下紀錄，代表此卡「已使用」，然後從機器上方吐出，數十年來都是如此。（當地人現在會使用電子票卡，對感應器揮一下就可以。）票卡的一面有磁條，其他都呈對稱設計。塞勒第一次搭巴黎地鐵時，不確定該如何使用，便試著將磁條朝上插入，結果很開心地發現他做對了，從此以後，他每次都小心翼翼地將磁條朝上插入。多年後（他已去了巴黎數次），他很驕傲地向友人示範正確的插入方式，他的妻子看見後便大笑。原來，不管從哪個方向插入都可以！塞勒從來沒有出錯的唯一理由是：他不可能出錯。

芝加哥多數室內停車場的插卡方式與巴黎地鐵剛好相反。當你進入時，要將信用卡插入機器，機器判讀後會記得你。你離開時必須從車窗探頭出去，將卡插入出口的另一部機器。然而，信用卡的設計是不對稱的，等於有四種方式可以插入（面朝上或朝下，磁條在左或在右），但只有一種方式正確。插口上方雖有圖示，還是很容易插錯，且當卡片被吐出、升降桿沒有升起時，往往無法立即判斷是哪裡出錯或記起剛剛是從哪個方向插入。我們兩人都曾無奈地等了幾分鐘，只因為前面有某個白痴搞不定插卡機，而且我們倆都必須承認，自己偶爾就是那個讓後面車輛按喇叭的白痴。

- 這些年來，汽車已變得對一般人愈來愈友善。事實上，汽車配備了一大堆輕推的設計。如果你沒有繫安全帶，汽車會發出警示聲。如果汽油快用完了，警示燈會亮起，甚至發出嗶嗶聲。如果你跨越到另一線道，汽車會發出刺耳的聲音。如果你倒車時將要撞到東西，你會聽到很大的警示聲。如果你連開三個小時以上，汽車會問你要不要停下來喝杯咖啡。設計稍微合理的汽車都會配備頭燈自動開關，當你在使用汽車時會打開，否則就關閉，以免不慎開了一整晚的燈，把電池耗盡。這類輕推設計能夠救命，我們可以預期未來會有更多相關的裝置。

然而，有些容錯的創新發明卻不知為何一直未能普及。試以油箱蓋為例，現在多數汽車的油箱蓋都會有一片塑膠連著，這樣便不可能沒有關上就把車開走。我們猜想這樣一片塑膠的成本不會超過十美分，若是有某家聰明的公司在製造時加入這項特點，別家業者能有什麼藉口不跟進？

忘記將油箱蓋蓋上的錯誤有個名稱，心理學家稱之為「完成後的錯誤」（postcompletion error），[7]意思是當你完成主要任務後，常會忘了與先前的步驟相關的事。其餘例子包括領完錢後忘了將提款卡取回，或是影印後忘了取回原文件。多數提款機（但不是全部！）已不會再發生這種錯誤，因為你必須立刻取回提款卡。諾曼建議還可以採用一種方法——他稱為「強迫動作」（forcing function），意思是你必須先做一件事，才能得到你所要的。如果你必須取回提款卡才能拿到現金，就絕不會忘記。當然，除非你忘了你去提款機是要做什麼事。

- 另一項與汽車相關的高明設計，是不同的汽油採用不同的管口。加柴油的管口比較大，無法放入加汽油的汽車加油口，這樣就絕不可能錯加柴油（不過柴油車還是可能錯加汽油）。同樣的原理也曾被用以減少施打麻醉劑的錯誤。一項研究發現，百分之八十二的「重大意外」是源於人為錯誤（而非儀器的問題）。[8] 一個常見的錯誤是，輸送藥物的管子連結到錯誤的出料口，導致病患打錯藥。這個問題後來靠一種方法解決了：每種藥物的連接頭都設計得不一樣，於是，這個過去常發生的錯誤再也沒有機會發生。
- 遵從藥囑是醫療保健領域很重要的問題，很多患者必須定時定量服藥。在美國，每年超過十二萬五千人因為未服用處方藥而死亡。[9] 原則上，這些死亡案例都是可以預防的。運用輕推法應該有幫助，而這又引發一個有趣的選擇設計問題：如果你是設計藥物的人且擁有完全的彈性，你會希望讓患者多久服一次藥？

我們且先排除由醫生立即施用的一次性藥物（從各方面來看，這是最理想的方法，但通常有技術上的困難），次佳的方式是一天服用一次，且最好是在早上。一天一次明顯優於二次（或以上），因為次數愈多愈容易忘記。但次數不是唯一要考量的因素，規律性也很重要。一天一次會比兩天一次**好很多**，因為可以融入早晨的例行活動。年齡愈大通常會吃愈多藥，多吃一顆不是問題。（每日一格的藥盒是很有用的輕推設計。）反之，多數人都不容易記得兩天吃一次藥。（同樣的道理，每週開會一次，會比隔週開會一次好記。）有些藥是一週吃一次，多數人都是週日吃（因為對多數人而言，週日與其他日子比較不同，因此較容易與吃藥聯想在一起），可以在上教堂、看球賽、玩拼圖等等活動之前先吃藥。

避孕藥的問題與此類似，但比較特別，因為通常要連吃三週，然後停一週。為了解決這個問題，並讓吃藥變成不假思索的事，避孕藥通常有特別的包裝——分裝在標有數字的二十八格裡。按順序每天吃一顆，第二十二到二十八天裝的是安慰劑，唯一的目的是方便一般人使用者能遵從藥囑。關於促進遵從藥囑的有效輕推，還有很多可以思考的：設計得當的話，能夠拯救許多人的性命。10

- 塞勒在寫作本書初版時，寄了封電郵給在谷歌工作的朋友——經濟學家哈爾·維利安（Hal Varian）。塞勒原擬附上前言的草稿，讓維利安對這本書有較清楚的概念，結果卻忘了附上。維利安回信請塞勒補寄，同時驕傲地告知谷歌正在實驗郵件服務Gmail的一項新功能，希望能解決這個問題。當寄件者提到「附件」一詞，卻沒有附上任何文件時，便會跳出提示：「你是否忘了附件？」塞勒補上附件，同時告訴維利安，這正是本書探討的主題。

谷歌十分跟得上潮流，現在有各種推力的設計專門處理健忘的問題。如同該公司於二〇一八年所說的：「當你的收件匣爆滿時，不可避免會有些漏網之魚。所幸新的Gmail可以助你一臂之力，現在會『輕推』使用者回覆忘了回覆的信，追蹤尚未收到回信的電郵。」[11]我們倆都發現這項功能很實用，例如桑思坦收過一封催稿電郵，谷歌提醒他：「這是六天前寄來的，要追蹤嗎？」我們要稱許谷歌，他們採行的是自由家長制，因為除了前面的文字之外，谷歌還補充說：「使用者若啟用新的Gmail功能，將會開啟預設的提醒功能，但隨時可以在設定中關閉。」

谷歌萬歲！

- 美國人或歐洲人到倫敦時可能會覺得走在路上不太安全，他們一輩子都習慣過馬路時車子會從左方來，自動系統也知道過馬路應該注意左方來車，但英國的汽車是靠左行駛，因此應該注意右邊來車才對，很多行人因此發生意外。倫敦市政府想出一個好點子，他們在很多轉角處的人行道設立「看右邊！」的標示（尤其是觀光客較多的地方）。本書剛出版時，塞勒經常到倫敦，一直很感激那些標示讓他避免撞上來車而發生悲劇。

提供反饋

幫助一般人改善做事成效的最佳方法是提供反饋。設計完善的系統會讓人知道自己做得好不好、是否出了差錯。試舉兩例。

- 有一種很重要的反饋是在出錯時（或者更理想的，在即將出錯之前）提出警告。例如，筆電在電池存量太低時，會提醒我們要充電或關機。特斯拉（Tesla）會提醒駕駛是否有足夠的電力可以抵達目的地，如果沒有，就會將導航路徑改為中途到充電站。健康提醒會告訴你很多訊息，且愈來愈能即時反映情況。但這類設計不能太頻繁提出警告，以避免使用者不當一回事。假如電腦一天到晚問你是否確定要打開附件，到後來你可能想都不想就會按「是」，這類警告便形同虛設。

- 很多情況都可以改善反饋。試以漆天花板這件簡單的工作為例，這其實沒有表面看來那麼簡單，因為天花板通常都是漆成白的，也因此很難看出究竟漆到哪裡。等到油漆乾了以後，沒漆到的部分會非常明顯又難看。如何解決這個問題？有人很聰明地發明了一種天花板漆，濕的時候是粉紅色的，乾了會變白色。只要漆油漆的人不是色盲，大概都能解決上述問題。

了解「對應」關係：從選擇到效益

有些事情比較容易選擇，如冰淇淋的口味；但也有些很難，如治療方式。舉例來說，假設一家冰淇淋店提供的各種選擇只有口味不同，熱量或其他營養成分都一樣，那麼消費者只要選擇喜歡的口味就可以了。如果店家提供的是大家都很熟悉的口味，多數人大概都能準確預測選完之後會獲得什麼樣的消費經驗。我們稱這種選擇與效益的關係為「對應」（mapping）。即使有些口味很奇特，店家只需提供免費試吃，就可解決對應的問題。

但選擇治療方法就不一樣了。假設你被診斷出罹患初期攝護腺癌，必須選擇三種治療方式的其中一種：手術、放射治療、「審慎觀察」（意指目前什麼都不做）。審慎觀察很有吸引力，因為攝護腺癌通常進程緩慢。每一種選擇的結果都牽涉到複雜的問題——副作用、生活品質、壽命等。比較各種選擇時，必須探討取捨的問題：我（假設性）是否願意為了延長約三年的壽命，而冒著三分之一機率發生性無能或大小便失禁的風險？這個決定牽涉到兩個層次的困難，第一，患者不太可能知道每種選項的相對風險和益處；第二，他也不太可能預測大小便失禁的生活是什麼樣子。

實際情形中，有兩個讓人擔憂的現象。第一，多數患者在被告知診斷結果的當下，就必須做出決定。第二，他們的選擇強烈受到看哪一類醫生所影響。[12]（有的醫生專精手術，有的擅長放射治療，但沒有人專精審慎觀察。你可以猜到我們認為哪一種方法的使用率過低嗎？）值得一提的是，為了讓更多患者選擇審慎觀察，現已改稱為「主動監測」（active surveillance），聽起來比較沒有那麼消極。

冰淇淋與治療方法的比較，恰可凸顯出對應的概念。高明的選擇設計能幫助人們提升對應的能力，做出讓自己過得更好的選擇。其中一個做法，是讓每一種選項更容易理解——將數字變成與實際使用情形更相關的訊息。假設我要買蘋果回家打蘋果汁，對我比較有用的資訊是三顆蘋果剛好夠做一杯的經驗法則。如果你被告知輪胎的安全評分是一到十分中的四分，將有助於了解對你真正重要的資訊。（此例取材自美國政府的實際討論——關於何種方式最能表達輪胎安全評分的資訊。）

設計複雜的選擇

人們會因選項的多寡與複雜程度而採取不同的選擇策略。如果選項不多且容易理解，我們通常會檢視每個選項的所有特質，必要時做出取捨；但要是有很多選項，我們就必須另謀對策，選錯的機率也會比較高。

有時候，選擇設計師可以發揮類似博物館館長的功能。對我們倆而言，最好看的藝術展覽要豐富到能提供有意義的體驗，同時規模要小到可以在兩小時內欣賞完，差不多是多數電影的長度。「少即是多」這句老話在這裡頗為貼切，好的選擇設計師會將選項篩選到可以消化的程度。

人們也經常會當自己的選擇設計師，甚至會輕推自己，這可以稱為「自推力」（snudge）。對我們多數人而言，經妥善選擇的自推力可以改善生活。例如，人們會限制冰箱裡的食物存量；把不希望花掉的錢放在一年期定存，提早領出會有罰則；將手機裡的臉書或推特刪掉；將電腦設定成特定時間內不收電郵。人們會設法抵銷自制力不足的問題，方法通常是重新做選擇設計——好比讓某些選項更困難或更無趣，或者乾脆完全去除。13

我們且舉一個較複雜的例子來說明，假設珍剛得到一個工作機會，地點在離家很遠的大都市。這時她要面對兩項選擇：選擇哪一個辦公室以及租哪一間公寓。假設她有三間辦公室可以選擇，一個合理的做法是一間一間去看，評估幾項重要的差異，如大小、視野、鄰居、到廁所的距離等，最後做出決定。選擇專家稱這種做法為「補償」（compensatory）策略，意思是某方面的優點（辦公室很大）可彌補另一方面的缺點（鄰居很吵）。

然而，她在選擇公寓時顯然不能使用同樣的策略。在大都市裡，不知有幾千間公寓要出租，珍不可能一一參觀比較，除非她不用上班了。因此，她可能會採取較簡化的做法，其中一種方法是特沃斯基所謂的「消去化」（elimination by aspects）。你必須先決定哪一項特點最重要（如通勤距離），建立一個門檻（如通勤時間不超過三十分鐘），將未達標準的一律去除。接著，就其他特質逐一重複這個過程（如月租不超過兩千五百美元、功能齊全的廚房、可養狗），直到能做出選擇，或範圍縮小到可改採補償策略來評估「決選名單」。

採用這種簡化的策略時，即使有些選項在各方面的條件都很棒，但只要未達門檻便會被淘汰。例如某公寓有無敵景觀，月租比任何一間便宜五百美元，但因通勤時間三十五分鐘，同樣會被淘汰。

社會科學的研究發現，當人們面對多樣繁複的選項時，比較會採取簡化的策略。這也會影響選擇設計；當選項變得龐雜，選擇設計師便要考量更多因素，也更能影響人們的選擇（不論是正面或負面的影響）。如果一家冰淇淋店只有三種口味，這三種口味在菜單上依何種順序排列都沒關係，對顧客的選擇應該沒有太大的影響，因為顧客很清楚自己喜歡什麼。但當面對很多選擇時，好的選擇設計應提供清楚的架構，而這又會影響結果。

試以油漆店為例，即使暫且忽略特殊訂單，油漆業者銷售的顏色通常多達數千種。要將這麼多產品呈現給顧客有很多種方法，其中一種是按字母排列，Arctic White（極地白）之後是Azure Blue（天空藍），以此類推。這是編排字典或職場名錄的好方法，用來排列油漆的顏色卻很糟糕。

長久以來，油漆店都是使用一種類似輪盤的東西，顏色的樣本依相似性排列：藍色系排在一起，接著是綠色系，紅色系與橘色系緊鄰。如此，顧客看見實際的顏色，便很容易選擇，尤其考量到顏色的名稱往往不知所云。（例如莫爾油漆店〔Benjamin Moore

Paints〕的網站上，三種大同小異的米色分別叫做「烤芝麻色」、「奧克拉荷馬小麥色」、「堪薩斯穀物色」。）拜現代電腦科技與網路購物之賜，消費者在做許多選擇時都變得簡單很多。好的油漆網站不僅讓消費者可以瀏覽數十種米色，還可以看到牆壁漆某種米色、搭配天花板漆成互補色的效果（雖然只是在電腦螢幕上看）。

當然，相較於亞馬遜銷售的書籍（難以計數）或谷歌可搜尋到的網頁（更加難以計數），油漆的顏色自是小巫見大巫。很多網路公司能夠趁勢崛起，一部分原因就是得利於極高明的選擇設計。當顧客想要在串流網站找電影或電視節目看，可輕鬆依演員、導演、類型等條件搜尋，網站還會依據其他品味相似的用戶偏好來推薦影片，這個方法叫做「協同過濾」（collaborative filtering）。演算法利用相同品味用戶的判斷，從大量的書籍或電影裡篩選出你比較可能喜歡的產品。協同過濾其實就是要解決選擇設計的問題，當你知道和你相似的人喜歡什麼時，你會更放心去選擇不熟悉的產品，因為和你相似的人多半也有相似的品味。對我們很多人而言，協同過濾確實能讓艱難的選擇變得容易。

有一點要提醒讀者：意外與奇遇有時可以帶來樂趣，甚至讓人獲益。如果我們主要的資訊來源只有品味相似的人，恐怕也不是那麼美好。有時候，聽聽和自己不同的人喜歡些什麼也不錯，說不定你也會喜歡。假設你愛看哈蘭・科本（Harlan Coben）的推理小說

（他確實是了不起的作家），協同過濾機制可能會導引你去看其他推理作家的作品（順帶一提，我們建議你試試英國驚悚小說作家李・查德〔Lee Child〕），但何不嘗試看看美國小說家喬伊斯・卡洛・奧茲（Joyce Carol Oates）或A・S・拜雅特（A. S. Byatt），或甚至是亨利・詹姆斯（Henry James）的作品？如果你自認是思想進步的人，平常喜歡閱讀與你的嗜好相符的書，你可能也會想知道保守派是怎麼想的。至少有一個好處是，在家族聚會中，和親戚辯論起來贏面較大。以公共福祉為念的選擇設計師——比如為我們提供各種新聞來源的那些人——都知道，將人們輕推向他們原先沒有特別選定的方向，是有益的。選擇設計有時是為了幫助人們學習，以便將來更有能力靠自己做出明智選擇。

誘因

接著要討論的，是多數經濟學家會在一開始就討論的議題：價格與誘因。雖然我們把重點放在傳統經濟學理論常忽略的因素，並不等於否定一般性經濟因素的重要性。我們現在就要清楚自白：我們很相信供需原理。當一樣產品的價格上揚時，供應者通常會增加生產，消費者則會減少需求。因此，選擇設計師應考量誘因的問題；聰明的選擇設計師會配合主要決策者的需求，提供適當的誘因。首先或許應該先探討選擇設計的四大元素：

選擇的人是誰？

使用者是誰？

付費的是誰？

獲利的是誰？

如果是一個人選擇、使用、付費購買單一供應商的產品或服務，事情很簡單，誘因很清楚。假設你去某餐廳吃飯，只需點你想吃的，付錢用餐；要是覺得不好吃，下次點別的，或去別家餐廳吃。但當一群人聚餐、分擔費用，情況就比較複雜了。若是一大群人聚餐，有些人可能會點較昂貴的菜（自己一人則不會點這麼貴的），因為多出來的費用他只需付一小部分；有些人則是剛好相反。塞勒可能喜歡喝昂貴的葡萄酒，但想到桑思坦得幫他分擔，便會不好意思。當上述問題的前三項是同一個人，市場通常能發揮相當好的作用，至少當人們掌握充足的資訊又沒有行為偏見時。（這裡先略過外部性〔externalities〕不談，第十四章談氣候變遷時會回到這部分。）

美國惡名昭彰的醫療制度則是相反。患者得到的醫療服務經常是由醫生代為選擇，（多數人）由保險公司或政府付費，收取的費用由眾多服務供應者瓜分，包括醫療工作者、設備製造商、醫院、藥廠、承辦醫療過失官司的律師。兩個患者可能得到同樣的服務，支付的費用卻大不相同。也難怪美國的醫療系統是全世界最貴的，成效卻不怎麼樣。

設計適合的誘因是很標準的經濟學議題，但就像很多情況一樣，如果我們能記得經濟學中的行為人是一般人，在進行標準分析時，或許會更仔細且周延。誠然，即使是最心不在焉的一般人，也會在價格上揚時減少需求，問題是，他們會知道價格上揚嗎？

在進行誘因的標準分析時，最需要修正的重點是顯著性。選擇的人是否真的注意到自己所面對的誘因？在自由市場裡，答案通常是肯定的，但在某些重要的情況下卻是否定的。試以住在都市的人考量要不要買車為例，假設他們無法步行或騎自行車，這時有幾種選擇：搭計程車、使用共乘服務、公共運輸、花一大筆積蓄買二手車，花一點錢停在家前面的街上。買車似乎只有幾項顯著的成本：加油、偶爾維修、一年付一次保險帳單。購車支出的機會成本很容易被忽略。（換句話說，人們買車之後，往往便忘了一開始要付出一筆錢，不會想到原本可以用那筆錢買別的東西。）反之，每次搭計程車都會直接感覺自己在花錢，開幾條街就跳一次表。因此，我們在進行買車誘因的行為分析時，會預測人們傾向於低估擁有車子的機會成本，以及其他較不明顯的因素（如折舊的機會成本），而高估了搭計程車的顯著成本。*

在分析選擇設計時也應該做類似的調整。利用稅制來改變誘因是常見的做法，但哪一種稅會讓人明顯注意到？很多國家透過稅務誘因鼓勵儲蓄退休金，例如提撥金及其獲利在領出之前是免稅的。這樣的誘因有效嗎？我們所知最好的研究顯示效果不大，尤其是與另一項機制做比較時，也就是（請擊鼓）——預設選項！[14]有錢人在儲蓄時較可能注意到稅務誘因，一部分是因為他們會聘請顧問注意這些事，因此會將錢轉入免稅帳戶，但這基本上只是將錢轉來轉去，而不是增加儲蓄。更糟糕的是，大眾不太會看到這種透過減稅提供的誘因。美國稱之為稅式支出（tax expenditures），但沒有人會因為政府少收稅而收到帳單。符合行為科學的公共政策應評量達成目標的效果，以及成本的顯著程度。不幸的是政治人物通常不會認為，讓自身作為的成本透明化能符合他們的最佳利益。[15]

當然，顯著性是可以操控的，高明的選擇設計師會引導人們去注意誘因的存在。雷根選上美國總統之前曾擔任加州州長，一九六七年，加州是唯一沒有定期從員工薪資預扣所得稅的州，而是在每年的繳稅期一次繳清。州議會立法要和其他州一樣預扣，但採取保守財政政策的雷根反對，他在捍衛自身立場時說了一句名言：「課稅理應讓人覺得痛。」不過，民主黨控制的州議會還是違反他的意願，進行立法。16

在某些領域，人們不會希望得與失的顯著性是等比例的。舉例來說，沒有人希望在健身房使用跑步機時「以步計價」；但很多人在健身時樂意看到跑步機上「熱量消耗儀」的跳動（尤其這類儀器的計算方式似乎很寬鬆）。如果能以食物的圖片凸顯消耗的熱量，應該會讓一些人更開心：比如運動十分鐘等於只燒掉一小袋胡蘿蔔，但四十分鐘後會燒掉一大袋餅乾。

何時應暫停

選擇設計師有一項工具很容易被忽略：何時安排暫停。話劇、歌劇、音樂會通常至少會安排一次中場休息，讓表演者與觀眾有機會伸展雙腿、上廁所、吃點心，也有機會明白還有更舒服的地方可以打瞌睡（至少對觀眾而言）。選對休息時機是選擇設計中很重要的

* 專營短期租車的公司若能幫助人們解決心理會計的問題，必然獲利可期。

一環。有些戲劇表演是沒有休息時間的，因為在任何地方中斷都會破壞觀賞體驗。

書籍作者也要做類似的選擇。每一章應該多長？劇情緊湊的懸疑驚悚小說，每章的篇幅通常較短，但我們最喜歡的作家就是有辦法讓我們看到每章結尾時，迫不及待要知道接下來的發展。許多漫漫長夜就是這樣度過的，明明很想睡，卻想著：唉，再看一章就好了。你大概已注意到本書不是懸疑驚悚小說或音樂會，但我們是堅決支持選擇設計的死忠派，覺得現在是稍微休息一下的好時機。下一章要就選擇設計的工具做個整理，我們保證很有趣，真的！而且，要不要休息是你的選擇；若選擇不要休息，只需直接讀下一頁就可以了。

第六章

好康在後頭

長久以來，美國的深夜電視節目常會出現一類廣告，推銷某種神乎其技的廚房用品或其他新式蛇油。這類廣告無可避免地會運用簡單的心理會計原則，也就是「區隔利益」（segregate gains），不將銷售的產品全部告訴你，而是保留一部分，你必須「現在就打電話進去」，才能得到這些特別的獎賞。我們也秉持同樣的精神，本章要提供選擇設計的兩種額外工具：「內容篩選」（curation）和「遊戲化」。而且，你可以選擇現在就讀這個短篇章，或等等再讀，完全由你決定。

內容篩選

我們在寫第一版時，常會到最喜歡的餐廳碰面，然後逛到附近的書店繼續聊。芝加哥大學位在海德公園區，那一帶現在仍有許多很好的書店。有些讀者可能驚訝我們說「現在」，但確實有很多書店還在營運。（桑思坦已不住在芝加哥，他仍會想念海德公園的書店，雖然他也喜歡麻州的康科德書店〔Concord Bookshop〕。）在後亞馬遜時代，實體書店怎麼還能生存，甚至在疫情期間還沒倒？有些書店兼賣咖啡和小擺設，但海德公園和康科德書店仍然以賣書為主。成功的書店（及其他小型零售店）有什麼共通點？他們都很擅長**內容篩選**。

在任何產業中，若想要與網路巨人競爭，一定要懂內容篩選。基本上，所有還沒絕版的書（與很多絕版的書）都可以在亞馬遜買到，而且會快速送到你家，或是在一分鐘之內傳送到你的平板電腦。這表示，傳統的零售業者無法靠著提供**更多選擇**與之競爭；你很難打敗「想買什麼都可以」。事實上，即使你可以去逛一間超大的倉庫——裡面（只）塞了一百萬本書——光想到就一點興趣都沒有了。但在亞馬遜買書十分簡單輕鬆（即使是在疫情期間，你也永遠不必戴口罩）。兩種選項要如何同時存活？答案當然是選擇設計。小店靠內容篩選競爭，巨型網路商店則是運用導覽工具，讓你輕鬆在眾多選項中找到你要的。

內容篩選沒有單一訣竅，正如經營成功的事業沒有單一方法。有些成功的書店能經營得有聲有色，不只是因為善於內容篩選，也因為提供顧客很棒的體驗，當顧客從小說區逛到懸疑推理區，會發現處處充滿驚喜、意外和小確幸；另外有些成功的書店則專精旅遊、科幻或藝術。同樣地，有些餐廳能夠成功，是因為他們擅長做一件事，然後不斷做那一件事。最好吃的拉麵、熱狗、墨西哥玉米餅、披薩、肋排，通常都在只賣一味的店面。新加坡的熟食中心（hawker center）很有名，每個攤位只專精一樣食物，其中兩攤甚至獲得米其林認證，即便一餐只要幾美元，而且攤位看起來和所有的路邊攤都差不多。[1]他們做的就是內容篩選。

多年來，塞勒最愛的芝加哥葡萄酒鋪是一間很小的店，箱子堆到天花板，看不出有什麼順序。然而，永遠在那裡的店老闆知道店裡每一瓶酒，深諳每個顧客的品味，幾乎就和高明的演算法一樣，甚至可能更厲害。他會建議你試試某瓶新酒，讓塞勒甘願冒點風險。偶然發現美酒是很有意思的事，書籍、音樂、電影也一樣。高明的內容篩選不只是去除不好的選項，同時還要引進新奇的選項，後面的篇章會一再回到這些觀念。從人資部門到社會安全到醫療，選擇設計必須運用內容篩選和導覽工具的某種組合，否則人們會無所適從。如同前面提到的，有些人抱持簡單哲學：給我最多選擇就對了。有時候這不是壞點子，但若沒有很好的選擇設計工具，可能會造成問題。反之，經過高明篩選的少量選項及／或很好的預設選項，便能創造出讓人滿意的結果。

遊戲化

我們討論了高明的選擇設計應具備的元素，最後一項是「好玩」。讀者已經知道，推力的第一條鐵律是讓人可以簡單採取你希望的行為，另外有一個很好的輔助做法，是把這個行為變得好玩。

馬克．吐溫的小說《湯姆歷險記》（*Tom Sawyer*）有一段十分有名，很能說明這個概念。頑皮的小男孩湯姆因為淘氣被波莉阿姨懲罰，必須幫波莉粉刷家前面沿著人行道的籬笆。湯姆比較想去和朋友玩，他不只覺得這件差事太無聊，也怕朋友路過看到他的處境會笑他。第一個好友賓．羅傑斯拿著一顆看起來很好吃的蘋果走過，湯姆想到一個妙招。他很仔細地、津津有味地粉刷，很快便讓羅傑斯相信粉刷籬笆其實是超好玩的特權。沒多久，他將蘋果拿給湯姆，換取粉刷的權利。快到晚上時，湯姆的一連串朋友已幫籬笆粉刷了三次，每個人都讓出某項寶貝來換取粉刷的機會。馬克．吐溫寫道：「如果不是油漆用完了，全村的每個男孩都會被他搞到破產。」

馬克．吐溫說：「工作就是必須做的事，玩樂則是不必做的事。」[2] 每當我們讓某件事看起來像玩樂、刺激好奇心、創造興奮感或期待感，就會發現人們不只願意做，甚至願意花錢爭取做的機會！

福斯集團（Volkswagen Group）與廣告公司DDB斯德哥爾摩（DDB Stockholm）合作製作一系列影片，稱之為趣味理論（Fun Theory），便是將上述原則發揮到淋漓盡致。主要概念是：如果能讓環保健康的行為看似很好玩，就能鼓勵人們這麼做。一支最有名的影片已累積超過兩千三百萬次觀看數：在斯德哥爾摩地鐵站通往地面的電扶梯旁，一群工作人員在樓梯上建造了巨大的鋼琴鍵。完工後，樓梯變成樂器，不久就看到乘客非常開心地一路跳躍或跳舞上樓。廣告宣稱，把爬樓梯變好玩後，爬樓梯的人多出百分之六十六。我們完全不知道這些數據是否準確，也非常懷疑從經濟效益的角度來說，將樓梯建造成可運作的鋼琴是否可行，但我們確實相信遊戲化的效果。事實上，我們在考慮是否要出增訂版時，就是遵循一個簡單的原則：一定要過程好玩才要做。

趣味理論的工作人員知道音樂樓梯的趣味多於實用，決定贊助一項競賽，希望能激發更多構想。第一名的構想是同時提供正增強與負增強（positive and negative reinforcement）來鼓勵安全駕駛。具體做法是以一部照相機量測通過車輛的速度，超速者會被罰款，但罰金的一部分將由遵守速限的駕駛人以彩券形式分得。這個構想的短期測試顯示出樂觀的結果。[3]

這個例子說明人類行為的一個重要特點：很多人喜歡彩券。有些政府已經在使用這個概念，最值得一提的是台灣新北市的一項政策：發行彩券來鼓勵狗主人清理狗便。狗主人將狗便放入特定的儲存箱，便有資格拿到一張抽獎券（獎品是金塊），名符其實地將狗便變黃金，最大獎價值約兩千美金。新北市政府表示，實施那項計畫的期間，街道的狗便減少了一半。[4]

中國大陸的彩券則有另一種用途：誠實繳稅。就像世界上很多地方，中國的現金經濟很盛行，餐廳之類的小事業常會規避繳納營業稅。為了打擊逃稅，顧客用餐後應該要拿到政府印的特別收據。每張收據很聰明地包含刮刮樂，讓顧客有誘因要求店家提供收據，如此，該筆交易就得依法報稅。世界各國的財政部長都應該學一學。

彩券也能有效激勵人們增進健康。有一群學者──包括賓州大學的醫生與社會科學家凱文．沃普（Kevin G. M. Volpp）──進行一項實驗，鼓勵某醫療管理公司的員工進行健康風險評量。他們提供一百美元的獎金，鼓勵其中一群員工參與（贏得獎金的機率是百分之二十五）。事實證明彩券能發揮激勵作用，參與率因此提高了大約百分之二十。[5]

利用彩券激勵人時，很重要的是細節要清楚。參與者若知道原本有機會中獎，彩券可能會更有吸引力。荷蘭政府便很有效地利用這個原則，他們有一種國家彩券是依據郵遞區號抽出的。如果宣布你的郵遞區號中獎，你便知道倘若當初有買彩券，中獎的可能就是你了。基本概念正是善用人們的懊悔心理。

彩券只是提供正增強的一種方法，作用來自中獎機率會被高估。當然，你也可以簡單地付錢給行為正確的人，但如果金額太低，可能產生反作用。（如果總獎金均分給交出狗便袋的主人，我們估計每一袋大約可分得二十五美分。有誰會願意花那個力氣？）

彩券之外的另一個做法是常客型的獎勵方案，積點換好玩的東西。免費的獎品有時候比現金更有誘因，因為能提供最稀有的商品：無罪惡感的享樂。英格蘭成功利用這種獎勵制度來鼓勵回收，在倫敦郊區的溫莎－梅登黑德皇家自治市鎮（Royal Borough of Windsor and Maidenhead），民眾可以參加一種獎勵方案，依據回收物的重量換點數；他們可用點數打折購買當地的商品。回收量因此增加了百分之三十五。[6]

疫情當然不好玩，但紐西蘭總理潔辛達．阿爾登（Jacinda Ardern）很有幽默感，為對抗新冠肺炎的努力注入些許樂趣。在一個重要時刻，她宣布嚴格限制人們的行動；但她同時嚴肅地告訴紐西蘭民眾，復活節兔子和牙仙子都不受禁令所限。她在運用推力或偶爾規定人們要採取某些行為來消除國內疫情時，也讓人不禁會心一笑。

這帶給我們一個簡單的啟示：盡量把事情變得好玩，如果你不知道什麼叫好玩，那表示你玩得不夠多。

第七章 智慧揭露

假設你要買新的智慧型手機，必須選擇手機和電信公司。你自認擁有一切必要的資訊，可以做出明智的選擇嗎？以我們來說，這項決定只有一個部分是我們稍微有點自信的，就是手機的顏色和尺寸，因為這些可以實體檢驗，其他的部分就一頭霧水了。我們需要多少GB的儲存空間？GB到底是什麼？「1792×828像素，326 ppi解析度」究竟是啥意思？

論及選擇資費方案，就更糟糕了。我們會打多少通電話、傳多少封簡訊？旅行時使用手機的花費是多少？會用到多少網路流量？買了新手機後，這些會改變嗎？我的天！我們可以回頭選顏色嗎？

選擇手機和資費方案尚且不是消費者必須面對的最重大或最複雜的決定。要用哪（幾）張信用卡？辦哪一種貸款？去哪裡度假？好消息是，我們可以改善這些選擇與更多領域的決策品質，從而讓提供產品與服務的市場更透明、更公平、更加良性競爭。我們可以透過改善選擇設計的一個面向來做到這一切：資訊的蒐集以及消費者取得資訊的方式。我們稱之為智慧揭露（Smart Disclosure），但在討論智慧揭露的詳細運作方式之前，我們先倒帶一下。

度量

在現代市場經濟還沒有任何雛型之前，人類社會已經用其他方式解決了很多問題，但我們很容易忽略這些解決方法的重要性，例如，創造標準的**測量單位**就是一個重要的起點。如果我要買你的穀物，我們得針對你要給我的數量取得共識。古代社會發明了測量長度、重量、時間等等的標準單位，貨幣興起的歷史既複雜又有趣，[1] 簡而言之，採用貨幣或其他的價值度量單位都促成效率的提升，因為以物易物的限制太大了。如果你有魚，想要換蘋果，你得找到有蘋果又剛好想換魚的人，這可不容易。

若要創造有條理的商品市場，如石油、大豆、棉花，就必須有標準的品質單位。一個人若買一桶西德州原油，他知道他該預期是哪一種油、一桶裡有多少油（四十二美制加侖或一百五十九公升）。隨著社會的演化，當然會需要新的度量單位。下載速度（目前）是以每秒多少百萬位元（megabits）計算；一九八〇年的消費者並不需要這項統計數字。

政府可以持續發揮的實用功能是創造標準化的單位，讓消費者更容易做比較。這可不如表面看來那麼容易，試考量燃料經濟性（fuel economy）的度量。直覺上我們知道，用一單位燃料能跑較遠的汽車較省油，但那是在什麼條件下呢？例如，汽車行駛在高速公路上，就比行駛在市區更省油。如果汽車製造商可以計算自家的燃料經濟性，而且可任意選擇某種（對自己有利的）奇特的定義，那麼消費者絕對無法比較出互相競爭的企業所提供的數字。

為解決這個問題，美國環保署（Environmental Protection Agency）使用統一的方法來申報燃料經濟性——每加侖多少哩（mpg）。有趣的是，歐洲的燃料經濟性是以每百公里使用多少公升計。＊這不只是將美國還在使用的古老英制度量單位轉換成公制，請注意，兩個數字是以相反方式計算。在美國，消費者看的是每單位燃料可以跑多遠，而歐洲的消費者看的是行駛特定距離需要多少燃料。這兩種算法會有什麼影響嗎？

瑞克・拉里克（Rick Larrick）和傑克・索爾（Jack Soll）寫了一篇很精彩的論文，顯示確實有影響——結論是歐制較佳。[2]要了解原因，請嘗試一個小測驗：愛麗絲將34 mpg

的車換成50 mpg的車。鮑伯原本的車很耗油，只有18 mpg，現在換成28 mpg。誰省下較多燃料錢？多數人會猜愛麗絲，因為她的車每加侖可以多跑十六哩，而不是十哩，但事實上，鮑伯的燃料消耗減少程度高出一倍多！會搞錯答案，是因為以為燃料經濟性可以用mpg的線性函數計算，但其實不是。因此，好的選擇設計師不只要選擇標準化的度量方式，還要仔細思考如何公告數據，以免一般人感到困惑。（經濟人知道正確答案是鮑伯。）即使是一般人也可以了解，一輛汽車若是每行駛一百公里要使用十六公升汽油，會比只用八公升的車多耗油一倍。

標準化在另一個政府規範的領域也很重要——借貸市場。你可能以為，公告貸款利率很簡單，事實並非如此。在一九六八年以前，美國的貸款機構在公告利率時有相當大的彈性。為了解決這個問題，國會制訂信實貸款法（Truth in Lending Act），要求所有貸款機構使用同樣的標準來公告利率——亦即年利率（annual percentage rate; APR）。如果這條

＊ 我們暫且不討論電動車的興起所引發的問題。如果問題是溫室氣體排放，那麼這些問題本身就會引發棘手的標準化問題，因為電動車對環境的影響端視電力的來源而定。

法律能發揮預期的效果，便是很棒的選擇設計，因為借款人只須看一個數字（年利率），就能比較借貸成本。

遺憾的是，當貸款工具變得愈來愈複雜，這個簡單的方法便失效了。舉例來說，利率無法完全反映房貸的成本，尤其是變動利率的房貸（利率隨著市場變動）。除了起始利率，借款人還得知道利率變動的速度有多快、會跟著何種市場利率連動而增加還款金額（你知道什麼是ＬＩＢＯＲ嗎？*）。另外，還有很多細節可能藏在細字條款裡。我們該如何因應？

政府可以採取的一個步驟是創造標準化的契約，將所有的細字規定納入規範，偏離規範的部分則要特別凸顯。公寓的標準化租約是很好的例子，如此便能建立公認的正常做法，例如押一個月的租金，退租後兩週內返還這筆錢。偏離正常契約的內容都必須手寫添加，並經由雙方同意，如此可避免有些人漫不經心地採用「無所謂」捷思法。好處在於，透過規範，消費者可以輕易比較互相競爭的廠商所提供的條件。這個概念可以運用在很多領域，第十一章討論房貸時會再回到這一點。

智慧揭露

細字規定（fine print）這個詞很有趣，在某種意義上，它就是字面的意思，細字規定在契約中的印刷字體比其他內容小。但這個詞還有更廣泛的意思，因為使用小字體的用意就是要讓它不顯著、很難弄清楚——裡面包含賣方按照規定應該告訴你、但又不想讓你閱讀的資訊。如果你想要發現**應該揭露**的資訊，就得在細字規定裡找。

假設你有一個祕密不想讓任何人知道（例如迷戀某位電影明星），你當然有權利保守這個祕密；但如果你要賣房子，有一長串資訊是你不能不說的。好比有鉛管嗎？屋頂會漏水嗎？有一大家子友善的齧齒動物住在閣樓？這一切都得揭露，這是個時髦的法律用語，意思是告訴別人直接相關的資訊。幾乎在每一種想像得到的法律情況中，政府都投入大量的時間決定哪些資訊必須揭露。事實上，桑思坦曾在歐巴馬政府擔任資訊與法規事務辦

＊ LIBOR：倫敦銀行同業拆借利率（London Inter-Bank Offered Rate），這是全球主要銀行互相借貸的基準利率。LIBOR由洲際交易所集團（Intercontinental Exchange）管理，會詢問主要的全球金融機構短期借款給同業的利率。

公室（Office of Information and Regulatory Affairs）的行政官員，期間便有機會監督很多與揭露有關的規定。如同他常看到的，一開頭會先探討是否要規定揭露某項資訊。也許市場的運作已經足夠完善，沒有必要強制規定。接著，第二個問題是**如何**要求揭露——這一定涉及選擇設計。若是以小字體呈現，又使用消費者看不懂的專業術語，強制揭露也沒有用。

資訊揭露的規定歷史久遠，但有一點很讓人驚訝：除了少數明顯的例外（尤其是金融業），揭露資訊所採用的技術幾乎沒有改變。沒錯，我們現在會用電腦，但實際上跟用鵝毛筆和捲軸差不多。被要求揭露資訊的人，依舊將之寫成文件（書面或網路）。你可以在網路上看到耳機的技術規格，但你知道要如何解讀頻率響應（frequency response）和靈敏度（sensitivity）的數據嗎？

我們在此要做一個激進的建議：資訊揭露的規定至少應該使用二十世紀的科技了吧！對思想更大膽的人來說，運用本世紀的工具會更好。在本書第一版，我們秉持這樣的精神提出類似的建議，名稱有點拗口——ＲＥＣＡＰ。那是縮寫字，原意連我們都不記得了。歐巴馬政府的一些人想要將那個概念改名為智慧揭露，我們很樂意採納。

以下文字擷自白宮發布的一份文件（現在依舊很符合民眾的需求）：[3]

此處的「智慧揭露」是指以標準化、機器可判讀的格式，適時發布複雜的資訊與數據，讓消費者能夠據以做出明智的決定。智慧揭露的形式通常是讓產品與服務的個別消費者可直接取得相關的資訊與資料集（data sets）。舉例來說，這類資訊可能包含各種產品與服務的相關費用，包括未揭露便無法透明呈現的費用。有些情況下，機構或第三方中介也可以創造工具，運用這些資料集來提供服務，以簡化消費者的決策過程。這類決策可藉由一些方式獲得改善，好比告知消費者，他們過去做了何種決定、造成何種影響（例如曾經因此產生的規費與其他費用）。

這也許不是美麗的詩歌，但你知道傳達的是什麼概念。簡而言之，智慧揭露是一套政策規定，一方面能解決細字規定的問題，同時也幫助消費者做出更明智的決定。我們可以依據上述的這段話為基礎，將智慧揭露解讀為包含兩個元素。第一，複雜的資訊應該以標準化、機器可判讀的格式揭露，並提供消費者查看。想想試算表的樣子，便能約略得知這些揭露的資訊可以用什麼形式呈現。第二，任何公民營機構若會追蹤個人或家庭的行為資訊，一般而言都應該讓個人或家庭可取得該資訊，尤其是追蹤顧客過去的服務與使用數據時（如智慧型手機的方案、網飛的串流服務、亞馬遜銷售的任何產品），應該要讓顧客能夠取得資料。基本概念是讓民眾掌握自己的購買紀錄。（當然，可能會有例外情形，如政府的國家安全紀錄。）

我們會再進一步探討上述兩個概念，但要先強調一點，我們預期只有最執著、最熟諳科技的消費者會自己使用這些檔案。資料應該被輸入某種旨在幫助人們做出更明智選擇的軟體。

■ 讓所有的揭露資訊都能用機器判讀

最沒有用的揭露（我們承認這是很強烈的字眼），可能是所有網路服務供應商按照規定都必須與顧客分享的「服務條款」（terms and conditions）。我們確信，立意良善的監管機構會要求裡面的每一項條款，都要秉持最大的善意；但這麼一來，等於把揭露變成沒用的東西。倫敦行為洞察團隊的友人告訴我們，PayPal的服務條款共三萬六千二百七十五字，微微超出本書英文版三分之一的篇幅。我們憑直覺強烈認為，全世界沒有人（包括PayPal的任何員工）讀完全文。這樣的文件有任何資格可稱為「揭露」嗎？稱之為亂人耳目還比較貼切。有一點要澄清，我們絕對無意單挑PayPal出來講；這是我們在行為洞察團隊的同僚說的。奇妙的是，雖然可以在網路上看到這些揭露的資訊，但倒不如印成一大疊文件還比較好。你無法在電腦上（輕鬆）閱讀；智慧揭露的目標就是要解決這個問題。我們現在選購旅遊行程的方式，便能說明如何靠智慧揭露來改善情況。

某個年齡層的讀者（大約四十歲以上）可能還記得，曾經有很多人的頭銜叫做「旅行社專員」。例如你要從紐約經由巴黎、柏林飛到羅馬再返回，你會打電話給旅行社專員，他會幫你安排機票、訂飯店。安排行程要打很多電話。這不是我們杜撰的，問問你的父母就知道了。

當然，現在還是有旅行社專員，但已經變成瀕危動物。任何人只要有電腦或智慧型手機，就能安排上述行程，他們可能會使用一家或更多家旅行網站如Egencia、Expedia或Booking.com。我們稱那些幫消費者搜尋不同選項的公司為**選擇引擎**（choice engines）。選擇引擎好不好用，最大的關鍵在於能否取得即時準確的價格資料和剩餘空位。由於航空公司會將相關資料放在網路上（一部分是因為政府的規定），因此，旅遊網站能夠立即取得所有可訂票的航班資訊。

你可能會擔憂能不能信任選擇引擎。我們認為，就像任何事業，選擇引擎應該遵循詐欺或自我交易（self-dealing）方面的一般法規，也應由適當的監管機關來監督業務。但是，另外也有網站是選擇引擎整合業者，如Kayak，會幫助使用者輕鬆搜尋不同的選擇引擎，以確保取得最低價格。這類選擇引擎的引擎，可以幫助消費者追蹤選擇引擎本身提供的價格。

旅遊網站通常相當專業，但還是會有缺漏，因為他們未必總是提供或甚至能夠取得所有的相關資訊。舉例來說，有一段時間，航空公司並未被要求在網路公告價格時、揭露消費者購票時應支付的稅金。美國運輸部秉持行為經濟學的精神，發布航空公司必須完整揭露的規定，讓消費者大大受惠，因為航空公司轉嫁給他們的稅金因此大幅下降。[4]可嘆的是，有些國家並未規定航空公司要公告所有的相關費用，因此，若是兩個人帶著大行李要去旅行，恐怕不容易查出實際的價格。

沒錯，這不是世界上最大的問題，但你可能很難知道將車子停在飯店要付多少錢；到某個大城市旅行時，也許就會被高價嚇一跳。一個更大的問題是，很多飯店和度假村運用兩種可怕的做法：一種是區隔式定價（partitioned pricing），將價格分割成不同部分而沒有揭露總額；一種是滴漏式定價（drip pricing），只公告一開始要付的部分價格，但保留其他部分不說，直到顧客最後要確認訂購時（或甚至等到退房時）才知道。這兩種做法都是利用消費者的心不在焉；但如果在這方面能做到完整的智慧揭露，這些手法可能就會消失。

話說回來，相較於選擇房貸，選擇旅遊行程還算是小菜一碟。房貸有很多重要的技術細節，但消費者可能很難深入了解，而且貸款機構並沒有在網路上完整公告定價細節，所以，房貸仲介這種職業到現在還是很活躍，旅行社專員卻逐漸消失。

還有一類資料出奇難找，那就是食品成分。美國規定食品廠商必須在包裝上列出所有成分，但那可是一大串！萬一你的小孩對堅果過敏怎麼辦？為了讓人們更容易了解某食品是否含有潛在過敏原，政府也規定，食品中若含有最主要的八種過敏原，必須另外以明顯的字體列出。[5]這是很好的政策，但若要一一檢查每樣產品，查看有沒有特定成分，真的是麻煩到讓人頭痛。難道不能讓我們的人生與教養子女的這個部分簡單一點嗎？

■ 你應該擁有你的使用資料

你是否注意過，影音串流平台很能預測你的喜好？彷彿他們比你還了解你自己。可怕的是：從某些方面來說真的是這樣！

試以網飛這類串流平台為例。早期的網飛會郵寄ＤＶＤ給顧客，他們會請你在看完一堆電影或節目之後評分，藉此嘗試猜測你的品味。現在不必那麼費事了，因為他們依據你的觀看歷史就能推斷你喜歡什麼！你完整看完《絕命毒師》（*Breaking Bad*）了嗎？還是只看三集就不看了？你是看看停停，或是在某個漫長的雨天週末一口氣嗑完三季？如果你已訂閱了一段時間，他們還有一個比你強的優勢：記住你看完或甚至只是曾經開始看的所有影片！我們這些一般人有時會把那一大堆警察電影搞混。

這裡面有一個影響廣泛的重點是，網飛掌握了很寶貴的東西，也就是你自己的行為歷史，從而比任何剛開始進入市場的競爭對手掌握更大的優勢。他們顯然創造了某種演算法，將你的觀看歷史轉化為有用的推薦。網飛不需要（也不應該）被要求分享這項智慧財產，但你不是也該有權利掌握自己以前的觀看行為嗎？

再回到小孩對堅果過敏的父母的處境。假設他們通常是去社區的某大超市購物，如果是連鎖超市，便可能建立了某種「顧客俱樂部」，追蹤每個家庭的購物內容。我們認為，父母（以及其他所有的顧客）應該有權取得這份購物史，包括網路購物的部分。為什麼要看這些資料？假設只要按幾個鍵，顧客就能下載過去半年買過的每樣東西，而且此資料的格式能讓他們上傳到某網站，從購物史中搜尋將來不要再買的東西（依據特定標準刪除，如含有堅果、高熱量、含糖量高、價格太高等）。該網站甚至可以推薦好的替代品。

當然，若要做到我們建議的做法，這個（或可取名為）無堅果網站必須要能存取該商店每一種產品的成分資料庫，但只要我們的第一項建議獲得採納，這就不成問題。如果印在包裝上的成分也能在網路上存取得到，應該會更容易創造產品成分的資料庫。如此一來，與購買資料配對，便會變得很容易，因為購買的商品都會在結帳時進行掃描，每一樣都有獨特的識別碼。如果食品製造商被要求將最新的成分表放在網路資料庫，這一切就會變得很容易。相較之下，倘若必須在購買前用手機掃描每一樣商品，以確保沒有不能買的成分，那就太麻煩了。同樣的，假如選擇引擎能取得資費方案的所有定價特色，**以及**消費者以前的使用資料，那麼當我們要購買新的智慧型手機和搭配的資費方案時，便會容易許多。好的選擇引擎甚至能夠預期，當人們升級成新手機或新平板時，使用情形會有什麼改變。如果消費者讓選擇引擎持續取得使用資料，也可以得到轉換新資費方案的建議。

智慧揭露不只是一個構想，在美國和英國，都能看到開始落實此構想的大幅進展。我們可以做的事還有很多，本書剩餘篇幅會凸顯有哪些機會能夠運用這項工具，這裡先提供英國的兩個例子讓讀者當開胃菜。

現在很多人是用銀行帳戶定期付款，如房租、水電、信用卡。設定這類轉帳還算單純，只需幾分鐘，但稍微有點麻煩。假設有位顧客不滿意現在的銀行，想要換一家。這件事本身就是個麻煩，這在零售金融方面造成了些許惰性，更糟的是還得重新設定一堆自動轉帳。光是讀這幾句便已經讓桑思坦冷汗直冒，但如果他搬到倫敦，這一切就解決了！

自二〇一八年起，所有接受英國監管的銀行，都必須讓你可以與授權機構分享你的消費習慣、定期支付，以及往來的公司（銀行、信用卡、對帳單）；這些機構包括提供預算app的供應商及其他銀行——只要得到你的許可即可。使用開放銀行（Open Banking）提供產品與服務的每家供應商，都必須接受相關機關的監管。目前，九間最大型的銀行和房屋互助協會（building societies）已加入開放銀行名冊（Open Banking Directory），其他機構也快加入了。其中一個例子是個人理財app Lumio，此app能讓你將所有的銀行帳戶、退休金計畫和投資集中在一起。因為有智慧揭露，才可能做到這樣。

英國的另一個例子來自能源產業，消費者可以選擇能源供應商。住在加州的人聽到有這樣的選擇，一定覺得棒透了；加州的公用事業惡名昭彰，先是造成野火，後來又為了避免再度發生野火而預防性停電。但是，如同前面談過的，有選擇是一回事，做出明智的選擇又是另一回事。

英國能源產業有一項重要的創新做法：要求業者在帳單上透過機器可判讀的格式（QR碼）為顧客提供使用數據，並與第三方中介公司合作，建立選擇引擎。Uswitch app就是一個例子，讓你可以用手機掃描帳單，並依據你的使用習慣來建議適合的能源方案。

這類做法多多益善！

第八章

＃淤泥

淤泥（sludge）：名詞，濕軟厚泥，或是由液態與固態化合物混合而成、富黏性的類似物質，尤其是工業或提煉過程的產物。[1]

高明的選擇設計有一項最基本的原則，就是我們一再強調的鐵律：簡單為要。如果你要鼓勵某種行為，先想想為何人們現在沒有這樣做，再消除擋在他們面前的阻礙。假如你要人們取得駕照或接種疫苗，就要讓這些事變得簡單，最重要的是增加便利性。

當然，我們可以由此得出另一個明顯的推論：若你要阻止某種行為，就要製造阻礙，讓那個行為變得困難。如果你要讓人們難以投票，就禁止通訊投票或提前投票，減設投票站（安排在遠離公共運輸站的地方），同時要讓人們排隊等待數小時才能投票。如果你不歡迎外國移民，就讓他們填寫一大堆表格，花好幾個月的時間等待實體郵件（不是電子郵件），即使只有一題回答錯誤，也要嚴格懲罰。如果你不要讓窮人得到經濟補貼，就規定他們要使用看不懂的網站，回答多到不得了的問題（包括很少人能輕易了解的問題）。

世界各國的政府都非常想要減少吸菸人口，但並沒有禁菸，而是設法讓吸菸變得愈來愈困難。我們年輕時，每間酒吧和餐廳都有香菸販賣機，對於用餐時抽光身上的菸的癮君子來說很方便。首先，這些機器被移除了，接著，吸菸者被隔離到吸菸區，之後，餐廳完全禁菸。菸草公司當然反對這些規定。以前電視上還可以播放香菸廣告，設計者會運用所有的推力工具讓吸菸看起來很迷人，尤其要能吸引年輕人，讓他們變成終生癮君子。廣告裡的模特兒都很性感迷人，不知怎麼地，從來不會讓人覺得氣味不佳或流露病態。

我們要說的是，推力和更廣泛的行為科學可以、也確實被用在好的和不好的地方。我們提到輕推選民投給希特勒的選票，也有些預設選項的設計讓人加入對自己沒有幫助的方案。本章要簡短探討選擇設計的黑暗面，以**淤泥**來表達其中部分特質。我們相信最早使用這個詞的是凱特．蘭伯頓（Cait Lamberton）和班傑明．卡斯爾曼（Benjamin Castleman）二〇一六年在《赫芬頓郵報》（*Huffington Post*）刊登的一篇文章。[2] 其後塞勒自己使用那個聲譽卓著的學術管道——推特，對下文討論的某一商業行為表達憤怒，並稱之為淤泥。這個詞紅了起來，現在常被拿來與「#」標籤一起使用。

到底什麼是淤泥？事實證明，利用推特催生審慎定義的學術名詞，並不是很理想的媒介（這不令人意外），尤其當使用這個詞的部分原因（顯然）是為了押韻。學術人士熱烈爭辯哪一種說法最適合。無論如何，淤泥一詞已被沿用下來，此處會拿來使用，一部分是因為好玩，不想要太拘泥於定義。如果你要深入探究這個主題，桑思坦寫過一整本（短）書專門討論。（要不要猜猜書名？）

我們用這個詞來表示：若選擇設計中有任何部分存在阻力，導致人們較難改善境況（依照他們自己的定義），就可稱為淤泥。如果你必須填寫二十頁的表格才能獲得財務補助，就是受制於淤泥。如果你必須經歷四回合的面試才能取得學生簽證，就是遭遇淤泥。如果你必須使用複雜難懂的網站、填寫一大堆網路表格和文書作業、開很久的車子到某醫院等待兩小時，才能接受新冠檢測或接種疫苗，擺在你眼前的就是淤泥。

有些選擇設計師故意使用淤泥，在過程中插入阻力，以便達成他們自己的目的。例如，讓取消會員資格或取消訂閱變得很困難，或是讓窮人很難投票、很難符合職訓的條件或取得避孕藥。暗黑模式（dark patterns）一詞指各種特別設計來操控人們（以便讓人掏錢）的網路手法。有些暗黑模式也是淤泥，在人們想要避免某些費用時，製造一大堆阻力。

其他形式的淤泥，是善意的行政流程中不可避免的副產品，目的是確保人們真的符合條件或有權取得他們要的東西。我們在校對本書的印刷校樣時，出版社提供的軟體充斥各種淤泥，到後來，桑思坦乾脆放棄，改用打字的方式列出更改的部分。我們不禁要好奇，這點淤泥是為了減少我們在最後一刻更動嗎？好比現在寫的這部分。在美國，這種條款的技術名詞叫做「計畫廉正性」（program integrity）條款，因淤泥可以是確保計畫廉正性的副產品。假設你必須提交各種表格，等待數月通過核可，才能取得簽證或開立新事業。假設你得填寫一堆看不懂的表格，才能獲得緊急醫療照顧。假設你要在美國國務院工作，必須先整理過去二十年的旅行經歷和海外朋友的資訊。這些都是淤泥。

有些形式的淤泥，尤其是公家機關常見的，稱為繁文縟節（red tape）。繁文縟節的較正式說法是行政負擔（administrative burdens），桑思坦很喜歡這個說法，塞勒覺得這本身就是淤泥。但凡在大型民間機構（企業、大學等）工作過的人都知道，繁文縟節不是政府的專利；很多公司、非營利機構（包括大學）會使用各種淤泥，甚至套用在自家員工身上。

凡是有商業的地方，就有壞人和騙子；凡是有成員十幾人以上的機構*，就會看到以優良治理為名製造的淤泥。本章的目的是讓讀者稍微更了解哪裡最可能隱藏淤泥，以及如何降低或甚至消除阻礙。我們很清楚這裡探討的只是冰山一角，也不準備一網打盡。我們可不希望在本書裡製造淤泥！

民間機構的淤泥：表面功夫

塞勒自認是研究不當行為（misbehaving）的專家，甚至以此為題寫了一本書。該書出版後，他收到編輯的電郵，分享該書第一篇評論的連結，那可是刊登在倫敦頗富聲譽的報紙上。他興奮地點入連結，卻發現要付費才能看。太嘔了！可是，且慢，報社提供一英鎊就可試訂閱一個月的服務。多便宜啊！當然，既要一英鎊表示要刷卡，他知道月底必然會自動續訂，因此，他心想最好查看可怕的細字規定。

果不其然，試訂期一結束，就會自動續訂，這沒什麼好意外的，但價格有點高：網路訂閱一個月二十七英鎊。話說回來，他可以看看在沒有桑思坦的幫忙下獨立出書的第一篇評論，只花一英鎊並不算貴。他準備亂花錢試訂，先檢查如何不續訂，打算讀完評論就立刻退訂，以免變成終生續訂。這時，他看到讓他有點驚嚇的東西。原來，要停止訂閱還得在十四天之前告知報社，這表示「一個月」的試訂期其實只有兩週。更糟的是，你不能在

＊ 寫出這個句子讓我們意識到，機構（organization）這個詞還滿逗趣的。

網路上取消，你得在倫敦的上班時間打電話到倫敦辦公室，而且不是免付費電話！

就是這段經驗促使他在推特上使用「#淤泥」一詞。

■取消訂閱的陷阱

可悲的是，雖則有點極端，但倫敦報社的故事一點都不獨特。在我們看來，問題不在自動續訂本身。自動續訂其實有助減少淤泥；不論訂什麼服務，預設顧客每個月要繼續接受服務是滿合理的。（只需想像你若沒有主動重訂，每個月就會被斷電或中斷網路一次！）若是一年收費一次，我們會希望商家好心地以電郵提醒，我們最喜歡的一些資訊供應商就是如此，這有助於培養忠實的顧客。

然而，當訂閱與退訂的程序之間存在很大的差異時，就會產生淤泥。只要輸入信用卡號便能訂閱，那為什麼得打長途電話才能退訂？這種做法是利用淤泥作為刻意留客的政策，不幸的是這種手法很常見。我們詢問報社發言人為什麼有這種規定，他的回答是，在讀者突然停止訂閱之前，報社希望確保讀者了解報紙的內容有多豐富；發言人以該報的運動版為例。是啊，錯失那些板球報導會讓人扼腕！（我們很高興地告訴大家，這份報紙已改變政策，讓讀者可以寄電郵取消訂閱。這雖不如一鍵取消方便，但我們測試過，發現其餘流程沒有淤泥。）

很多機構似乎將這種「加入很簡單、離開很痛苦」的不對稱做法，當作經營模式的重要一環。至少在美國，健身房和第四台就是出了名地愛實施這套策略。我們聽說過一個案例，某健身房因疫情關閉很長一段時間，重新開門後，要求想要取消會員資格的人親自去辦理。這就是淤泥，附贈一大堆病菌！在前述倫敦報社的情形中，至少可以相當簡單地在網頁上找到規定，但很多情況是，退出的代價深藏在細字規定裡。我們認為，最起碼應該規定企業要揭露取消條件，且使用正常大小的字體。美國有些州更進步，加州和紐約州現在規定，凡是在網路訂閱的服務，就必須可以在網路取消。[3]我們也看過一種「標準訂閱格式」很不錯，這種方式可以簡單地免費取消，若有例外則要顯著呈現。

退費

另一種常見的淤泥型商業手法是郵寄退費，慣常的做法是，某種產品的銷售商在售出產品後退還部分售價。標準的經濟分析會將這種促銷手法視為差別定價（price discrimination，直譯為「價格歧視」），聽起來似乎很狡詐，可能還有觸法之嫌，但在很多情況下，差別定價很常見，也廣為大眾所接受。如果你提前很多時間訂機票或飯店，就可支付較低價格。這種政策是給兩種人「差別」定價，第一種是很在乎價格的消費者，願意提早計劃和訂票，另一種人不那麼在乎價格，例如以公費支出的人。這樣的差別定價沒有什麼害處，事實上，這種做法可讓那些在乎價格的消費者花較少的錢，因為最後一刻才付全額訂票的旅客，可以提供前者交叉補貼（cross-subsidize）。

差別定價的運作方式通常是：消費者要做某些事才能爭取到低價，例如提早訂票或選擇不方便的搭機時間。可以將之視為消費者必須跨越某些障礙，才能享受優惠。以退費來說，在兌換退費券時必須克服一些障礙，過程中的淤泥可能相當可觀。一種常見的做法是，銷售商要求消費者郵寄原始收據（是的，要貼郵票），以及包裝中附掃描碼的部分（以利辨識產品）。紙盒上的掃描碼通常印在特別不方便的地方，請隨時準備好美工刀。

將這些東西寄出去（最好保留副本，以防萬一），等了幾個月後，如果你全都做對了，信又沒有「遺失」，那你就會收到郵寄來的支票，當然你還要記得去兌現。不意外地，只有少部分人成功拿到退費，大約百分之十到四十。

企業何必那麼麻煩地提供退費，或者換個方式說，顧客為何會落入這個陷阱？有一篇論文就這個問題做了很好的分析，我們認為可以提名角逐學術論文最佳標題獎：〈每個人都相信退費〉（Everyone Believes in Redemption）。*[4] 作者的一項實驗研究發現，人們對自己能否跨過所有必要的障礙，抱持不切實際的樂觀，以為大約有百分之八十的機率可以在三十天期限內達成。實際的成功退費率約百分之三十。要說每個人都相信能成功退費是有些誇張——但確實多數人都相信。

研究人員在同一份研究中（對不同組別）嘗試以三種方式去除人們的偏見——亦即縮減預期的成功退費率和實際退費率之間的落差。第一種方法很清楚地告知參與者，前面組別的退費率低於三分之一。第二種方法發出兩次清楚的提醒，一次是在購買之後不久，一次是退費期限將到時。第三種方法將退費程序變得簡單許多，不需要印出來簽名確認。

結果發現三種方法都未能降低人們的樂觀！在三種情況下，人們仍認為大約有百分之八十的機率會寄出表格，不僅如此，第一、二種做法根本不影響人們的真實行為。聽到其他組的行為時，人們的想法似乎是：「拜託，那些人是白痴。我絕不會那樣。」這裡面有

* 譯注：redemption（退費）的另一個意思是救贖。

一個普遍性的（可悲）啟示。當你告訴人們，有些活動很危險（累積大筆卡債、酗酒、不安全的性行為等），就好像在說有些人常會睡過頭一樣，沒什麼用。要準時醒來，需要的是鬧鐘——甚至可能需要落跑鬧鐘。

唯一有效的干預，是運用我們的神奇靈藥：把它變簡單。業者可以讓郵寄表格變得更簡單，從而減少淤泥，大幅提高人們的行動意願。簡化程序的結果，讓退費率提高到大約百分之五十四，這表示信念與行為之間的落差大減一半。這也具體證明，減少淤泥對於增進福祉可以發揮明顯的效果。但行銷公司當然不會採取這個政策，因為這違背了退費的整個目的，也就是利用人們的過度樂觀，甚至是他們對退費（或救贖）的信心。

隱藏收費

據說吉列刮鬍刀公司的創辦人吉列（King C. Gillette）發明了「送刮鬍刀、再靠刀片賺錢」的行銷策略，他們打的算盤是：刮鬍刀基本上免費，讓顧客養成使用吉列刀片的習慣，然後公司就可以把刀片賣貴一點。這套模式似乎很有效：吉列在美國仍有相當高比例的刀片銷售量，且全世界都看得到他們的刀片。我們不覺得這個例子有什麼問題（轉換成本相當低），但風險較高的其他市場也會使用這套模式，例如噴墨印表機，他們的策略是：印表機便宜賣，靠墨水賺錢。

從消費者的福祉來看，問題在於人們可能很難知道使用印表機的真實成本。假如你上網買，很容易找到具備所有最新功能的款式，如無線列印，要價不到一百美元；但如果你試著了解墨水的售價與更換墨水匣的頻率，就很難找到答案。不僅如此，印表機通常不接受其他供應商的墨水匣（當然是為了確保你寶貴的印表機不會損壞）。

墨水匣就是行為經濟學家澤維爾．加貝克斯（Xavier Gabaix）和大衛．萊布森（David Laibson）所謂「隱藏收費」（shrouded attributes）的一個例子。5 產品標價會低報使用成本，讓人很難發現隱藏收費。飯店就是出了名會隱藏各種服務的價格，如停車和無線網路，有時候會要求客人支付所謂的「設施費」（resort fee），那不是你可以選擇付或不付的。任何人若曾倒楣到在飯店洗過西裝就知道，價格通常比當地乾洗店大約貴至少一兩倍。當然，想要省錢的客人可以找當地的洗衣店，但不論是出差或旅遊，都很難騰出時間辦這類雜事。

在我們看來，應該視隱藏收費為淤泥的來源。要找出隱藏收費，消費者、患者、投資人等必須穿越黏稠的混合物；隱藏收費讓購物變得困難很多。當然，如果能將完整的智慧揭露融入很好的旅遊選擇引擎，就可大大緩解問題，至少在旅行方面是如此（直到飯店想出新的額外收費方法，好比淋浴費）。但在那天到來之前，這個市場有很多淤泥。如同我們將在第十一章看到的，信用卡的市場也有很多隱藏收費，這種現象在許多零售金融業更加普遍。支票帳戶免收費，前提是你的帳戶要維持一定金額，但萬一低於金額呢？會發生什麼事？

有人會問，為什麼同業競爭沒有讓連鎖飯店和銀行的淤泥消失？這個問題很合理，但理由不難推敲。（還記得前面提到的蛇油嗎？）假如有一家美廉銀行打廣告說：「支票存款帳戶免費！」然後，他們所有的獲利都靠隱藏收費。假設銀行維持一個支票存款帳戶的成本是每年一百美元，另一家銀行加入競爭，大喊：「支票帳戶一年只收一百美元，完全沒有隱藏收費。」這場競爭誰會贏？沒有人會在開立支票存款帳戶時準備要跳票，就像沒有人倒車入庫時會故意讓後面整片鈑金刮壞，但世事難料。

以上討論了三種例子——訂閱陷阱、退費和隱藏收費，全都有一個普遍性的問題。三種策略的核心目標都是要讓定價變得較不透明，後兩個例子很明顯，訂閱陷阱可能就不是那麼明顯。雜誌、第四台、健身房往往讓人們很難終止服務，理由之一是差別定價——即同一項產品（為期一個月的服務）的收費不同。達到這個目的的方法是，只讓不斷抱怨的人享有某種價格，例如那些威脅要終止服務的人！

假設一位客服人員（透過電話或網路聊天）問顧客為什麼要退訂，答案是「因為太貴」，客服就會祭出「提供給忠實顧客的特別優惠方案」。然而，事實恰好相反，特別優惠方案只提供給威脅要離開的不忠實顧客。有些信用卡會收年費，但威脅要取消該卡的人則免收；這是透過淤泥進行差別定價。身為顧客，我們寧願到公布價格的商家消費，而不是只提供優惠價給抱怨的人的商家。我們若要經營事業，也會選擇這種方式。

民間企業的繁文縟節

大家都知道政府機關確實設置過多的官僚規章和準則，連對自家員工（或者說特別是對自家員工）都是如此，但其實民間企業、醫院，當然還有大學，通常也好不到哪裡去。一開始在受雇的過程就得面對很多淤泥，進入職場後，每天的工作通常也是淤泥重重。只要問問醫護人員就知道了，他們有時還被要求傳真那些工作文件。（美國的醫療成本會那麼高昂，一個很簡單的原因是：淤泥太多！[6]）

有一個很好的例子是差旅費的核可和請款，事實上，美國政府於這方面提供給員工的經驗，在某個程度上優於民間企業。如果某趟出差已被核可（我們不打算詳論核可的流程），政府的差旅部門通常會直接代訂機票和飯店，並幫忙付款；他們甚至會協商到優惠價。但萬一你的航班被取消，返程不得不搭火車，我們只能祝你好運。

依據我們在民間企業申請差旅費的經驗，過程中嚴重充斥淤泥。舉個例子：你計劃到另一個城市參加會議，飛行時間兩小時。那場會議很重要，很容易便能爭取到出差費，雇主沒有規定你一定要去，但如果你要去，雇主會負擔旅費。問題來了：可能會發生某些事讓你不想去，什麼事都有可能。當然，發生狀況的機率永遠存在，但假設在這個例子中，你知道發生狀況的風險高於一般機率。

你查看航班，發現航空公司提供兩種選項。一種是較便宜、不可退費的來回機票，四百美元；如果沒去，直接損失四百美元。另一種較昂貴，可全額退費，一千兩百美元。你會買哪一種？我們之中有一人碰到這種情況，便跑去問大學，假如買了較便宜的機票、但最後沒去參加會議的話會怎麼樣，結果被告知既然沒參加會議，便無法申請差旅費。於是他買了較貴的機票，參加了會議，大學付了機票錢。淤泥！

關於差旅費，有一個人的觀點和我們一樣，就是網飛的共同創辦人兼執行長里德・海斯汀（Reed Hastings），他在所寫的書《零規則》（*No Rules Rules*）裡談到這點，[7]從書名就可以知道他的觀念和我們差不多。海斯汀談到前東家有個人抱怨出差經驗，該公司的差旅政策是，你去某個城市時可以租車或搭計程車，但只能二選一。那位員工選租車，因為客戶的辦公室距離他住宿的地方要兩小時車程，但晚上和客戶參加活動時搭計程車，因為會喝酒。他提交費用時，計程車資不能請領。他很生氣，最後辭職了，因為他不想為一家政策這麼蠢的公司工作。海斯汀創立網飛時，誓言要用不同的方式經營。

他說他給員工的訊息是：「把公司的錢當作自己的錢花。」實務上就是以你認為合理的方式訂機票和飯店，有疑慮就問主管。他告訴主管要稍微監督支出，若發現有人濫用這套制度，一開始便要讓員工知道，同時準備開除累犯。海斯汀將其觀點整理成兩個重點，不只適用於差旅費：

- 有些支出可能因自由運用而增加，但與自由帶來的益處相比，不值一提。
- 有了花費的自由，員工就能快速決定如何花錢來推進公司的業務。8

我們很樂意在網飛這樣的公司上班。

大學入學

在美國，申請大學入學的過程很複雜，對於符合補助的學生尤其如此，每個步驟都會碰上淤泥。這很不幸，導致低收入家庭的學生因此占比極低。目前，在美國的頂尖大學裡，收入分布前百分之一的學生比後百分之五十的人數還多！你可能以為這個現象有一個簡單的解釋，也就是頂尖學校的學費非常高；但事實上，很多最優秀的大學非常願意全額負擔符合資格的低收入學生。不僅如此，讀頂尖大學可創造絕佳的就業機會。所以，為什麼沒有更多貧窮家庭的學生申請？淤泥是一個重要因素；去除淤泥可以發揮很大的效果。

經濟學家蘇珊．戴納斯基（Susan Dynarski）和同僚做了一項大規模的田野實驗，證明積極消除淤泥可帶來的潛在力量。[9]他們的目標，是鼓勵低收入且成績優異的密西根高中學生申請就讀密西根大學（該州的旗艦大學）。為此，他們找了四千位這類學生（在學生高三那年一開始時），其中半數在九月第一週收到一份資料，**保證**若申請入學獲准就能得到補助。學生不需填寫麻煩的申請補助表格，只要高中符合午餐補助的資格就可以了，而研究人員能輕易觀察到這一點。另一半的學生只收到大學鼓勵申請入學的資訊包。

研究人員預先提供實驗組補助，如此便翻轉了傳統的大學入學申請時間表：過去，學生通常是在已獲准入學**之後**，才會獲得補助，而不是還沒申請入學之前。因此，學生不僅能跳過填寫表格，也能大幅降低面臨的不確定性。結果很顯著。未收到免學費保證的學生，只有百分之二十六申請就讀密西根大學，收到保證的則高達百分之六十八申請。登記入學人數增加不只一倍，這無法歸因於財務誘因的任何改變。因為假如學生沒有得到特殊待遇、但還是有申請，得到的補助會一模一樣；他們只是必須克服取得補助時必經的更多淤泥。

除了補助，學校還可以去除入學流程中其他部分的淤泥，以吸引更多學生申請。舉例來說，德州大學奧斯汀分校讓高中班級成績前百分之六的學生都可入學。[10] 加州西沙加緬度市（West Sacramento）更積極，他們與沙加緬度市立大學合作，確保每個高中生一畢業便能進入當地的兩年制大學。[11] 沙加緬度的做法是乾脆去除表格，讓高等教育成為畢業生的預設選項，否則有些人根本不會花費那個心力。

政府

政府有一項重要工作是擬定與執行人民應遵守的規定，但現實是，規則必須落實，而落實的成本可能不低。海斯汀在思考網飛的費用政策時，重點是在兩件事情上取得平衡：一是「想做什麼就去做」，二是「為了徵求與取得核可，無謂地耗費自己和別人的時間」。這個平衡取決於成本效益分析，而淤泥應該列在分析的成本欄中。

打個比方：假設政府決定在河上蓋新橋，條件是過橋費的收入要超過蓋橋的成本（當然要適度貼現〔discounted〕）。若要妥善分析這項決定，應體認收費的成本不低。以前，收過橋費得先蓋收費亭，還要花錢請收費員。但還有一件事可能被忽略：**民眾要花多少時間排隊等繳費？**花時間排隊是典型的淤泥，淤泥的成本雖不是直接由政府承受，但確實會落在民眾頭上，而且是很真實的成本。

政府的決策常輕忽這類成本。再回到蓋橋的例子，想想人們花了多長的時間（數十年！），才意識到在很多情況下，雙向收費根本沒有道理。你開車進入紐約市要付過橋費，但（不同於加州旅館*）你隨時可以免費離開。收費的成本已逐漸因科技的進步而顯著降低，包括勞動成本和顧客等待的時間。技術的改良讓我們能在以前不可能的情況下收費，好比進入倫敦或新加坡的核心商業區會徵收塞車費，以照相機監測車輛進入。

以收過橋費的比喻來思考政府的很多法規、文書要求和行政負擔，我們覺得很有用。在評估許多規定時，必須納入該規定製造出來的成本和效益，尤其要納入時間的考量。運用科技來減少或消除淤泥，將大幅擴展可能的政策選項。

政府會製造也會減少淤泥。近年來，美國政府每年施加在美國人身上的文書負擔很驚人──高達一百一十億小時。這個數字包含醫院和醫護人員要耗費很多時間滿足政府的要求；符合資格的窮人申請福利所花的時間；必須填寫很多表格的貨車司機；學生、學院、大學；申請簽證到美國讀書或工作的人。這一百一十億小時的成本不只是時間，在很多情況下，淤泥等於一堵牆，人們找不到方法跨越過去，結果就是被阻擋在外，無法獲得許可、執照、金錢、醫療或其他形式的權利或協助。努力減少淤泥，可以發揮很大的效益。下面只舉幾個例子，說明政府做了哪些事增加或減少淤泥。

機場的淤泥

只要是在二〇〇一年九月十一日之後搭乘過商務客機的人都知道，飛行經驗的淤泥多了很多。美國聯邦政府在二〇〇一年十一月十九日設置了美國運輸安全管理局

* 編注：〈加州旅館〉（Hotel California）是老鷹合唱團的名曲，歌詞中提到「你隨時可以退房，但你永遠無法離開」。

(Transportation Security Administration; TSA)，負責現在世界各地都已很熟悉的安檢。依照政府的標準，雖然運輸安全管理局每年的預算不算特別多（約八十億美元[12]），但安檢的真實成本有很大一部分是乘客的時間——花在等待通過安檢，以及計劃何時抵達機場。美國運輸安全管理局建議民眾至少提早兩小時抵達機場——兩小時！

有一項成功的創新做法可以減少等待的淤泥，就是政府推出的全球通關（Global Entry）與預先安檢計畫（TSA PreCheck），讓經常搭機的數百萬人能夠更快速走完流程，這是真正清除淤泥的做法。安檢步驟大幅減少：乘客不需脫鞋或從隨身包包裡拿出筆電。據估計每年為乘客省下數億小時，這很了不得。但我們相信全球機場安檢的成本是被低估的，因為沒有轉化為金錢，這種現象在淤泥身上很常見。更普遍的現象是，政策的設計與評估常忽略政府透過淤泥讓人民負擔了多少成本。

網路淤泥多

現在，我們上網的時間愈來愈多，不免會擔憂隱私問題。我們常用的網站會蒐集哪些個人資訊？有些資訊是利用 cookies 蒐集的，這是保留在你的瀏覽器裡的檔案，記錄你使用該瀏覽器的資料，如瀏覽活動、購物與偏好、地理位置等，這些資訊通常適用於目標行銷（targeted marketing）。

歐盟透過兩項法規管理cookies：一般資料保護規範（General Protection Regulation; GDPR），以及電子隱私指令（ePrivacy Directive），或稱Cookie法（Cookie Law）。這幾項法規包含些許選擇設計：唯有當使用者主動同意時，才可安裝cookies。但網站為提供服務而「絕對必須」使用時，則不在此限（例如亞馬遜可於購物車使用cookies），除此之外，容許使用cookies是採取「選擇加入」的政策。

理論上，這項政策是好的構想，但如果你曾進入受此規定規範的任何網站，一定會發現你深陷淤泥之中。在我們看來，問題在於你雖然必須主動選擇容許cookies運作，但其他還有什麼選項，卻很不清楚。依據我們的經驗，假如你使用手機或其他行動裝置進入新網站，螢幕會立刻顯示你要回答是否允許cookies。如果你回答不允許，問題就來了。接著，你**並不是**無痛轉換到你想要讀的文章，而是要繼續回答看似無止境關於cookies的問題，而且字體超小。我們倆都沒有真正走完整個過程，要麼是中途放棄、允許cookies，要麼就是乾脆離開網站。

似乎不是只有我們如此，有專家研究過德國的使用者對歐盟的「cookies同意提示」

作何反應。研究發現，有些網站使用推力讓使用者同意（例如凸顯接受鍵，將不接受鍵藏在頁面底部），很多網站甚至不讓使用者選擇。[13]在後續的實驗中，研究人員發現，cookies同意提示的位置、用詞和設計「大大地影響了人們同意與否」——推力對人們的選擇產生強大的影響。此外，如果網站提供使用者真正資訊充足的選擇加入選項，只有百分之零點一的使用者自願同意讓第三方追蹤。這是淤泥，不是推力。我們撰寫本文時，歐盟正考慮改革。希望他們能夠更貼近使用者的經驗。

徵稅

橋梁收費站的比喻可以直接套用到政府收錢的任何方式，其中最明顯的例子是徵稅。稅制的設計是經濟學很大的題目，這裡不準備概略介紹——讀者聽了應該鬆了一口氣。經濟學家最強調的因素是：誘因（稅制如何改變行為）、公平（每個人應繳多少稅）、發生率（誰真正繳某一種稅）、遵從度（民眾合法納稅的程度）。這些顯然都很重要，但我們要在這個清單中再添加一項：淤泥——依法繳稅或避稅要花多少時間和心力。即使學界或政策制訂者並未輕忽這個主題，但我們認為重視的程度還不夠。

我們認為，美國的稅收法規是製造淤泥的世界冠軍。試舉一個例子，美國最常用的納稅申報表1040表格，在二〇一九年的說明竟多達一百零八頁，這還是將幾年前的兩百多頁精簡過的結果。[14]光是要遵循這些指示就已經夠難了，以致超過百分之九十四的報稅人要花錢請專家，或使用商業軟體報稅；美國人每年平均花大約十三小時、支付兩百美元左右，以準備1040表格。[15]反觀很多富裕國家，報稅相對不費力。[16]在瑞典，百分之八十的納稅人只要幾分鐘就可免費完成報稅，只需要手機即可。

稅制裡的淤泥不只發生在遵循法律條文這個簡單的任務上，也會延伸到另一種情形：當你利用合法的稅收減免優惠，盡可能繳最低稅時。其中一個問題是，雖然每個人都贊成**原則上**應讓稅收法規更簡單，但有時候，當政府要取消特定減稅優惠時，會有原本受益的民眾聯合起來反對。

即使美國現在的稅收法規複雜無比，還是能以一個簡單步驟消除大量淤泥，就是採用我們的朋友——經濟學家奧斯坦·古爾斯比（Austan Goolsbee）於二〇〇六年建議的簡易步驟。[17]他建議負責徵收所得稅的國稅局（Internal Revenue Service; IRS）盡可能寄給民眾預先填好的報稅單；納稅人只要在安全的網頁上同意內容就可輕鬆報稅。這很類似瑞典的做法。事實上，將近九成的納稅人都能使用這項服務，因為多數美國人的納稅申報表很簡單。納稅人可以選擇列舉扣除額（過程充斥淤泥）或標準扣除額，二〇二〇年夫妻合併報稅的標準扣除額是兩萬四千八百美元。凡是家庭的收入來自於雇主（即家庭成員不是自雇或自營）且選擇標準扣除額，國稅局便已掌握計算稅額所需的全部資訊。標準扣除額最近提高了，因此很多納稅人都能使用這項服務。18

我們要強調，準備預先填好的報稅單不會為國稅局增加多少工作。薪資收入由雇主提報給國稅局，投資收入由銀行和投資公司提報。國稅局已經知道如何計算稅額，因為當你報稅時，國稅局的電腦程式會檢查你的計算和他們的是否相符。我們撰寫本文時，加拿大的國會已提出十分類似的法案。19

讀者可能會納悶，這麼明顯的好點子為何沒有更早被採用。你很容易就能猜到誰會反對這樣的法案：靠著幫民眾報稅賺錢的公司！新聞插播：商業遊說團體對國會的影響力超大。他們不會支持由國稅局提供免費報稅單的法案，而是會說服國會立法禁止這麼做！為了回饋，報稅公司承諾「免費」提供報稅服務。當然，你得去實體公司或網站取得服務，這可不是光按個同意鍵這麼簡單；當你造訪後，很可能會遇到更多淤泥，例如業者會提供退稅貸款，或收取州所得稅報稅費（這部分也應該自動化）。

自動報稅還有個優點，政府可以確保納稅人會申請到合乎資格的稅賦優惠——目前民眾得自己詢問才有。勞動所得稅收抵免（Earned Income Tax Credit）就是一例，這是要鼓勵就業，也是要將收入移轉到貧窮勞動階層，勞工與其子女可享有多種長短期優惠。國稅局掌握所有必要資訊，可以為合乎資格的報稅人做這些調整，但很多合格者因為沒有填寫規定的表格，導致自己失去國會安排給他們的勞動補貼。結果是，有資格得到這項極重要福利的人當中，大約百分之二十的人連一毛都沒拿到。[20]

除了自動報稅，政府還能做很多事，以減少目前花在合法報稅的幾十億小時。簡化表格是一個辦法，此外，將來要分析任何新的稅務改良提案時，都應該將預期的淤泥納入考量。

有一個例子是富人稅的概念，就是針對財富高於某種（高）門檻的家庭徵稅，例如在二〇二〇年的民主黨黨內初選，參議員伊莉莎白．華倫（Elizabeth Warren）提議，對淨值超過五千萬美元的家庭徵富人稅。從減少淤泥的角度來說，只對極富有的人徵稅很明智，因為絕大多數的家庭都能豁免。別擔憂，我們既沒有意願，也不認為自己有資格分析富人稅的整體優劣。誠然，由於最高百分之一或百分之零點零一家庭的財富占比大幅提高，有些人會希望透過富人稅減輕愈來愈不平等的問題，我們能理解並贊同這種動機。但此處探討的是淤泥，若要徵富人稅，恐怕會有一大堆難以避免的淤泥。一個根本問題是，要針對財富課稅，就必須知道某人有多少財富，這可不像表面看來這麼容易。

比較簡單的狀況是，多數財富存在於高流通市場的證券，如公開上市的股票。貝佐斯持有的亞馬遜股票很容易計算，但其餘的呢？參議員華倫在競選時很愛說她要對億萬富豪的珠寶、藝術品、遊艇課稅。[21]我們就以藝術品為例，看看這有多難。這裡有兩個重要問題：我們不知道富人有多少藝術品，也不知道藝術品價值多少。藝術品沒有全國性（更遑論國際性）的登記紀錄，若要課富人稅，國稅局必須知道每個富裕家庭持有的每一項藝術品及其目前的市價。*再想想珠寶、郵票、體育紀念品。

談這些的目的，不是要你同情為富豪工作的會計師和藝品商，但光是想想需要多少人力才能徵到這種稅，就知道多麼困難。你可能會說，只要將課稅內容限於流動資產的財富，便能減少淤泥，但這當然會鼓勵富人將更多錢放到其他形式的地方，可能還會促使更多大公司轉為私人公司，如嘉吉公司（Cargill）或富達投資（Fidelity Investments）。因為私人企業的股票沒有公開交易，財富價值較難認定。

我們在此要傳遞的訊息很清楚：在設計稅制的每個環節時，都要仔細檢視淤泥的負擔。如果目標是要提高對超級富人的徵稅，我們認為，將大筆繼承物視為一般收入（ordinary income）來徵稅，是比較樂觀的一條路。遺產稅是另一個可能，但那需要相當程度的改革，因為現行遺產稅的設計與執行方式會產生大量淤泥，進而影響稅收。

減少淤泥‧逐步改善

再回到過橋費的例子，只需運用些許科技裝置（如照相機），政府就能讓民眾省下無數等待的時間。俗語說時間就是金錢，但時間本身也很重要，公務人員應該努力給民眾更多時間。遺憾的是，推動這類改變對政府而言是一大挑戰。當收費員的工作被減少或撤除，可以預期工會將大力反對，照相機也會讓擁護隱私權的人感到擔憂。更普遍的問題是，政府通常不具備大破大立的條件，尤其是和民間企業相比較。

本章前面提到網飛的執行長海斯汀。網飛是不斷進行破壞的企業，當年網飛引進不是那麼高科技的模式，透過郵局郵寄實體DVD給顧客時，得面對地位穩固的市場龍頭百視達（Blockbuster）。百視達本身也是破壞相對新穎的影帶出租業（剛開始主要是一次性的小事業）。海斯汀和共同創辦人曾嘗試將新創事業以五千萬美元銷售給百視達，但被拒絕；現在，百視達只剩一家店了。[22]網飛後來又兩度破壞市場，先是提供串流服務，繼而

＊　徵富人稅還有一個淤泥：如果課稅對象限於財富多於五千萬的人，那麼家庭有多少財富才要報稅？假如某人只有三千萬，她必須向國稅局證明她沒有六千萬嗎？簡而言之，我們還有很多疑問待解答。

創造自己的內容。擴大範圍來看，全球很多超大企業，如亞馬遜、蘋果、谷歌、臉書、微軟和特斯拉，都是相對較新的。

政府若要做出類似的成績，唯一的方法是打贏戰爭。是的，冷戰大半是以和平的方法「打」贏的，資本主義也成功「打敗」了共產主義。但在一國內部，即使是新的政黨崛起且勝選的少數案例，如法國馬克宏的前進黨（En Marche!），新的政黨還是要承繼整個政府官僚，即使有心推動溫和的改變來剷除淤泥，也可能遭到懷疑和反對（尤其是來自律師的反對，這點桑思坦可以作證，他們有時堅持法律需要淤泥）。不願或無法搬到另一個國家的人，若想要選擇自己的政府，至多只能換到另一個城鎮住，但那個城鎮恐怕也只是重重官僚系統的其中一環。如果英國人、義大利人、荷蘭人寧可選擇加拿大、紐西蘭、瑞士的政府，恐怕無法如願。你不能輕易從一個充斥淤泥的國家，搬到一個勇敢戰勝淤泥的國家。

這一切代表著，我們只能追求漸進減少政府的淤泥。桑思坦在歐巴馬政府任職時，努力以實際行動減少淤泥，他已盡力而為，但還是遺憾做得不夠多。美國和其他地方仍有太多淤泥，還有很多可努力的空間。我們是不是應該一起出點力？也許可以從消除你我製造出來、影響自己和別人的淤泥開始？

第 3 部

金錢

我們希望現在已經說服你，自由家長制不似表面聽來那麼瘋狂，選擇設計是影響人們做決定的強大工具（不論是好的或壞的影響）。但你可能會問，我何必在乎這些？這讓我們想起電影《征服情海》（*Jerry Maguire*）裡著名的一幕，湯姆．克魯斯（Tom Cruise）飾演的運動經紀人詢問小古巴．古丁（Cuba Gooding Jr.）飾演的客戶，可以為他做什麼。古丁在醞釀熱烈的氣氛後，簡短有力地回答：**讓我發財！**

接下來四章，我們會試著幫助你發財。該如何運用選擇設計來改善人們的財務狀況？請繼續讀下去。零錢不用找了。*

---

* 編注：keep the change（零錢不用找了）亦有「持續改變」的意思。

第九章

「明日存更多」計畫

桑思坦還在讀法學院時，曾到華盛頓的法律事務所應徵暑期工作。面試官是公司很重要的資深合夥人，他提出典型的面試問題：「你最想要問我什麼問題？」桑思坦有點膽怯，不好意思地問：「你們公司最棒的地方是什麼？」合夥人答：「我們的退休計畫數一數二！」

桑思坦不太清楚退休計畫是什麼，是給老人用的嗎？和退休有關？有人真的需要退休計畫？不管是什麼，他寧可聽到公司提供午餐。但現在他知道了（不只是因為年紀漸長），幫助人們做好退休規劃非常重要。

存退休金是一般人遇過最困難的問題之一，光是計算數字便已經夠困難（即使有好的軟體），要將計畫付諸實行，更需要極大的自律能力。而且，這對人類而言是相對較新的煩惱，因此我們還在摸索最好的做法。自地球上出現人類以來，多數時候一般人都不太需要擔憂退休後的生活，因為多數人在這個問題出現之前就死了，有幸活到老年的人則多半由親戚照顧。直到近年，由於預期壽命延長，加上家庭成員居住地點分散，才使得人們必須為自己的退休生活做打算，不能再養兒防老。在整個人類歷史中，這是非常短的時期。即使人類已有數千年的烹飪史，還是有很多人不會炒蛋，因此，面對這項更複雜的工作，我們需要一些幫助，並不值得驚訝。雇主與政府也逐漸開始採取行動來處理這個問題，首創先例的當屬一八八九年德國俾斯麥（Otto von Bismarck）提出的早期的社會安全方案。[1]

早期的退休方案通常是採確定給付制（defined-benefit plan），取這個名稱是因為承諾員工退休時一定可以領到退休金。依照這種制度，凡加入者，退休後都可以連續領一輩子。典型的民間退休方案是依員工的服務年資計算，按照最後幾年平均薪資的一定比例給付。多數國家（包括美國）的公辦社會安全制都是確定給付制。

從選擇設計的角度來看，確定給付制有一大優點：即使是最心不在焉的一般人都能獲得保障。以美國的社會安全制為例，勞工唯一需要決定的事是何時開始領取給付，以及如何與配偶協調；中間沒有什麼淤泥。對多數人而言，唯一要填的表格是申請社會安全號碼時的那一份，通常由父母填寫。他們只須在開始上班時提供這個號碼給雇主，這個動作絕不會被遺漏，因為沒填寫就拿不到薪水！在民間企業，確定給付制同樣具有簡單、不必擔憂自制力不夠的優點，但前提是你必須為同一個雇主工作，且你的雇主沒有倒閉（這兩個條件非常重要）。

對一個一輩子沒換工作的人而言，確定給付制確實很容易，但常換工作的人到頭來往往等於沒有退休金，因為通常都會規定工作滿一定年資（例如五年），退休金才算是既得福利（亦即為員工所有）。此外，對雇主而言，確定給付制的管理成本較高。因此，美國於一九八〇年通過以雇主為主的新式退休制後（依據訂定的法條，奇怪地稱之為401(k)計畫），現在的公司都轉換為確定提撥制（defined-contribution plan），成為常態。

之所以稱為確定提撥制，是因為此制只規定雇主和員工提撥（投資）多少錢到員工名下的一個避稅帳戶（tax-sheltered account）。關於提撥金雖有明確規定，但員工退休後能領多少錢，取決於他的兩個決定：提撥多少、如何投資；另外也會受所選投資組合的績效表現所影響。現在有很多國家採取確定提撥制，以取代或補充傳統由政府資助的退休金計畫。下一章會探討這種類型的一個例子。

確定提撥制對現代的勞工有很多優點。這種帳戶完全可攜帶，因此勞工可以隨意轉換工作。此外，確定提撥制很有彈性，勞工可依據自己的經濟狀況與風險偏好，調整儲蓄金額與投資決策。但在掌控自身命運的同時，也要承擔正確選擇的責任。自己開車比搭公共運輸工具自由，但要是不夠小心謹慎（或者本身是糟糕的駕駛），可能會出車禍。勞工必須自己加入確定提撥制、弄清楚要存多少、長時間管理投資組合；最後終於退休時，還要決定如何處置收益。有些人會覺得這整個過程很麻煩，也確實有很多人搞得一團糟。

存多少錢才夠？

有時候，好的選擇設計只需讓生活變得更輕鬆，讓人們可以簡單做決定，就像跟著谷歌地圖走一樣簡單。在這類情況下，選擇設計師並不會鼓勵或阻止任何一種選擇，只是盡可能把做決定與落實決定的過程變得容易，這麼做通常會帶來好的結果。但有時候，選擇設計師會拋開中立的目標（反正我們知道要做到完全中立是不可能的），朝某個方向輕推——溫和地鼓勵某種選擇，並阻止其他選擇。何種情況適合這類推力呢？這個問題沒有簡單的答案，但別忘了：每當我們朝某個方向輕推時，都應該相信如此可能讓人們過得更好（依據他們自己的標準）。本章的部分內容就是要幫助人們增加退休儲蓄。這應該是合理的目標吧？

不論是哪一種退休儲蓄制（包括公營與民營的退休方案），一個基本問題是能否達到終極目標：存到足夠的錢，可以在退休後過舒適的生活？這個問題其實既複雜又富爭議性，不同的國家有不同的答案。首先，就連經濟學家對於退休後應有多少收入，往往也有不同的看法。有些經濟學家認為退休後的收入應該至少與工作時相當，因為退休後有機會從事耗時又花錢的活動，如旅遊；在很多國家，退休後還要考量醫療支出的增加。但也有經濟學家認為，退休人士可以善用閒暇時間過比較儉省的生活：不用再花錢買上班服裝，有時間審慎購物與在家煮飯，還能利用各種年長者優惠。考量到這些因素，他們會設定較低的儲蓄目標。

我們在這項爭議上沒有強烈的立場，但認為有幾點值得考量。第一，退休金存太少所付出的代價，顯然遠高於存太多。存太多有很多方法可解決——提早退休、打高爾夫、到異國旅行、寵溺孫子。相較之下，因應相反的問題（繼續工作或接受較低的生活水準）則非常不愉快。第二，我們可以確定，有些人絕對是存太少——亦即那些完全沒有加入退休計畫的人（或根本沒有計畫可以加入）。我們也擔憂那些已屆中年、但尚未開始存退休金，甚至負債多於儲蓄的人。這些人顯然需要一點推力。

很多人自承「應該」多存一些（姑且不論這種說法有多誠懇）。一項研究發現，參加確定提撥制的人有百分之六十八自認儲蓄比例「太低」，百分之三十一認為「還可以」，只有百分之一的人認為「太高」。[2]經濟學家通常不看重這類意見——他們的說法也不是完全沒道理。人們本來就很常說「應該」從事各種有意義的活動——節食、多運動、多陪孩子——但觀其行還是比聽其言要準確得多。那些自承應該多存錢的人，可能不是想著應該少花錢，意思只是說如果銀行裡多點錢就好了。

自認應該多存錢的人，確實沒幾個真正在行為上有所改變。不過，人們所說的話也不是毫無意義或道理。很多人矢言明年要少吃多動，但很少人的願望是明年要多抽菸或多吃洋芋片。在我們看來，「我應該多存錢（或減肥、運動）」代表著：如果有方法可以幫助人們達到這些目標，他們是不會排斥的。換句話說，他們可以接受適度的推力，甚至可能心存感激。

確定提撥制的早期經驗顯示，一般人在三個方面需要一點幫助：加入計畫、提高提撥比率、改善投資報酬。事實證明，輕推法在這三方面都能發揮效果。

加入與否：輕推人們加入

加入確定提撥制的第一步是登記。多數勞工應該都很想加入，在很多國家（包括美國），提撥金可以扣稅，累積的部分可延期納稅，而且很多計畫都規定雇主也要提撥一定比例。舉例來說，一種常見的規定是在某個範圍內（如薪資的百分之六），員工每提撥一元，雇主必須提撥五角。

這五角等於是員工白賺的！他們能立即得到提撥金的百分之五十的報酬。除非是極度沒有耐性或家裡很缺現金的人，想也不用想，這筆錢當然要全數入袋。然而，這類計畫的登記率距離百分之百很遙遠，一般而言，年輕、教育程度低、低收入的員工較可能沒有加入，但有些高所得的人也會遺漏。

當然，有些情況下，即使雇主會提撥一定比例，不立即加入也是對的，例如年輕人有其他更迫切的地方需要用錢；但多數情況純粹是疏失，尤其是超過三十歲的人，這時便適合提供推力（當然要讓人能容易地選擇退出）。那麼我們要如何輕推這些人早點加入呢？

解決這個問題的關鍵很明顯（至少以後見之明來看），就是將它變得簡單：把選擇加入改為預設加入！原本的設計是當勞工第一次取得加入的資格時（有時是就業馬上就有資格），便會拿到一些表格。想要加入的人必須決定要提撥多少，以及退休金的投資要如何分配到計畫所提供的各種基金。填寫這些表格有點麻煩，因此很多人便擱在一邊，把它當作淤泥。

其實我們可以改採現在所謂的自動加入制，方法如下：當員工初次合乎資格時，會收到一份表格，告知他將加入退休計畫（依照一定的儲蓄率與資產配置），**除非**他主動填寫表格要求退出。你不必是天才，也會明白這一招能奏效。事實上，我們其中一人（已確認不是天才）在一九九四年的一篇文章中便建議過這個做法，[3]只是似乎沒人注意到。確實有幾家公司嘗試這個概念，包括速食巨人麥當勞，但他們為這個策略取了一個不太美麗的名稱：「否定選擇」（negative election）。[4]即使是很棒的點子也會毀於壞名稱。

除了名字取得爛，有些公司還擔憂自動加入制可能觸法，因為公司是在沒有取得員工明確（主動）同意的情況下採取行動。為了消除這項疑慮，聯邦政府發布一連串的規定和公告，定義、認可、推廣採用自動加入制。[5]這有助於讓比較謹慎的雇主放下心來，不過這又在無意間造成另一個問題，稍後會再討論。

一個重要的里程碑是布麗吉特・馬德里恩（Brigitte Madrian）與丹尼斯・謝伊（Dennis Shea）關於自動加入制的學術報告。[6]謝伊服務的公司決定試用這個做法，謝伊找來當時在芝加哥大學擔任經濟學教授的馬德里恩，協助評估實施成效。該公司會試用自動加入制，是因為運用一般的選擇加入制難以讓員工參加，即使公司的計畫很慷慨——員工就職一年後，每提撥一元，公司就提撥五角，最多達薪水的百分之六。為了評估自動加入制的效果，兩人比較了兩種加入制的參與率：一是新合格的員工在政策改變前一年的參與率，一是改善預設設計後的參與率。結果非常顯著。採用選擇加入制時，只有百分之四十九的員工在進公司一年內參與；採自動加入制後，比率劇增至百分之八十六。只有百分之十四選擇退出！

二〇〇六年有了法案的支持，自動加入制大獲採納，現在於美國與世界各地都相當普及，已確定能成功讓員工加入計畫。二〇一八年，先鋒集團（Vanguard）依據他們負責保管紀錄的四百七十三種計畫發表一份報告，發現他們的樣本裡高達百分之五十九的員工使用自動加入制，那些公司的平均參與率高達百分之九十三！[7]反之，還在要求選擇加入的公司，只有百分之四十七的參與率。為自動加入制歡呼！

不過，現在就宣告勝利還太早。我們要強調一個應該很明顯的重點：當我們將一項政策訂為預設選項，最後能發揮多大的益處，便取決於政策本身的優劣。如果預設選項引導人們選擇不好的退休計畫，最後反而更糟。即使人們可以輕鬆選擇退出，可能還是會因為惰性和拖延而沒有退出。不好的預設選項會很棘手，尤其當壞處不是那麼顯著時（如基金收取的費用）。**重點是即使有很多人選擇預設選項，這一點本身也不能視為成功的證明。**

本書會偶爾提起這個一般原則，因為人們很容易觀察到某個預設選項的接受度很高就宣稱成功。請不要這麼做！

馬德里恩和謝伊一開始的研究結果可以說明這一點。別忘了，當他們研究的公司採用自動加入制時，必然會選擇某一種預設的投資率和投資策略。以那家公司來說，預設選項是百分之三的儲蓄率，投資貨幣市場帳戶（money market account）（風險最低的選項）。如果員工抱著「無所謂」的態度加入該退休計畫，可以預期他們可能就會接受這些預設的細節，這是不幸的。這樣的儲蓄率太低了，投資策略也太保守，年輕員工當然應該投資一部分在股市。

當然，預設特定的儲蓄率和投資標的，並不表示每個人都會接受這些選項，有些人會積極選擇別的選項（即使不是一開始就這麼做）；但很多員工都是消極地接受預設選項，甚至包括公司採取舊方案時會主動選擇加入的員工。從儲蓄率及投資方式來看，這群人等於被輕推去做對自己不利的事。

我們會知道這一點，是因為檢視過那些員工在公司採取舊方案時的行為。採用自動加入制之前，主動選擇加入者的儲蓄率深受相對提撥制的規定所影響。別忘了，在薪資百分之六以內，雇主相對提撥百分之五十；果不其然，大約三分之二的參加者選擇的就是百分之六的儲蓄率。反之，改成自動加入制後，最普遍的儲蓄率變成預設值：百分之三。換句話說，若是由某些自動加入者自行決定，反而會選擇較高的儲蓄率。更糟糕的是，預設的投資方式選擇低風險的貨幣市場帳戶，因此提撥少，賺得就少。我們且簡述實際發生了什麼事：更多人參與了，這是好事，但儲蓄率太低，投資又過度保守。讓人們自動加入不好或普通的選項，等於是設下一大陷阱；但這兩個問題都可以透過更好的選擇設計來改善。

提高儲蓄率

馬德里恩和謝伊研究的計畫會採用百分之三的儲蓄率，並不是隨機設定的，但效果和隨機設定差不多。還記得前面提過釐清自動加入制合法性的諮詢意見（advisory ruling）嗎？這類諮詢意見通常會舉例說明，其中一條寫道：「假設某公司讓員工自動加入儲蓄率百分之三的退休計畫……」糟糕！寫這句話的官員完全無意表示百分之三是特別適合建議員工的儲蓄率，那只是舉例的數字，但我們知道錨點的影響有多大，其後很多年，幾乎每家採用自動加入制的公司都以百分之三為預設值。你能怎麼辦？

有一個方法是：判斷多高的儲蓄率才能滿足多數員工的需求，並直接設定較高的數字。（等等就會討論這一點，以及其他相似的做法。）另一個可能的解決方法是塞勒與經常一起合作的索羅摩·班納齊（Shlomo Benartzi）提出的「明日存更多」（Save More Tomorrow）計畫。[8]目標是設計一套選擇設計制度，著眼於與這個情境相關的五項重要的心理原則：

- 很多參與退休計畫的人自承應該多存一些錢，也計劃這麼做，但一直沒有做。
- 安排於未來某個時間點開始自我節制，會比較容易實行。（很多人會計劃在不久之後開始節食，但不是今天就開始。套用聖奧古斯丁〔Saint Augustine〕的話：「上帝，請賜我貞節……但不是現在。」）
- 損失規避：人們最厭惡看到薪資縮水。
- 金錢錯覺：人們是以名目金額（nominal dollars）來感受虧損（亦即未考量通貨膨脹）。加薪百分之三會感覺是獲得，即使通膨是百分之四；但實際帶回家的錢若減少，人們就會強烈抗拒（至少當人們注意到時）。
- 惰性的影響很大。對很多員工來說，加入計畫的那天之後、十年或更久，都不會再看自己的選擇一眼。

「明日存更多」方案邀請參與者事先約定：將來依調薪幅度來調整提撥率。當這兩者綁在一起時，參與者不會覺得拿回家的錢變少了，也就不覺得提撥金增加的部分是一種損失。任何人加入這項計畫後，提撥率便採自動調整，亦即利用人的惰性來提高儲蓄率（而非阻礙儲蓄）。當方案與自動登記制結合起來，這種設計可同時提高參與率及儲蓄率。

一九九八年，某中型製造業者率先採用「明日存更多」方案。他們安排員工一對一接受一位財務顧問的諮商，那位顧問的電腦裡有一套專門設計的軟體，可依據每位員工提供的資料（例如過去的儲蓄情形與配偶的退休計畫）來給予儲蓄率的建議。大約百分之九十的員工同意接受諮商，很多人聽了建議後都有些驚訝。多數員工的儲蓄率很低，幾乎每個人都被建議要大幅提高，軟體的建議多半是提撥到最高上限（薪資的百分之十五）；但財務顧問發現員工多認為不可行而立刻否決，因此多半建議提高五個百分點。

大約百分之二十五的人同意了，立刻將儲蓄率提高百分之五。其他人表示薪資減少會影響生活，財務顧問便提供這些不願儲蓄的人「明日存更多」方案——每次加薪時，將儲蓄率提高百分之三。（一般加薪幅度約為百分之三點二五到三點五。）這群不願立刻調高提撥率的員工當中，有百分之七十八的人同意加入「明日存更多」方案。

結果凸顯出選擇設計的驚人潛力。試比較三類員工，第一類選擇不和財務顧問見面，這群人在該計畫實施時大約提撥收入的百分之六，其後三年一直維持這個比例。第二類員工同意將儲蓄率提高百分之五，平均儲蓄率在第一次調整時從百分之四多一點增加到百分之九多一點，其後數年基本上維持不變。第三類員工加入「明日存更多」方案，起初這群人是提撥率最低的（約為收入的百分之三點五），其後穩定調升。三年半內調薪四次，儲蓄率幾乎增加為四倍，到百分之十三點六——比第二類員工的百分之九高出許多。

參與「明日存更多」方案的多數員工歷經四次調薪都沒有退出，但在那之後提撥率就沒有再提高了——因為已到達規定的最高提撥額。少數提前退出計畫的員工也並未要求調回原來的提撥率，只是不再提高而已。

塞勒與班納齊在設計「明日存更多」方案時採取「無所不包」的策略，盡可能納入最多有利的特色。幾年下來，我們發現，其中兩項元素雖吸引人，但並非必要的。儲蓄率的提高不必與加薪綁在一起（很多公司發現窒礙難行），讓員工現在決定以後要加入也不是那麼關鍵。

基於這些發現，「明日存更多」方案已被簡化，現稱為自動累進（automatic escalation）計畫，每年自動提高儲蓄率，通常是一年提高百分之一。有些公司將自動累進制納入預設的加入計畫，起始率是百分之三，每年提高百分之一，直到某個最高限額（如百分之十）；其他公司只是將之列為員工可以選擇的選項。前述先鋒集團的研究顯示，採自動加入制的公司當中，約七成現在會納入（可選擇退出的）自動累進制，其餘的則是提供自動累進制作為選項。

一般而言，自動累進制確實有助提高儲蓄率，雖則不似原始實驗一年提高百分之三那麼驚人。在先鋒集團的樣本裡，三年後還在公司任職的參與者當中，約有半數繼續每年提高百分之一，其餘多數則積極提高更大的幅度，因為自動加入制的起始百分之三儲蓄率雖是偶然形成的，卻成為頑固不變的常態。然而，我們很高興看到起始儲蓄率逐漸提高，變成百分之四或百分之六。

預設投資選項

還記得前面提到馬德里恩和謝伊所研究的計畫有另一個缺點嗎？就是預設的投資計畫是低風險的貨幣市場帳戶。公司會做這樣的選擇是因為，當時那是美國勞動部（美國退休計畫的監管單位）唯一核可的選項。所幸，經過多番輕推（幾近一再抱怨），勞動部發布新的法規，建立一套所謂的合格預設投資方案（Qualified Default Investment

Alternatives）。[9] 多數公司現在選的是所謂的平衡型基金，亦即股債混合。

其中最受歡迎的一種版本是所謂的「目標日期基金」（target-date fund），參與者選擇自己計劃退休的日期，基金投資機構便依據這個日期慢慢調整投資組合。基本概念是，隨著投資人愈來愈接近退休，投資心態會變得更保守，因此，基金投資機構會逐漸減少股市的比重。基金的組成各有差異，只要能維持低費用，這個基本概念便是合理而務實的。說合理，是因為這類基金依據投資人已知的特質（年齡）量身訂製。如果投資人沒有選擇主動變換基金，基金投資機構就會猜測某年齡層可能計劃退休的年紀，以設定目標日期。另外，目標日期基金也會保護某些投資人不受直覺影響（看到股市下跌便恐慌）。（桑思坦每次看到這種情況都會恐慌，便立即打電話給塞勒，塞勒通常能讓他鎮定下來，但不是每次都會成功。）

不只是桑思坦，很多一般投資人看到股市震盪都會害怕。綜觀確定提撥退休制的整個歷史，可以看到投資人誤判投資時機的能力很驚人，最後總是遵循買高賣低的政策——這可不是高明的模式。愈來愈多證據顯示，多數人若不要注意股市的起伏會更好。二〇一九年，金融研究公司晨星（Morningstar）估計，基金投資人每年平均因交易時機不佳損失百分之零點五。

不只是對金融市場沒經驗的人會掉入抓錯市場時機的陷阱——事實上，有些資料顯示剛好相反。有些退休計畫提供「投資自選」（brokerage windows），讓投資人可以取得計畫選項以外的投資組合，這通常導致更頻繁的交易。參與投資自選的人明顯有較高的收入與存款，但怡安翰威特（Aon Hewitt）保險集團於二〇一五年的研究發現，相較於401(k)計畫的其他投資人，這些參與者的收益平均每年低百分之三以上。人們憑直覺在「對的時間」買賣，再次以悲劇收場。

讀者現在大概可以猜到，參與自動加入制的勞工絕大多數完全投入預設基金，至少維持一段時間。慢慢地，隨著資產累積，勞工對投資更有興趣，會有更多人選擇調整投資組合，而結果可能更好，也可能更壞。

■但錢從哪裡來？

一個很重要的問題是，輕推人們提高退休提撥金，是否會實際增加淨儲蓄，或只是將錢從其他（須納所得稅）的帳戶轉過去？或者更糟糕的，讓人負債（好比辦更多貸款）。

第一項擔憂很合理，但與推力本身沒什麼關係。試比較兩種假設性的政府政策：

一、規定公司採取自動加入制。
二、提高民眾可以提撥到退休帳戶的限額。

我們相信，自動加入制促成的退休提撥金幾乎都是新的儲蓄，因為被輕推加入的族群幾乎沒有其他儲蓄——沒有選擇加入401(k)計畫的勞工，絕大多數是沒有大專學歷的低薪員工。反之，提高儲蓄**限額**不太能增加新的儲蓄，因為只有極少比例的勞工已達最高限額。不必輕推已達最高額的人，他們也會自己提高；即使他們自己沒有想到，他們的財務顧問也會幫忙！

然而，如果輕推人們加入計畫或提高儲蓄率，主要影響的是所得分配後段班的人，因此，我們擔憂被鼓勵加入或增加儲蓄的人到了某個時間點，會不會累積更多債務，畢竟錢總得來自某個地方。這個問題一直很難衡量，因為研究人員無法取得參與計畫者的財務紀錄，但最近有兩項研究克服了這個困難，提供讓人放心的結果。

第一項研究在丹麥，因為丹麥人會鉅細靡遺地保留家庭財務及收入的紀錄，研究起來較容易。[10]研究團隊檢視勞工轉換工作後的情況，好比換到退休儲蓄計畫更慷慨的公司。結論是，這些計畫的特色能促成幾乎全新的儲蓄，且民眾並沒有明顯增加負債。第二項研究是評估一群軍方雇用的平民，在二〇一〇年引進自動加入制之後的情形。11 結果發現四年後，民眾的信用評分或負債餘額都沒有明顯的變化。研究人員確實發現房貸有些微增加，但在統計上屬於較弱的證據，我們認為不值得擔憂。如果喬和哈利各方面都差不多，唯一的差異是哈利貸款買房，你猜誰的財務狀況較佳？我們會猜哈利，除非他是在金融危機前不久買的，當時很多人被誘導選擇不當的貸款。

最佳實務

過去十年來，確定提撥制的重要性持續提高，我們很樂見這項制度的演進方向。愈來愈多人使用自動加入制、自動累進制、合理的預設基金，在在創造出一個比以前進步很多的環境。現在的發展趨勢是我們樂見的。過去幾乎所有機構都採用過低的百分之三預設儲蓄率，現在沒有那麼普遍了。不少公司的起始儲蓄率設為百分之六，也未見選擇退出率明顯提高。此外，企業不再只是讓新進員工適用這些政策，現在的最佳實務（best practices）包括定期將老員工「掃進」加入制。有些人在二十二歲時選擇退出，到了二十七或三十二歲可能有了不同的看法。

確定提撥制的運作方式在過去十年來進步很多，但在美國和許多國家，最大的問題是很多勞工（可能有一半）沒有雇主提供的退休計畫。[12]這是一個問題，因為要讓人儲蓄的最有效方法，就是在他們還沒有機會把錢花掉之前，從薪水拿走一部分，就像把一碗腰果先收走一樣。缺乏這項基本福利的人，包括自雇者、受雇於小企業的人、打零工的人、非正式經濟體中的每個人。在很多國家，最後一類可是非常龐大。

歐巴馬政府嘗試制訂一套全國性的制度來減輕這個問題，但國會一直沒有制訂任何法案。有些州意識到這個問題（包括加州、奧勒岡州、伊利諾州等），推出州級的方案。至於面對這個問題的其他州和國家需要採取什麼行動呢？英國於二〇〇八年建立的國家就業儲蓄信託（National Employment Savings Trust; NEST）制度，可以提供一個約略的方向。該法律規定，沒有提供退休計畫的雇主，必須自動幫所有員工加入國家就業儲蓄信託（當然有選擇退出的選項）。員工和雇主都要提撥，由政府管理此計畫。此計畫相當溫和，剛開始的儲蓄率僅為收入的百分之二。結果選擇退出的勞工不到百分之十，讓懷疑論者大為驚訝。[13]推出之後，儲蓄率逐步提高，先是百分之五，然後百分之八，選擇退出率仍維持不到百分之十。此計畫提供少量的投資選項，預設值是一檔目標日期基金，費用還算合理。

英國的選項只是眾多設計的其中一種，下一章要詳細討論瑞典的制度。沒有哪一種設計完美符合每個國家的需要，但每個國家都應該用心思考如何找出符合人民需要的設計。全國性的計畫也能解決雇主計畫的嚴重漏損（leakage）問題。員工離職時，常會領走退休金，尤其當金額不高時；由於低薪工作的流動率很高，這是值得憂慮的問題，但我們有解決辦法。

第十章

推力恆久遠？也許在瑞典

不論是採取哪種形式的選擇設計或提供多少種選擇，細節很重要。前一章談到提高參與率和儲蓄率的策略，顯示看似微小的干預也能發揮大效用。我們現在要來談談瑞典，瑞典於二十年前創立了獨特的退休儲蓄計畫，讓我們清楚看到設計細節的影響，同時也有機會觀察長時間的變化。推力能不能（或在何種情況下能夠）長期維持效果，尚無定論，但我們之後會看到，有些推力的時效確實相當長。這裡要稍微討論得詳盡一點，倒不是因為執迷於瑞典的儲蓄計畫，而是因為個中細節能在幾個方面提供重要的啟示，包括選項極大化的問題、預設選項的效果是否可能減弱、惰性的影響等等。

如同英國的國家就業儲蓄信託所顯示的，確定提撥制在公民營機構已愈來愈普及。一個理由是傳統的安全網計畫如社會安全制，通常都是採「隨收隨付制」（pay as you go），意思是退休者的給付是由正在工作的人納稅支付。有兩項人口趨勢正在威脅這套制度，一是壽命延長，代表退休者可以領更多年；二是少子化，導致勞工與退休者之間的比例正在下降，威脅到這套制度的存續。

瑞典是退休制的開創者，他們（經過長期規劃）在二〇〇〇年推出計畫。由於瑞典的做法很獨特，可為我們提供選擇設計的獨特啟示。首先提供一點背景資料，讀者大概可以猜到，瑞典的社會安全網很慷慨，退休儲蓄也不例外，社會安全稅率（social security tax rate）是收入的百分之十六。退休計畫是強制參與，基本上採確定給付制。這裡要談的改革方案，是將社會安全稅撥出一部分來建立個別的確定提撥帳戶，稱為瑞典附加年金計畫（Swedish Premium Pension Plan）。為了方便，這裡簡稱為瑞典計畫。

因為採強制參與，自動加入制或累進制在這裡都不相關。我們的重點會放在選擇設計的其他特色，亦即計畫提供的選項數量，以及預設基金的設計與處置。這套計畫已實施二十年，因此也可以檢視參與者行為的長期變化。我們尤其要探討一個通常很難回答的問題：「推力可以維持多久？」至少在這個例子中，有些推力有點像鑽石——一生永流傳。

如果要用一個簡單的詞代表瑞典計畫的設計，那就是「選擇權至上」。事實上，這套制度正是「選項極大化」的最佳例子，即主張應盡可能提供最多的選項，然後讓民眾自行決定；我們看到政策的設計者幾乎在每個階段都採取自由放任的方式。

該計畫具有下列主要特點：

- 參與者可以決定自己的投資組合，從核可名單中選擇最多五種基金。
- 對於沒有主動選擇的人（不論原因為何），該計畫（審慎）選定一種基金作為預設選項。
- 政府（透過大量廣告）鼓勵參與者自己選擇投資組合，而不是仰賴預設選項。
- 任何基金只要符合特定的誠信標準，就可列為選項。因此，參與者的選擇取決於市場上有哪些基金——一開始，總數多達四百五十六種！
- 關於基金的費用、過去的績效、風險等資料，都以手冊形式提供給所有參與者。
- 除了預設基金外，所有納入的基金都可以打廣告，以吸收資金。

你可能會問自己，這真的發生在瑞典嗎？這套計畫會讓米爾頓．傅利曼很開心，在他看來，自由進入市場、競爭不受限制、眾多選擇——三者結合起來，真是太棒了。但見多識廣的選擇設計師或許會擔憂，給一般人這麼多選擇，可能反而會製造問題。下文將看到，這樣的擔憂並非毫無根據。

預設基金

前面提到瑞典計畫會指定一種預設基金：ＡＰ７（等一下會介紹其組成），此基金的建立還牽涉到其他的選擇設計。具體來說，政府應該賦予它什麼地位？是鼓勵民眾選擇它，或希望民眾不要選擇它，還是怎麼樣？此計畫的設計者可以提供很多選項，下面列舉其中幾種：

一、參與者沒有選擇：唯一的選擇就是預設基金。

二、提供預設基金，但希望民眾不要選擇。

三、提供預設基金，且鼓勵民眾選擇。

四、提供預設基金，但沒有鼓勵民眾選擇，也沒有希望民眾不要選擇。

五、強制選擇。不提供預設基金，參與者必須主動選擇，否則等於棄權。

上述何者是較佳的選擇設計？那要看設計者是否相信民眾有能力與意願自行選擇較合適的投資組合。第一種根本稱不上是推力，設計者既沒有提供任何選擇，顯然直接違背這套計畫的根本精神，因此我們相信這個選項不會被認真考慮。

另一個極端的做法是設計者完全不提供預設基金，迫使每個人須自行選擇投資組合——即第五種，強制選擇。如果設計者深信民眾能夠妥善為自己決定投資組合，當然可以考慮這項做法。在某些領域，採取強制選擇政策或許有其優點，但我們在此認為，瑞典政府不堅持強制選擇是對的。[1]即使政府非常盡職地告知了所有參與者，總不免會有漏網之魚（可能的原因包括出國、生病、忙於其他事情、失聯，或單純只是狀況外）。假如這些人因此無法享受應有的福利，當然太過嚴苛；從政治或道義的角度來看，可能也讓人覺得無法接受。更何況要在四百多種基金裡做出選擇並不容易；一個政府為何要強制民眾做這種選擇？有些人一定寧可信賴專家的判斷（亦即預設基金）。

這麼說來，就只剩下中間三種做法了。如果要提供預設基金和其他選項，那麼應該鼓勵民眾選擇它，或希望民眾不要選擇它？從強烈阻止到強烈鼓勵之間顯然有很多不同的做法，最理想的做法是什麼呢？第四種顯然有其優點：只是指定一種預設基金，但不鼓勵、也不阻止民眾選擇。然而，若以為這麼做就能完全解決問題，恐怕是一廂情願。何謂中立？如果我們告知民眾，這項計畫由專家設計、費用低廉（實際的預設基金確實有這些特點），這算不算鼓勵？我們無意吹毛求疵，只是要指出一點：設計者總得選擇以某種方式敘述預設基金，這個決定便會影響該基金的市占率。

要分析這幾種選項的優劣，我們必須知道預設基金的設計者與管理者的能力、不選預設基金的民眾有多少判斷力，以及其個別差異有多大。假如設計者很優秀、預設基金適合多數人，或者民眾很容易選錯，那麼鼓勵大家選擇預設基金也許有道理。但如果預設基金的設計者並不是真的很專業、民眾的判斷力很足夠，且每個人的情況差異相當大，那麼寧可盡量保持中立比較好。這些決定是好的選擇設計師必須深思熟慮的。

無論如何，瑞典政府採取的是第二種做法，即透過大量廣告積極鼓勵民眾自己選擇投資組合，效果堪比發起一場推力拉鋸戰。一方面，我們知道選定一種基金作為預設選項，通常能發揮很強大的推力。上一章討論過美國401(k)計畫的絕大多數參與者都是投資預設基金；但另一方面，瑞典政府與基金公司卻是朝相反方向輕推：你自己選擇！結果哪一種推力勝出呢？

勝利者是……廣告！政府的宣傳加上基金公司的廣告，促成三分之二的參與者決定自己選擇投資組合，我們將這些人稱為自選者（Active Chooser）。投入較多金錢的人較可能自選；若金錢因素不變，則女性與年輕人較可能自選。（關於女性較可能自選這一點，我們的解讀是：女性比較不會弄丟登記表格，也比較會記得寄出去。我們得承認這個論點並沒有證據支撐，也許我們做事都遠不如另一半有條理，也因此受到這個事實過度影響——即前述的可得性偏見。）

另外三分之一的人選擇預設基金，我們稱之為委託者（Delegator），因為他們將投資組合的管理交由別人處理。委託者讓預設基金成為所有基金中市占率最大的。

自選者選對了嗎？

民眾自選投資組合選得如何呢？當然，我們無從得知個別參與者的偏好，也無法知道他們在社會安全制度之外的資產配置，因此，對於他們選得好不好，很難下定論。但我們可以依據明智投資人重視的元素——費用、風險、績效，將自選者的投資組合與預設基金拿來做比較。

一開始的預設基金經過審慎選擇，但也有一些古怪的地方。資產配置中百分之六十五為海外股票（即瑞典以外的股票），百分之十七為瑞典股票，百分之十為固定收益的證券（債券），百分之四是避險基金，百分之四是私募股權。總的來說，百分之六十採消極管理，意味著管理人只是買下一些指數型股票，並沒有致力打敗大盤。這能把費用壓低，低到每年只有百分之零點一七。（意思是投資人每投資一百美元，一年只付十七美分。）這是非常低的費率，尤其是在那個年代。很多人也許對其中一些選擇有意見，但整體而言，多數專家應該會同意這種基金的設計合理且便宜。我們知道有些知名的瑞典經濟學家主動選擇投資預設基金。要了解自選者的整體表現，可以看總投資組合的比較數字。從中可以發現三個重點：第一，預設基金的股市投資比重雖然相當高，但自選者的部分更高達百分之九十六點二。民眾會如此青睞股市，可能是因為前幾年股市大好。

第二，自選者幾乎將半數資金投入瑞典企業的股票（占百分之四十八點二）。這反映出投資人確實有一種常見的傾向，就是喜歡買本國的股票，經濟學家稱之為國內資產偏誤（home bias）。[2]當然，讀者可能會說投資本國股市是有道理的：我們不是應該投資自己熟悉的市場嗎？但談到投資，投資你自以為熟悉的公司，未必有道理。只是聽過一家公司的名稱，未必代表你能預測它未來的投資收益。*3

---

* 基於同樣的理由，將很高比例的退休金投資在你服務的公司，並不明智。安隆（Enron）和貝爾斯登（Bear Stearns）的員工吃了很大的苦頭才學到這個教訓——雇主突然消失，大半退休金也跟著蒸發。在這兩個例子裡，雇主都鼓勵員工投資自家公司的股票。

試考量下列事實。瑞典大約占全球經濟百分之一。德國或日本的投資人若是要尋找分散全球的投資組合，應該只會投入百分之一的資產在瑞典的股市。瑞典的投資人投入的比例卻是其他國家的四十八倍，這合理嗎？當然不合理。*

第三，自選者要負擔較高的費用：百分之零點七七，較諸預設基金的百分之零點一七高出許多。假設兩個人同樣投資一萬美元，自選者每年負擔的費用將比選擇預設組合者高出六十美元。時間愈久，負擔的費用愈多。**簡單地說，自選投資組合的人等於選擇了較高的股權曝險（equity exposure），將較少的資金投入指數型基金，投資比例更加集中在本國市場，費用也更高。

剛開始投資時，我們很難認定自選投資組合比預設基金更高明。瑞典經驗有一個有趣的特點，前述基金發行的時間，剛好是牛市（以及科技股泡沫化）將結束時。我們不可能確切了解這個時間點對人們的選擇（或甚至是推行此民營化計畫的決定）構成何種影響，但可以從資料中獲得有力的線索。前面說過，自選者將超過百分之九十六的資金投入股市。倘若此計畫的發行時間晚了兩年，幾乎可以肯定，投入股市的比例不會這麼高。如同前面所說的，個別投資人在決定資產配置時通常是趨勢的追隨者，而非高明的預測者。

在科技股不斷飆升的時期，可以想見投資人紛紛投入。試舉一個明顯的例子，當時

（除了預設基金之外）搶得最大市占率的是Robur Aktiefond Contura基金，吸走投資金額的百分之四點二。（這已是很高的市占率：別忘了，總共有四百五十六檔基金，且三分之一的資金投入預設基金。）該基金主要投資瑞典及其他地區的科技股和醫療股。在開放民眾選擇之前的五年期間，淨值劇增百分之五百三十四點二，高居所有基金之冠。計畫推出的頭三年，淨值卻大減了百分之六十九點五，其後三年的報酬率也一直不穩定。

回過頭來看，像Robur Aktiefond Contura這樣的基金能搶得高市占率，實不足為奇。請想想投資人要做哪些工作——他們會收到一本冊子，裡面列出四百五十六檔基金在不同時期的報酬率，另外還有許多關於費用與風險的重要資訊；投資人根本沒有能力充分了解。他們唯一能確定的大概就是報酬率愈高愈好，當然，上面列的是過去的報酬率，但投資人一向不擅長分辨過去的報酬率與未來的預測。我們不禁要想像在瑞典某戶人家餐桌上一對夫妻的對話：

---

* 有些讀者可能對匯兌風險有疑慮，這個問題倒是很容易解決。預設基金確實解決了這個問題，方式是在外匯市場中避險（這基本上是一種保險）。

** 此處所舉的是廣告中的費用標準。後來有些基金提供折扣優惠，因此費用降低了。

史雲遜先生（喝著咖啡）：威爾瑪，妳拿著那本冊子在做什麼？

史雲遜太太：比約恩，我在看要投資哪一檔基金比較好。我找到了，Robur Aktiefond Contura基金是第一名，過去五年的報酬率高達百分之五百三十四。如果我們投資這一檔，將來就可以到西班牙的馬約卡島（Majorca）過退休生活了！

史雲遜先生：妳說好就好。可以麻煩妳把醃漬鮭魚遞給我嗎？

廣告

容許基金打廣告似乎不是特別具爭議性；事實上，就此制度其他部分的設計來看，幾乎難以想像禁止打廣告。當局既容許基金進入此市場，理應容許業者以合法手段爭取顧客，當然包括（誠實的）廣告。不過，廣告對這個市場的影響還是很值得關注。我們應該抱持何種預期呢？

試想像兩個極端的「夢境」，第一個是一個推崇自由市場的經濟學家做的夢，做夢時臉上還露出祥和的微笑。他夢見廣告主很樂意教育消費者了解低成本、分散風險、長期投資的益處，讓消費者明白依據最近的報酬推斷未來的表現是多麼可笑。在這個夢裡，廣告可以幫助每個消費者在經濟學家所稱的「效率前緣」(efficient frontier)——那是每個理性的投資人夢寐以求的——找到自己最理想的投資點。換句話說,廣告可以幫助消費者做出更好、更明智的選擇。

另一個則是噩夢,會讓心理學家與行為經濟學家輾轉難眠。夢中的廣告主鼓勵人們要勇於做夢,不要甘於平庸(因此不要投資指數型股票),還要視投資為致富的良機。夢中的廣告幾乎絕口不提費用,倒是一再提起過去的績效,雖則並無證據顯示過去的績效可以預測未來的表現。(喜歡運動博弈的人一定會發現相關廣告也有同樣的現象,常會點名即將來臨的賽事中「穩贏」的隊伍,以及過去〔好比三週〕的預測是多麼精準到幾乎無可挑剔。)

實際情況呢?在一則典型的廣告中,以電影《星際大戰》(*Star Wars*)和《印第安那瓊斯》(*Indiana Jones*)系列廣為人知的影星哈里遜·福特(Harrison Ford),為瑞典某基金公司的產品宣傳。廣告詞是:「哈里遜·福特可以幫你挑選更好的退休計畫。」我們實在不知道他的哪一個角色證明他有這個能力。(我們倒是知道電影中的瓊斯是芝加哥大學教授,但就我們所知並沒有受過財務方面的訓練。)

根據金融經濟學家亨利克·克隆維斯特(Henrik Cronqvist)的研究,一般的廣告比較接近第二個噩夢。[4] 只有少部分的基金廣告會提供對理性投資人直接有幫助的資訊，例如費用標準。過去表現不錯的基金常會用力強調過去的報酬率，但這對於預測未來報酬率毫無用處。然而，投資人在選擇投資組合時確實深受基金廣告的影響，常會因此選擇預期報酬率較低的投資組合（因費用較高），且風險較高（因股權曝險的比重較高、管理較積極、偏重「熱門」產業，以及更多的國內資產偏誤）。

推力的效果能維持多久？

弗拉季米爾：怎麼樣？我們要走嗎？
艾斯特拉岡：嗯，我們走吧。
他們沒有移動。

——薩繆爾．貝克特（Samuel Beckett），《等待果陀》（*Waiting for Godot*）

我們還沒有討論一個問題：推力的效果能長久維持嗎？[5] 一種可能是，人們因為維持現狀的偏見[6]、懶惰、拖延等理由，一開始表現出預設的行為，但在一段時間後便認真研究情勢，明智地改變原來的行為。在這樣的世界，選擇設計只有短暫的效果。但如果推力的效果很持久，那麼選擇設計就很重要，可以持續發揮數十年的影響。前述的瑞典經驗提供了解這個問題的難得機會，因為我們可以從制度推出後一直追蹤到二〇一六年底。

首先說明一下背景。此退休制度在大張旗鼓推出後，就不再那麼受到注意了。政府和個別基金都大幅減少廣告，因為多數民眾已加入。計畫於二〇〇〇年剛推出時，第一批加入者（包含當時在職者）總計四百四十萬人，後續新加入者多數都是剛開始賺錢的年輕人和新移民。舉例來說，二〇一六年的那批只有十八萬三千八百七十人，對基金經理人來說，打廣告不符經濟效益。

少了政府與民間的廣告，大眾逐漸不再關心，預設選項便發揮了較典型的效果。到了二〇〇三年，新制推出不過三年，不到一成的新參與者（百分之九點四）決定自選，二〇一〇年減少到只有百分之三，近幾年更低於百分之一。

不僅如此，參與者似乎採取「設定後就忘記它」的心態。他們在剛被要求做選擇時做了一項決定，然後多數人就不再管它。這可以從一點看出來：個別投資組合的選擇，會依加入制度的時間而不同。我們不妨看看兩個假設性的人物如何存退休金，以說明我們研究這個議題的方法。瑪德琳和培耶皆是生於一九八二年一月一日，在瑞典附加年金計畫推出時都是十八歲。當時兩人都在讀大學，瑪德琳開學時就開始打工，因此有資格加入退休計畫，培耶直到二〇〇二年才開始工作。兩人都看到制度推出時的廣告，但當時只有瑪德琳受到此推力影響，開始思考如何選擇，培耶想都沒想。要評量民眾如何因為廣告對自己的意義不同而受到不同的影響，可以比較瑪德琳和培耶這兩種情況的人，亦即二〇〇〇年加入的年輕人與其後兩年加入的年輕人的選擇。

統計分析顯示，控制其他可觀察的特性之後，二〇〇〇年加入者比計畫推出後兩年（二〇〇一和二〇〇二）加入者選擇自選的機率高出六倍。由此可見，廣告主要影響的對象是當時處於「做決定」心態的人。

值得探討的另一個問題是長期的變化。人們是一開始選好後就不變了嗎？或是在一段時間後，因為比較了解情況而重新思考？有一個考量的角度是探討有多少比例的人改變心意，從委託者變成自選者（或反過來）。我們可以研究二〇〇〇年加入計畫的四百四十萬瑞典人，從開辦以來追蹤到二〇一六年。*

結果顯示只有四分之一多一點（百分之二十七點四）的委託者改變心意，決定自選。7其中大多數發生在初次選擇之後十年內。是什麼因素促使他們變得主動？有些是在專門提供投資建議的第三人「協助」下發生的，這在初期尤其常見，當時投資顧問只要取得個人識別碼（PIN），就可以代客戶修改設定。（後來當局很明智地修改了這項規定。）這意味著獨立決定自己管理投資組合的人最多就是百分之二十七，其餘的人只是維持預設（至少在我們觀察的十六年裡）。

有一點可能較讓人意外，鼓勵人們自選的廣告甚至能發揮更持久的影響。第一波自選的人只有極少數（百分之二點九）改為委託。一日自選，終生自選！

到目前為止，我們看到自選和委託之間的轉換並不常見，多數人選擇其中之一後，便一直維持下去。此外，所謂的自選其實並不是很主動。還記得嗎？我們會稱他們為自選者，是基於（在強力廣告的影響下）自己挑選基金的一次性決定，這大概就是他們唯一的「主動作為」了。以這群人來說，十六年間交易次數的中位數是一，這與我們在美國401(k)計畫中觀察到的主動程度差不多。

接下來要問的問題自然是，如何才能吸引這一大群消極投資人的注意力？有任何方法可以將他們從沉睡中喚醒嗎？有兩件事讓我們有機會檢視這個問題：其中一件事對預設基

＊ 我們要附一條但書：選擇預設基金的人（委託者）隨時可以改為自選者，但制度剛開辦時，如果你一開始沒有選擇預設基金，之後就不能再選。這項規定於二〇〇九年修正，開始允許雙向更改且不需費用。

金造成影響，另一件事關乎該退休計畫的一檔基金。

長期下來，預設基金有了一些變化。此基金一直都是費用低、全球分散的，前面提過，剛推出時有一些奇怪的特點，諸如國內資產偏誤（偏重瑞典的股票）、少量投資避險基金和創投。二〇一〇年，它大抵轉型為全球指數型基金（投資全世界），費用更降低到百分之零點一一。*

二〇一〇年，瑞典政府核可一項激進許多的改變：允許由基金管理單位決定預設基金是否運用財務槓桿。這條規定容許高達百分之五十的槓桿，等於基金管理者可以借錢買更多股票，而他們也確實充分把握這項新的裁決權。百分之五十的意思是，當市場上漲百分之十，基金會成長百分之十五，但相反地，股市下跌時，基金會多跌百分之五十。風險相當高！

若有投資人擔憂投資組合的風險提高這麼多，他們有一個很棒的選擇：免費轉換到另一檔沒有槓桿的相同基金。但幾乎沒有人轉換；這一點格外讓人驚訝，因為根據一項針對瑞典投資人的研究，投資預設基金的人自認厭惡風險的程度高於平均，喜歡安全投資。[8]他們很可能只是沒有注意到（或不了解）基金的改變。

另一個事件發生在二〇一七年一月，也很能測試投資人的惰性有多強。當時瑞典某大商業雜誌報導，退休計畫當中的基金公司Allra的執行長前一年買了瑞典最貴的豪宅。噢，他還買了直升機。專業意見：如果你計劃偷投資人的錢，炫富可能不太明智。不到一個月，瑞典某大報刊登了一系列報導，指出Allra可能造假。幾週後，瑞典年金局（Swedish Pensions Agency）決定禁止民眾在詐欺案釐清之前**轉入**Allra的基金。很重要的是，民眾仍能隨時免費將投資Allra的錢**轉出**到別的基金。**

被控詐欺之前，Allra以四檔基金參與退休計畫，總共有十二萬三千兩百一十七名投資人選擇這些基金，總投入金額二十億美元。你可能以為，這些所謂自選者當中會有相當比例的人，在聽了疑似詐欺的可信新聞後捨棄Allra的投資，甚至可能預期會有拋售潮；但完全沒有發生類似的情況。詐欺指控被揭露後的那一週，只有百分之一點四的Allra投資人賣掉股票。即使勤業眾信聯合會計師事務所（Deloitte）（該事務所其後辭去審計工作）

* 預設基金還有一個特點是會依據年齡調整，年長者持有的股票比例會降低。預設基金應該（至少）百分之百投資股票，理由是這只占社會安全制度的一小部分（全部百分之十六稅收裡百分之二點五的薪資稅），其餘部分比較像是固定收益投資。

** 更引人注目的是，Allra的董事長是知名的律師、前瑞典司法部長。

向當局舉報Allra，年初投入資金的人也只有百分之十六點五將錢移到其他基金。

我們可以從這個事件得到什麼結論？二〇一七年初，醜聞爆發時，退休金計畫裡的基金總數已擴增到近九百檔，顯然太多了。事實上，瑞典已快速發展到荒謬的情況——提供的基金數超過新增的自選者。我們認為多數人都會同意，一個投資人配一檔基金是太超過了。不僅如此，像瑞典這樣的小國顯然不可能有餘力監督這麼大量的基金；發現Allra醜聞的是記者，不是監管單位。

啟示

瑞典的經驗在幾個層次上凸顯出惰性的力量有多大。民眾在政府和廣告的輕推下成為自己的投資組合管理者，並堅定地維持不變，但之後卻變得極度消極。即使基金經理人發生重大醜聞也沒有觸發警鈴，預設基金的組成發生重大改變也渾然不知（這或許不值得驚訝）。同樣有趣的是，政策制訂者不願依據情勢的發展來重新思考制度的設計。設計者一開始並不準備提供九百檔基金讓民眾選擇，也沒有人會認為，絕大部分的新加入者都選擇預設基金是好現象。當然，政府並非完全沒有注意到這些問題。基金現在又精簡到五百檔以下，瑞典議會正在考慮更進一步改革，但不是徹底重新思考整體架構。就連政府新計畫的設計似乎也固守陳規到讓人驚訝的地步。（談到古老的傳統，我們有沒有提過，超現代的瑞典仍保留君主制，似乎還視為珍寶？人類的心理真是永遠讓人摸不透！）

在這個例子裡，仰賴明智的預設是我們很喜歡的概念，但如果我們有權決定，我們會做一些改變，包括大幅減少基金數量、去除預設基金的槓桿。（你可以說我們比較謹慎，但我們認為若要加入槓桿基金，應該讓投資人主動選擇。）此外，我們會鼓勵加入一項新做法：重新啟動（我們認為，凡是為參與者設計的投資計畫都應固定實行此做法）。就像你應該定期重新啟動電腦，我們認為，鼓勵投資人偶爾重新啟動是比較健康的（二十年一次不算太頻繁吧）。理想的做法是，重新啟動時不必提醒投資人目前擁有的組合。（轉換投資組合不必課稅或支付交易費。）如果一個人做某件事，只是因為很久以前聽了哈里遜．福特的建議而做出欠缺依據的投資選擇，或許是該重新思考了。

很重要的一點是，政府必須為可能不配合重新啟動的人挑出一種預設選項，這是無可避免的。

關於「推力能維持多久」這個更普遍的問題，我們認為這個案例非常具有啟發性，但若要據此來推斷所有的推力，恐怕要更謹慎一點。推力能維持多久，當然要靠實際觀察；

可以預期不同的族群和情境會有所差異。推力有很多種，包括預設規則、文字提醒、圖像警告、字體的大小與顏色等等。在不同的環境中，人們投注在身邊事物上的專注程度也有很大的差異。參與者是像《等待果陀》裡的弗拉季米爾和艾斯特拉岡，或者行為模式就像不斷變換車道的駕駛？有些族群被輕推之後的行為表現不同於其他人，因為他們較可能專注，有較多時間，多少受過教育，或只是因為更在乎。

圖像警告可能產生長期的效果，也可能不會；當人們習以為常後，效果就愈來愈淡了。若是如此，選擇設計師或許可以輪替使用，每隔幾個月換一個（美國食品藥物管理局計劃將這個做法應用在香菸的圖像警告上）。如果每個月寄一封簡訊提醒帳單將到期，或許每次都有效——除非人們收到太多通知而不再注意。

我們可以推斷，當人們處於自動駕駛狀態時，推力能維持最久的效果，這時候預設規則可能就很有黏性。在外太空，被推動的東西會一直朝同方向運動，直到再次被推動；瑞典的退休計畫參與者似乎很像這樣的東西。

第十一章
今日借更多：房貸和信用卡

我們看到一般人可能有自制力不夠的問題，容易落入當下為重的偏見（present-biased），意思是輕忽將來才能得到的東西，過度看重現在能夠擁有的。要幫助人們存退休金，便必須克服這個本質上的問題。當一個家庭投資退休儲蓄計畫，就是為了將來（可能數十年後）能有更好的生活而延遲今日的消費。若要退休，家庭成員必須想辦法讓現在的支出低於收入。不幸的是，很多家庭光是應付一個更基本的問題都很辛苦：每個月的花費比賺的錢還多。他們會為了今日花更多而借錢，偏偏現在要借錢比任何時候都更容易。

借貸者存在的歷史久遠（甚至比莎士比亞的《威尼斯商人》更早），但消費者貸款直到一九二〇年代才開始普及。很多商家都會讓消費者分期付款購買電器、汽車及其他大額商品；利率很高，銷售者保有商品的所有權作為貸款抵押品，直到付清欠款為止。業者提供信用貸款讓你購買時髦的新電器，就像在你家裡到處擺滿一碗碗腰果；很多家庭無法抗拒花錢的誘惑。三零年代經濟大蕭條，有些人於失業後驚訝地發現電器竟然被搬走。

汽車銷售的融資方式和舊式的分期付款差不多，放款者保有汽車的留置權（lien），直到貸款還清。但隨著信用卡的時代來臨，消費者有了新的方式可以滿足立即得到的衝動。要在現代的經濟體系生活，幾乎一定要有某種信用卡或簽帳金融卡，買機票、入住飯店和使用各種服務都必須刷卡。信用卡的使用紀錄是影響家庭信用分數的最重要因素之一，決定你是否能申請房貸以及適用的利率——不小心便會落入惡性循環。實體貨幣遲早（早的機會比較大）會消失或幾近消失，每個人都要使用卡片或某種電子支付機制。當然，你可以只為了方便而使用信用卡或簽帳金融卡，每月繳清就不用付利息，但這需要相當大的自制力。美國人現在的信用卡債務超過一兆美元，這種愈借愈多的情況並不是美國所獨有；事實上，中國的信用卡債務總額現在已超越美國。

想要買房的人通常不會全額付清，許多家庭要繳很多年的薪水才能買房，因此只能辦理房貸。美國的房貸現在超過十五兆美元。[1]這麼多房貸未必值得擔憂，因為借款人同時也有房屋這項資產，但很多借款人的頭期款不到百分之五。這表示萬一房價下跌，他們可能會「溺水」，也就是他們欠的貸款金額比房價還高。

借錢的方法有很多，包括當鋪、高利貸、發薪日貸款（payday lender）、學貸，但本章要把重點放在房貸和信用卡，因為這兩者在全世界都很普遍，很適合以有趣的方式運用選擇設計的工具。我們在探討一般消費者於這兩種市場的決策時，可以思考哪一項因素對消費者的經驗影響最大：**選擇**或**使用**。舉個例子來解釋：首先設想你要買一台新的電視或電腦螢幕。這種產品的使用者經驗幾乎完全取決於購買時選得好不好——大小、解析度、螢幕亮度將決定你滿不滿意。一旦安裝和調整完之後，幾乎就沒有什麼事可做了，就連我們倆都學會使用遙控器的電源按鍵。

接著，試與網球拍做比較。桑思坦是球技不錯的業餘網球手，偏好使用特定種類的球拍，而至今還沒有一款球拍可以讓塞勒打敗桑思坦。事實上，以前兩人在芝加哥時常常一起打球，即使桑思坦的球拍斷了幾條線也可以（輕鬆）贏球。同樣的道理，你可以給納達爾（Rafael Nadal）或費德勒（Roger Federer）老舊的木頭球拍，球拍的線已有三十年歷史，而兩人還是能不費吹灰之力打敗桑思坦（六比零、六比零、六比零！）。談到打網球，球拍的使用方法比選擇更重要。

房貸比較像螢幕，信用卡比較像網球拍，雖則兩者的差異不是那麼明顯。如果你選擇了對的房貸，（很重要的是）準時繳款，大概就沒問題了。*假如信用卡每個月全額繳清

* 這項原則有個重要的例外。當利率下跌時，你有機會可以重新貸款。精明的屋主會善用這種機會，運用我們在探討信用卡時所提供的建議。但塞勒要桑斯坦先把這章讀完，因此較複雜的這個部分先略過不談。

也是如此，你甚至可以因為某張卡讓你將愛犬的照片放上去而選它，只要每月全額繳清就不會有太大的問題。不幸的是，很多用卡人將數張卡刷爆，累積數千美元的債務。這類情況下，消費者的用卡方式便比選擇哪張卡更重要。記住這項差異後，我們在討論房貸時會把重點放在幫助你做更好的選擇，討論信用卡時則會把重點放在幫助你成為更聰明的用卡人。

房貸

以前要找房貸很容易，多數房貸在貸款期間（在美國通常是三十年）都是從頭到尾採固定利率，多數人至少付兩成頭期款，在這種情況下，要比較貸款的優劣很容易——只要找利率最低的就好了。而且，因為法律規定所有的放款業者必須以同樣的方式公告利率——即年利率，這麼做就更容易了。

現在要找貸款可就複雜多了。借款人可以選擇各種利率固定與變動的產品——固定利率從頭到尾一樣，變動利率則是與特定債市以某種方式連動。另外還有較奇特的產品，例如只付利息——除非房屋出售（而且可能是賠售）、借款人中樂透、轉貸、售屋後繳清貸款，否則借款人都只付利息、不付本金。有些利率變動的貸款因採用前期優惠利率（teaser rates）而變得更複雜，意指開頭一兩年採取低利率，期限過後開始提高利率（與繳款金額），甚至可能大幅提高。（前期優惠利率是利用當下為重的偏見。）其他要考慮的因素還包括：各家業者的收費標準可能差異很大；有些業者提供百分點制，借款人負擔固定費用以換取利率減碼；提早還款要付違約金等等。在現實世界中，選擇退休金的投資組合已經很不容易了，挑選房貸又更加複雜。

有一點可能讓人感到比較安心——房貸市場高度去中心化，高度競爭。有些經濟學家認為，這種高度競爭的市場能保護消費者不致做出很糟糕的選擇；但這個觀點不論在邏輯或實務上都有問題，一個理由是普遍存在的各種淤泥讓選擇變得更困難。舉例來說，如果房貸的某些特色被「隱藏」，[2] 如同探討淤泥那一章所說的，那麼消費者可能不會意識到自己實際付了多少錢。在這種情況下，競爭無法確保最好或最便宜的產品獲得顧客的青睞。事實上，供應商有很大的自由可以利用人們專注力有限的弱點；誠實的業者反而會輸給比較肆無忌憚的競爭對手。結果就是善用行為偏見成了勝出的重要策略。

有些產品所見即所得，競爭通常就很有效。如果某個交叉路口的四角各有一間加油站，皆清楚標示價格，每一家的價格大概就不會差太多；但若是在另一個交叉路口有四家銀行提供房貸，我們沒有理由相信借款的費用會趨於一致。即使銀行以大大的告示宣傳某種房貸的利率，消費者也無法清楚知道隱藏的費用。加油的費用比房貸的費用更容易比較。

面對複雜的問題時，一個可能的解決方法是請專家提供意見。很多複雜的市場確實有些職業因此應運而生，提供專業的協助，例如財務規劃師和房產仲介。在房貸市場，這類專家稱為房貸仲介。但有一個問題：專家可能有利益衝突，導致我們很難獲得高品質的建議。房屋要賣出去，房仲才能賺到錢，因此他們有很強的誘因要鼓勵交易。即使是代表買方的仲介其實也是依照售價抽成，所以他們常會帶客戶參觀客戶接受範圍內的高檔屋。我們並不是說所有的仲介都是騙子！（桑思坦的姊姊是房產仲介，她就很誠實，童叟無欺。）我們只是指出一個明顯的事實：市面上有人提供專業意見，並不能保證你會得到很好的意見。所以，是的，複雜的領域有知識淵博又誠實的專家，但對涉世不深的買家來說，當一個市場不透明到需要專家提供意見，這件事本身就讓人很難評量專家提供的意見有多少價值。

以房貸仲介來說，有相當多的證據顯示，至少有一些人不會考量客戶的最佳利益。要了解原因，請別忘了房貸仲介的收費是依據貸款金額以及貸款機構可從中獲利多少而定，因此，對借款人愈划算的房貸，仲介賺得愈少。二〇〇八年的金融危機有很多成因，其中之一是很多借款人只付極低的頭期款，前期優惠利率也很低，但一兩年內就會大幅提高。那些借款人通常無法負擔更高的房貸，因此他們寄望的是在利率飆升時再次融資，這會讓仲介白白多賺一筆。當房價下跌時，他們的貸款比房屋的價值還多，往往便因繳不出來而違約。

經濟學家蘇珊·伍華德（Susan Woodward）發現這個市場還有很多讓人憂心的狀況，[3]她排除風險與其他因素後，研究哪些借款人在何種情況下能爭取到最好的條件，得出幾項重要的發現：

- 美國非裔和拉丁美洲裔借款人貸款時要付較多錢（依據風險因素調整之後）。
- 借款人若是居住在成人教育水準只有高中的地區，會比大專學歷的地區付較多錢。
- 多比較可以帶來很大的回報。多打給兩家房貸仲介，平均可省下近一千四百美元的收費。
- 透過仲介申辦的貸款比直接貸款更昂貴。
- 一些複雜的因素如百分點制及賣方負擔過戶費，讓人更難比較貸款的優劣，這對借款人而言是昂貴的成本；若是透過仲介申辦貸款，這項多出來的費用又比直接貸款更昂貴。

從上述分析可以得到一些基本的啟示，當市場變得較複雜，受害的是判斷力不足和教育程度較低的人。此外，由於提供建議的業者往往看似扮演協助與純諮商的角色，判斷力不足的消費者較可能得到低品質或別有居心的建議。在這個市場裡，專以富人為對象的貸款仲介可能比較有動機建立公平的聲譽，為的是將來爭取更多業務。反之，以窮人為對象的貸款仲介通常較急於快速獲利。所以，上面探討的問題一部分源自貧富不均。

這要如何改善呢？我們建議可以考慮三種選擇設計。第一是掀開隱藏收費的簾子——確保沒有不公開的固定與非固定費用。舉例來說，可以要求提供房貸的機構將「主要費用」列在一頁（或甚至半頁）裡，所有超過小額收費的部分都包含在內。這些費用應該加總起來，最好是納入公告利率，讓民眾更容易比較！

我們的第二個建議更宏大，採用後便不再需要第一項，就是依據標準化租約的概念，創造出更大範圍的標準化。前面提過加油站和房貸機構的比較，我們的構想就是要讓大家更容易貨比三家。監管機關可以設計少數幾種房貸，每一家房貸機構提供的選項必須包含這些種類。好比十五年和三十年的房貸、固定和機動利率，這樣總共就有四種選項，我們且稱之為簡易房貸（EZ mortgages）。這些房貸的所有細字規定都一樣，由監管機構於徵詢業界與消費專家後訂定。理想的狀況是除了公告利率之外沒有其他收費，調整利率型的房貸採用完全一樣的計算方式——例如與何種利率連動、調整幅度多大、頻率多高等等。4

依照這套設計，想借款且願意只選簡易方案的人，只需決定要選固定或機動利率、期限十五或三十年。在任何一個類別裡，他們都只需挑選年利率最低的房貸，也可以放心信任這就是最好的條件。即使利率是依據信用評分或頭期款而變化，借款人還是能在適合自己的類別裡搜尋，且很快就找到最佳方案。

因為我們支持自由家長制，所以可以推定會反對禁止其他類型的房貸，包括可能有陷阱的（比如提供前期優惠利率）。（但這個推定也可能不成立——當某些陷阱證明可能傷害消費者，且推力無法幫上忙。）同時，這類貸款要提醒借款人這不是簡易房貸，買方自己要注意。我們可以理解，為什麼有些人會更進一步以「可能危及你的財務健康」為由，主張禁止這類產品，但我們也理解這類房貸對某些人來說可能是好的選擇。如同在政府規範的任何領域，我們總得決定對買賣雙方的選擇干預到什麼程度。我們的模式至少在市場上創造出一塊較安全的空間，讓選購變得容易；這很像是滑雪場的初學者坡道。

假如第一、二項建議已被採納，可能就不需要第三項了，但政府未必會採納我們的建議，因此我們且慷慨一些，提供另一個政策選項。此處我們會使用智慧揭露的工具。（非簡易型）房貸的條件太複雜，即使是專家也未必很清楚所有的規定。監管單位多次嘗試設計更簡單的揭露表格，如同前面所說的，我們很贊成這個基本概念。但即便是這些做法也可能讓人很難消化，因為縱使我們的第一項建議被採納，重要的細節仍舊可能淹沒在可怕的細字規定裡。解決方法是以固定的電子格式提供**所有**細節，並持續更新我們稱之為「房貸檔案」的網路資料庫。

有些事情就連專家都覺得很難，但使用機器學習之類的現代化工具，便能輕易讓電腦辦到。這表示，假如有了房貸檔案，必然能催生出房貸選擇引擎的蓬勃市場，就像旅遊網站一樣。借款人可以輸入資料，包括頭期款和信用評分，選擇引擎就會搜尋現有的最佳選項。更高明的選擇引擎，還能協助選擇固定或機動利率以及貸款年限。當然，將專家換成機器人，無法保證你得到的就是毫無偏見的建議。機器人也可以經過設計，建議你選擇特定貸款機構的產品，而該機構剛好提供額外報償（side payment）給經營選擇引擎的業者。但我們認為選擇引擎有一項贏過人類顧問的重要優勢：查核起來容易許多。

合理的法規會要求選擇引擎保留推薦紀錄（但要顧及個人資料隱私），必要時供監管機構查看。另外，也可能催生出像Kayak這類的選擇引擎整合網站，就像旅遊業一樣，如此，消費者可自行輕鬆地檢視產品（尤其是簡易產品）。我們想推動的網路選購，其最後一項優勢是：對女性和弱勢族群特別有利。一項購車研究發現，女性與非裔美國人上網買車時，支付的價格和白人男性差不多，但到門市購買則會比較貴，即使已將其他因素（如收入）納入考量也一樣。[5]

信用卡

信用卡有兩個功能。第一，作為替代現金的付款方式。第二，當你的現金不足支應花費時，可以應急。簽帳金融卡看似和信用卡差不多，但只有第一項功能，因簽帳金融卡與銀行帳戶結合，無法借款（除非另有貸款額度可搭配）。（警告：有些簽帳金融卡以高額費用提供貸款額度，假如你使用簽帳金融卡借錢，一定要確定費用低於信用卡。）

信用卡確實很方便，刷卡付款通常比付現更快，也不必辛苦找零錢，你可以省去在皮包裡翻找正確數字的零錢或處理家裡一大堆銅板的麻煩，何況還有飛航里程的優惠！美國消費者都很清楚這些好處，二〇一八年，用卡人平均持有四張卡。[6]但你一定要謹慎用卡，否則可能會上癮，一般人常會使用不當。下列美國的統計數字值得參考：

- 百分之四十三的信用卡沒有每月繳清餘額（循環使用），百分之三十一完全繳清（其餘沒有餘額或是呆卡）。
- 二〇二〇年二月，信用卡債總計高達一點一兆美元。
- 二〇一九年，美國家庭平均積欠三點一張卡的卡債，大約六千美元。總利息一千兩百一十億美元，多數利率介於百分之十四到十八。
- 到二〇一八年為止，大約百分之九的通用信用卡持卡人（general-purpose cardholder）和大約百分之四點五的私有品牌信用卡持卡人（private-label cardholder）在一年內至少有一次嚴重違約。
- 除了利息，用卡人花很多錢支付某種費用。這些收費約占一整年帳單週期餘額（cycle-ending balances）的百分之五點五，其中只有近半數是逾期費。

很多國家的數據都差不多，從某些角度來看，情況似乎日益惡化。回顧第二章談到的自制力問題，不難想像對某些人而言，卡債造成多麼嚴重的問題。在信用卡誕生以前，家庭的理財方式只能是「用多少付多少」，所以有些人會參加聖誕儲蓄俱樂部，或將錢分類存入罐子，依據用途或付款對象貼標籤。但現在，即使沒有錢加油，沒關係，刷卡就好了。不僅如此，信用卡在很多方面都對自制力構成挑戰。依據行銷學教授德拉任．普雷瑞克（Drazen Prelec）與鄧肯．席梅斯特（Duncan Simester）所做的研究顯示，人們若可以刷卡而不是付現，便願意支付兩倍金額來競標籃球賽的門票。[7]為了換取珍貴的常客里程優惠，更不知道刷了多少錢呢。而且一張卡刷爆了，總可以換另一張，或是新開一個帳戶，反正三天兩頭就會收到「事先核可」的信用卡廣告信。

處理這種問題的傳統方法是訂定周詳的法規，舉例來說，二〇〇九年，美國國會制訂信用卡責任義務披露法（Credit Card Accountability Responsibility and Disclosure [CARD] Act），旨在保護一般人免於承受各種風險和費用，包括超支費和逾期費。此法案建立在行為科學的基礎上，利用資訊揭露的規定作為推力，希望確保隱藏收費不再藏得那麼深，例如，信用卡帳單必須清楚告知長期只繳最低額的後果。該法案也禁止收取某些種類的費用，從這個意義來看，這條法律做的不只是輕推。縱使如此，法案的設計概念是認為金融機構在利用人的行為偏見（尤其是有限的專注力和不切實際的樂觀），希望能保護一般人免於犯錯。好消息是，調查顯示此法案每年大約幫消費者省下一百一十九億美元。[8]這裡同樣可以看到分配效果（distributional effect）發揮正面作用：省下的部分集中於信用評分較差的人身上。

但就像任何複雜產品的法規一樣，銷售者總能想出新的方法來欺騙購買者。我們可以（也應該）運用自由家長制的工具，進一步協助消費者做出更好的決定。我們應該認真考量將資訊揭露的規定訂得更周全、更詳細，致力保護經濟底層的民眾。以簽帳金融卡來說，可能要採取進一步的做法，保護消費者不受透支保障（overdraft protection）方案所害，這個方案會讓他們辦理高利貸。美國聯邦準備理事會（Federal Reserve Board）依據行為科學訂定法規，禁止銀行在民眾開立新帳戶時將透支保障方案訂為預設選項。這是很合理的做法，但我們已看過很多例子，預設選項未必有很強的黏性。[9]既然現金不足時可以借錢，顧客開戶時便很容易被這麼好康的選項吸引。對於這個看似慷慨的條件，很少人會詢問細節——事實上，銀行靠這項服務可以賺很多錢。

另一方面，透支保障可能對部分消費者很有用，沒錢時不被ATM拒絕是一大便利，何況跳票的手續費又很高。要在這中間取得平衡很難。最起碼，聯準會應該考慮運用更多推力，保護顧客不被引誘加入理應保護他們、整體來看卻會讓他們有所損失的方案。

就像房貸一樣，我們認為信用卡是很適合運用智慧揭露的領域。我們建議應規定信用卡公司將所有的規定和費用公告在網路資料庫，就像房貸檔案一樣，如此，就可以利用選擇引擎幫助人們選擇最適合的信用卡來使用。

下面舉一個例子。信用卡公司會利用一種手法偷偷提高收費，亦即縮短帳單寄達日與繳款到期日中間的天數。萬一你錯過繳款到期日，不僅要付逾期金，而且所有的刷卡金額都要在下個月付利息（縱使你通常都是全額付清）。如果你是重度刷卡族（如經常出差的人），只要一筆大額的刷卡金遲繳一天，可能就要多繳數百美元以上。

智慧揭露更大的優點是協助人們改變行為。還記得電視和網球拍的差異嗎？消費者使用信用卡的方式比選擇哪張卡更重要。前面提過，美國使用信用卡的家庭平均有四張卡，卡債超過六千美元。這表示他們花**很多錢**支付利息和費用——許多時候遠超乎需要支付的程度。

觀察人們分配每張信用卡要繳多少錢，大約就能看出處理卡債的方式不盡理想。試舉一例，丹有兩張信用卡，A卡欠兩千美元，利率百分之十八，B卡欠一千美元，利率百分之二十三。他這個月可以繳六百美元來減輕卡債。兩張卡的最低應繳額是四十和二十美元。當消費者面對這樣的狀況時，兩張卡各應繳多少？

一群經濟學家利用英國的資料來研究這個問題，後來又使用美國的資料複製研究，得出相同結果。[10]在揭曉多數人的做法之前，我們要先問你，丹**應該怎麼做**？當然每張卡至少都要繳最低額，若連這一點錢都不繳，就要負擔很高的罰金。分配完最低額後，最佳策略是剩餘的錢都拿去繳利息高的卡。這是很簡單的原則：**每張卡付最低額，然後償還利息最高的卡**。但研究人員發現，他們的樣本裡只有約百分之十的人遵循類似的原則。

人們是怎麼做的呢？他們會遵循各種捷思法，好比兩張卡都繳同樣的金額，但最常見的做法是研究人員所謂的「餘額平均法」。以上述例子來說，丹會對兩張卡各繳四百美元和兩百美元。人們對利率的差異（可能高達百分之六，甚至更多）似乎毫無反應。一個家庭持有的卡愈多，這樣的錯誤愈昂貴。當然，餘額愈高，因錯繳而付出的代價也愈高。

我們要強調，這項錯誤只是冰山一角。家庭還可以使用各種一手借一手還的套利辦法（arbitrage），這些做法的最重要原則就是不要負債太多。其他省錢的做法包括把存款領出來，拿去多還一些欠債。不少家庭有支票帳戶或儲蓄帳戶，根本沒什麼利息，卻又同時承擔大筆卡債。[11]這種選擇是否很糟糕，與複雜的心理會計和自制力很有關係。保有緊急備用的心理帳戶有時是合理的，有些家庭會限制信用卡的餘額，作為限制花費的自制辦法。有些人會在別處借低利貸款如房貸，或從401(k)借款，也會產生類似的問題。

以最好的方式分配各張信用卡的還款金額還算簡單，人們若連這個問題都無法解決，我們就承認吧，其他更難的問題不太可能做得好，其中最重要的是至少準時繳最低額。要解決這個問題，只須設定銀行帳戶自動繳卡費就可以了，但只有百分之十五的持卡人使用這項服務。[12]當然，由於在存款不足的情況下開立支票，要支付很高的費用，對那些帳戶裡沒有太多錢的消費者而言，設定自動繳卡費可能不是很明智。

希望讀者能明白我們為什麼要強調信用卡最大的問題在於使用方法。在這個領域，心不在焉和算術不好很吃虧；自動繳款可以解決健忘的問題，但更好的策略是將卡債管理交給很會算術又不健忘的人。就像人們常說的，任何事都有app可以代勞，這部分也不例外。我們特別欣賞的一款app是Tally。[13]（這裡也要充分揭露：Tally是傑森．布朗〔Jason Brown〕創立的，布朗當時還是芝加哥大學布斯商學院的學生，修過塞勒的課。我們沒有投資他的公司。）

做法是這樣的，前面提過丹有兩張信用卡，共積欠三千美元，如果丹和Tally簽約：經過軟性信用查詢（soft credit check）後，Tally會自動繳清丹的三千美元卡債，並負責管理他的帳戶。接著Tally會監測兩張卡的所有活動和丹的支票帳戶，以確保準時繳交每筆帳單。最重要的是，Tally每個月會提醒丹更快速還債——方法是依據他現有的現金和即將到來的費用，推薦較高的預設付款金額。Tally提供這項服務時，會向丹收取借款給他的利息，但低於信用卡的利息。

此外，Tally會確保丹永遠不會遲繳或月底還有未繳清的款項，藉此幫丹省下一大筆錢，因為這時候使用信用卡是最貴的。倘若你的餘額是零，買了一千美元的東西，在下一次帳單到期前（可以長達五十五天），這筆錢不用繳任何利息；但如果你某個月少付總額的一分錢，這一千美元從刷卡日起就開始算利息。好痛啊！

Tally是如何做到的？傑森是個好人，但Tally畢竟是一項事業，不是慈善機構。答案是信用卡的利息真的很高，即使是信用評分相當好的人也一樣。這表示Tally可以代替別人直接向銀行以低利率借錢，而銀行會付給Tally一點費用。

就算你從來沒有遲繳卡費，銀行裡又有很多錢，但要是你一時疏忽某一期沒繳，利息可能高達百分之二十（即使現在幾乎可以免息向銀行借錢）。奇特的是，百分之二十的逾期金營收來自信用評分「最優」（super prime）的人，[14]因為即便是高薪族也會心不在焉。所以，信用卡是很賺錢的事業。如果你有能力在支票帳戶保留一筆錢，但又像我們一樣健忘，一定要設定自動扣繳。

前面談過選擇與使用的差異，我們強調，對房貸而言選擇較重要，但就信用卡而言，使用方式較重要。以房貸來說，我們希望智慧揭露和簡易貸款能促成較好的選擇，也鼓勵大家使用自動扣繳，以免漏繳房貸。至於信用卡，智慧揭露也可以催生出選擇引擎，尤其當使用者的資料可以被包含進去時。假如你每月繳清信用卡，你最在意的可能是航空里程點數，但如果你沒有準時繳清，你應該要最在乎利率和費用。

Tally並不是選擇引擎，而是**使用者引擎**。如果生活中有更多這類服務，不是很好嗎？我們很喜歡傑森，也祝福他發展順利，但我們希望他的事業模型能激發更多人仿效並投入競爭。凡是能幫助人們降低信用卡使用習慣所衍生的費用，我們都要按一個讚。「把它變簡單」仍是我們的口號，而變簡單的最好方式之一就是自動化。

第十二章
保險：保大不保小

有一本勵志類書籍很紅，書名是《別再為小事抓狂》（*Don't Sweat the Small Stuff... and It's All Small Stuff*），這本書傳達一個明智的訊息：我們不該執著於讓人心煩的小事，因為那些事本身根本無關緊要。這當然是很好的建議，幾乎適用於生活的每個層面。（即使是合作數十年的共同作者有時也會忘記這一點。）那本書談的是情緒健康而不是財務規劃，但拿來當作買保險的指南再適合不過。

經濟學家對於保險的正確觀念很有共識：最重要的原則是，保障較少見、但可能造成財務陷入困境的不幸事件。應該保障的風險如房子毀於水災或火災、重病、家庭經濟支柱死亡或殘廢、家庭汽車撞毀（如果車子還有價值的話）。上述任何一個事件都可能讓家庭負債多年或甚至破產；花錢讓一家公司來分擔風險很有道理。我們不應該保險的是我們支持的球隊可能輸掉冠軍賽、咖啡機壞掉，或甚至晚上倒車進停車格時撞凹車子。

當然，什麼樣的損失才算「大」，要看財務狀況。億萬富豪不需要任何保險，貧窮家庭的狀況就比較危險。關鍵原則都一樣，「保大不保小」真的是很好的建議，但人們似乎不太遵循。事實上，有時候根本不保大！住在淹水區的人常常沒有買洪水險，碰到一次所謂百年一遇、實則現在大約十年就來一次的水災，就一無所有了。這類損失確實是悲劇，但本章談的是光譜另一端的錯誤——保小；我們會說明，這會讓家庭一年花掉數千美元。

最早期的保險確實是保應該保障的風險。商人會買保險，避免貨船因某種原因而沒有順利運貨回來。[1] 一六六六年倫敦大火後，火險變得較普及。[2] 房貸機構現在會要求屋主保產險，以確保銀行的抵押品不會灰飛煙滅。但保險合約可以很複雜，裡面有一大堆細字規定，也難怪一般人常常不知道該如何選購保單。我們認為改善選擇設計在這個領域很有幫助，現在你聽了應該比較不會驚訝了。

即使你已經繳完房貸，投保產險以防房屋毀於火災或因風暴損壞，也是完全明智的。對很多家庭而言，房子是最有價值的資產，因此應該確定保單涵蓋房屋（而非土地）全毀時的重置成本。但就像很多保險一樣，產險通常也有自負額，也就是遇到損失時、保險人要自己支付的部分。我們一定要了解自負額的運作方式，因為在消費者購買任何保險時，選錯自負額是最最常見的錯誤。如果你已讀厭了金錢方面的錯誤，你可以跳過本章的其餘部分，只要你保證遵循這個經驗法則：**買保險請選自負額最高的那種**。

當然，所有的原則都有例外，這一項也不例外。如果保險的自負額高到會造成嚴重的財務困窘，我們允許你選擇自負額較低的。但一般而言，人們選的自負額都太低；事實上，我們為此取了一個名稱：自負額規避心理（deductible aversion）。

延長保固

我們建議選自負額最高的，背後的一般原則是你要盡量「自保」最多種風險。畢竟，保險公司要賣你保單和處理理賠也是很花錢的。投保小風險對消費者而言很不划算，因此，有機會購買這類保險時，你幾乎都應該拒買。

試舉一例，我們剛上網查了一下，看到一台還不錯的微波爐，價格大約一百美元。商家提供多付十美元的延長保固，這划算嗎？你只需問問自己：你的微波爐上次壞掉是什麼時候？我們的情況是從來沒遇過。但你可能會問：萬一我的孩子笨笨地拿了含金屬的東西放進去，電線燒壞怎麼辦？我們要指出兩點，第一，保單大概不保這種事，看看細字規定吧。第二，售價一百美元，不算極便宜，但也不是極貴，就買台新的吧！

如果要讓生活更愉快，尤其可能在少數應當保而未保的情況下被配偶責怪時，我們建議設立特別的心理帳戶，我們稱之為風險自負帳戶（On My Own Account）。這可以是在銀行真實開立的儲蓄帳戶，或者只是記帳本或試算表。每當你沒有買延長保固、沒有買旅遊險、拒絕租車的車輛碰撞險（collision damage waiver）（反正信用卡大概已經幫你保了），或投保時選了自負額較高的，你就將省下的錢存入帳戶。在很偶爾的情況下，你的選擇似乎不太幸運，這時只需從風險自負帳戶的餘額中扣除。如果你遵循我們關於自負額的建議，這個帳戶的錢將會快速累積。

自負額規避心理

投保時通常可以選擇自負額，在美國，房屋、汽車、醫療保險都是。經濟學家賈斯汀・席德諾（Justin Sydnor）做了一項名為「過度投保小風險」（[Over]insuring Modest Risks）的研究，記錄選擇較高自負額的情形。[3] 他分析了某保險公司於二〇〇〇年代初的五萬名房屋保單持有人。（其他種類保險的結果也差不多。）當時，該保險公司提供四種自負額：一百、兩百五、五百、一千美元。極少顧客選擇一百美元（保費極貴），所以我們會說不要選這一種。

我們要探討的問題是，消費者提高自負額是不是聰明之舉？試舉一例來分析。平均而言，投保人若將自負額從五百美元增加到一千美元，每年大約可省下保費一百美元。當然，如果有理賠，必須多付五百美元，所以，必須大約每五年理賠一次，才會打平。明白嗎？但理賠次數遠低於這個頻率。在席德諾的樣本裡，每年大約只有百分之五的保險人申請理賠，所以，提高自負額真的比較划算！如果所有保險人都接受我們的建議，增加自負額，將省下的錢存入風險自負帳戶，那每個人每年都可多存一百美元，且大約每二十年才會取出一次。也可以換個角度思考，二十年後，這些保險人的風險自負帳戶平均會有一千五百美元（外加利息）。一個聰明的選擇就有這樣的收穫，挺不錯的！汽車和醫療保險也可以省下類似的錢，這是我們接下來要探討的。＊

醫療險：保證選錯

還記得前面提到的卡洛琳和自助餐廳嗎？討論那個例子時，我們提到有些人認為選擇設計師應該嘗試創造所謂中立的選擇環境，不要把人推往任何方向；我們認為這基本上是不可能的。每當人們做選擇時，背後一定存在**某種安排**。但觀諸行為經濟學家索拉伯・巴格瓦（Saurabh Bhargava）、喬治・羅文斯坦和席德諾的研究，我們確實有明確的證據可以了解這些安排造成何種影響，以及要做到中立是多麼困難。4 我們也會說明，看似明智的設計，可能造成糟糕的選擇與昂貴的後果。

上述團隊研究美國某大公司改變員工醫療保險選項的設計後會有什麼結果。該公司提供的是我們所謂的「沙拉吧選項」，意思是參與者可以明確選擇醫療保險的內容。此個案研究有一個重要的特色：不同保單的差異只與費用有關，其他幾個方面的選項完全相同，包括可選擇的醫療院所、某些醫療程序是否需要事先得到許可等等。沙拉吧的選項只和錢有關。

員工可以選擇四種每年自負額（一千、七百五、五百、三百五十美元），超過自負額的部分，最高自付額（out-of-pocket spending）有三種（三千、兩千五、一千五百美

＊ 席德諾的論文還有一項有趣的發現：很多證據可證明人有惰性。隨著通貨膨脹，自負額逐漸提高。前面提到大約只有百分之五的保險人選擇最昂貴的一百美元自負額，這些人是誰？多數是長期的保險人，在很久以前選擇了那個自負額。平均而言，新投保人的自負額都比較高。就像瑞典的社會安全制度一樣，這展現了做一次選擇後便放著不管，最後會發生什麼事。也許是時候檢視一下你所有保單的自負額，同時開始設立風險自負帳戶了。

元）；高於自負額、低於自己額外支付門檻的情況，有兩種共同保險比率（coinsurance rate）（百分之八十和九十）、兩種定額手續費（office copayment）（基層醫療十五美元／專科醫療四十美元和基層醫療二十五美元／專科醫療三十五美元）。讀者可能不太了解其中一些名詞，這沒關係，不影響討論。上述選項怎麼組合都可以，因此，共有四十八種計畫（四乘三乘二乘二），每一種的價格都不同。

公司當時大張旗鼓發布這項新的醫療保險計畫，鼓勵員工自行設計，就像瑞典鼓勵民眾建立自己的投資組合。但若有人不想自選，便會以其中一種作為預設選項，每月保費最低、員工分擔的費用最高。接下來要提出問題了：你認為多少比例的員工會主動選擇自己設計方案？

你可能認為很多人會決定不要自選，這樣想似乎很合理，光是閱讀列出四十八種不同選項的那一段文字都足以讓桑思坦頭很痛。但選擇預設值似乎違反常理，有點像是穿著平常的週末服去參加變裝派對。無論如何，讀者還是先猜猜看再繼續讀吧。

在揭曉答案之前，我們必須說，要確切知道多少人決定不選是很困難的，因為就像瑞典的例子，預設方案也可以是主動選擇的結果。總計只有百分之十四的員工接受預設方案，研究者相信，其中多數是主動選擇的；他們估計只有百分之二的員工消極接受預設。

不論這些推論是否準確，仍確實提供了另一個「多數人拒絕預設」的例子。就像瑞典的例子，預設方案是很好的選項，後文會說明，**明顯優於**人們選擇的很多保單。

挑選一種方案聽起來似乎很難，但公司花了點心思讓過程對使用者更友善。如同研究作者所說的：「公司請員工依照四種費用分擔方式的每一種依序選擇，建立候選方案（例如『哪一種年自負額符合你的需求？』），鼓勵他們考量價格與保障的取捨（例如『記住，自負額較低，代表雇主每年支付的費用〔paycheck costs〕較高』）。建立了第一種方案後，員工會看到每月的保費，再決定是否參加該方案，或透過同樣的選擇方式依序建立下一個方案。」

那麼員工的設計成效如何呢？答案是不太好。你可能以為這很難判斷，畢竟誰也不能說桑思坦的沙拉是否比塞勒的更好。我們難道不能套用那句俗語：「蘿蔔青菜，各有所好」？不能！那句俗語不適用於這個情況，因為人們的很多選擇違反了基本的理性原則，我們在本書裡鮮少使用理性（rationality）這個詞（其中一個不小的理由是會製造出很大的麻煩）。這個原則叫做優勢原則（dominance）：如果選項A至少在一個方面優於選項B，其他方面都不比選項B差，那麼A一定優於B。如果我們拿兩罐桑思坦最愛的健怡可樂給他選，其中一罐比較便宜，較便宜者就優於較貴者。任何人若了解這項原則，絕不會故意違反。但奇特的是，**大部分的員工都選擇較差的方案**。

請好好想一想這個結果。公司讓員工完全自由選擇，還提供很好的介面可以比較不同的選項，但大多數員工的選擇毫無疑義，比至少一種他們排除的選項更差。不僅如此，這些糟糕的選擇很昂貴。選擇較差方案的員工，最終比轉換較優方案的情況平均多付百分之二十八的醫療費。作者將論文的標題訂為：〈選擇損失〉（Choose to Lose）。

這些糟糕的選擇都有一個共通點：低自負額！很多情況下，低自負額方案不如較高自負額的相同方案。舉例來說，有一種方案每年自負額一千美元，每年保費九百三十美元，便優於全部內容都一樣、但自負額五百美元、保費一千五百六十八美元者。你可以算一算。員工選擇後者時，就是為了讓自負額減少五百美元而多支付六百三十八美元，其他條件都不變。這樣至少要多付一百三十八美元，而且如果沒有理賠，六百三十八美元可以全部省下來。任何員工若遵循我們的簡單原則（選自負額最高者），就可避免這個陷阱。

該公司的很多低自負額方案都不如較高自負額的方案，這並不是這家大企業特有的現象。劉晨源（Chenyuan Liu）和席德諾的追蹤研究運用美國雇主的大型樣本，調查醫療保險方案。[5]他們找尋有哪些公司提供同時有高低自負額、但內容相當的保單，發現有三百三十一家公司符合條件。如果那些公司的員工遵循「選較高自負額」的原則，在百分之六十二的公司都會過得比較好，即使是醫療支出很多的年分。大約有一半的公司，高自負額的方案幾乎保證保費較低。高自負額的方案預期可省下的錢，一年通常超過五百美元，且往往不會增加財務風險，等於一年可為家庭的風險自負帳戶貢獻五百美元。*

不只是美國人有規避自負額的毛病，荷蘭人也有同樣的問題。在荷蘭，每個人都必須購買醫療險，截至二〇二〇年，所有保單每年的自負額必須不少於三百八十五歐元，[6]但家庭可以選擇最多增加五百歐元的自負額。大致說來，增加自負額一百歐元可降低保費約五十歐元。荷蘭人顯然（還）不熟知我們的自負額原則，因為大約只有一成的人選擇高於最低自負額的選項。[7]柏克萊與倫敦政治經濟學院的一群經濟學家研究發現，選擇較高的

* 一個值得探討的問題是公司為什麼要提供這些較差的方案，這沒有確切的答案。美國多數大企業都是「自負保險」（self-insured），意思是他們承擔員工總醫療支出的風險；與保險公司合作，只是為了安排醫療資源和辦理理賠。因此，雇主和員工的利益高度一致。劉晨源和席德諾解釋了高自負額方案為何如此便宜：「選擇高自負額者與選擇低自負額者的平均成本（從保險人的觀點來看），本來就會因保障程度不同而有所差異，又受到逆選擇（adverse selection）和道德風險的影響，導致差異變得更大。企業為了讓總醫療負擔約略均等分散到各方案，便會將平均成本的巨大差異轉移到高自負額的員工身上。這會讓後者省下相當多的錢。如果各方案的自負額與超出部分的最高自付額差異不太大，高自負額方案在金錢上會較占優勢。」

自負額對多數人都比較有利。[8] 但即使是明顯知道該這麼做的人也沒有選——那些極不可能花費超過最低自負額、因此額外付錢的可能性最低的人。就連這個族群，也只有百分之十五選擇較高的自負額；但如果他們是經濟人，每個人都會選。

在美國，家庭若選擇高自負額的方案，便有機會建立比名目上的風險自負帳戶更優異的條件（畢竟那只是心理帳戶）：他們可以建立所謂的醫療儲蓄帳戶（HSA），提撥金額可免稅。很多雇主試著鼓勵員工選擇高自負額的方案，凡選擇這類方案的員工，雇主都會提撥金額到醫療儲蓄帳戶。醫療儲蓄帳戶沒有用掉的部分，到年底會直接併入隔年，最後直接變成退休儲蓄帳戶。既然有這些帳戶，更讓人不解為何那麼少人選擇高自負額的方案，即使在確定可以存錢的情況下也一樣。

很少人使用高自負額方案的部分理由，可能是消費者不知道使用醫療儲蓄帳戶極其簡單。雇主自動幫你開立帳戶，通常一月一日就存入第一筆錢。投保人會收到一張簽帳金融卡，與那個帳戶連結，任何醫療支出或購物都可用那張卡支付，不需文書作業或取得核可。勞工可能會將這個帳戶和前述舊式（仍存在）的福利——彈性消費帳戶（FSA）——混為一談。舊帳戶麻煩得不得了，處處布滿淤泥，必須拿帳單去申請，常常不知為何被拒絕。更糟糕的是，使用者必須猜測來年可能需要多少醫療支出，還有虧錢的風險——如果沒有在隔年三月三十一日前把帳戶的錢用完的話。這個條款讓眼鏡行生意興隆，因為帳戶將要過期的顧客紛紛上門消費。

家庭方案現在可以選擇高達四千美元以上的自負額，所以，你可能以為簡單的風險規避心理可以解釋為什麼沒有更多人選擇，但以優勢方案而言，根本不需承擔任何風險。不論家庭有多少醫療支出，付出的錢都比較少！試考量這個（簡化的）＊例子：雇主提供兩種自負額，一千美元和四千美元，凡是選擇較高自負額的員工，雇主都會提撥一千美元到醫療儲蓄帳戶。高自負額方案的每月保費低三百美元，亦即一年三千六百美元。假設一個家庭把省下的所有保費放入醫療儲蓄帳戶，視之為風險自負帳戶。那麼一年過後，醫療儲蓄帳戶將存入四千六百美元，足以支付自負額；即使自己還要付錢，幾乎也能涵蓋在內。

我們建議家庭採取以下的心理會計計畫：每當產生醫療支出時，在達到自負額之前，就用醫療儲蓄帳戶的簽帳金融卡支付，之後由保險支付。請注意，家庭永遠不必自行再掏錢出來，除非在一年剛開始時產生大筆醫療支出，且家庭前幾年都沒有剩下錢（這種情況

＊為了較容易計算，我們略過其他費用如共同保險（coinsurance）不談。當高自負額方案優於低自負額方案，採取這種簡化的算法並不影響分析。

很少見）。對於預算吃緊的家庭來說，這可能會是一個危機，但這個問題也很容易解決。

別忘了雇主會提撥到醫療儲蓄帳戶，因為他們要鼓勵家庭加入高自負額的方案。如果這真的是他們的目標，我們建議額外提供一項福利：為年初就產生龐大醫療費用的人提供免息貸款。假如溝通得宜，或許可以讓更多低收入員工選擇高自負額方案，這群人最可能擔憂陷入資金不足的危機。請注意，高自負額方案較便宜，而這些家庭恰好是最能因為多省一筆錢而受益的人。

有一個很重要的但書。我們建議消費者選擇高自負額的鐵律一直沒改變，但高自負額是否真的能讓醫療制度更有效率？這點我們仍然無法確定。消費者似乎會因為考量自負額而少花一點錢，但這是不是一件好事就很難說了。主張高自負額的一般論點是，可以降低經濟學家所謂的「道德風險」，意思是如果患者都不需支付醫療費，可能會花太多。他們希望消費者「自己的利益也牽涉其中」。想想你在盡情暢飲酒吧或吃到飽餐廳的經驗，便能約略明白其中的道理。當然，患者如果必須自己出錢，去看醫生或買處方藥之前就會多想一下。問題是他們省下的是該省的錢嗎？不幸的是，證據顯示並不是。

經濟學家凱瑟琳．貝克（Katherine Baicker）、森迪爾．穆蘭納珊（Sendhil Mullainathan）和約書亞．史瓦斯坦（Joshua Schwartzstein）認為，除了擔憂道德風險，設計醫療制度的人應該至少同等擔憂他們所謂的「行為風險」。[9]別忘了，在對抗很多疾病時，要克服的一大問題是醫生所謂的「遵從醫囑取藥與用藥」。例如罹患糖尿病、高血壓、高膽固醇之類疾病的人，若要維護健康，一定要依照醫師指示用藥，否則可能引發緊急狀況，付出更高昂的代價。在設計完善的制度下，這些藥物的價格應該是負的，意思是我們應該獎勵患者遵循處方藥囑。證據顯示，當患者必須負擔部分或全部醫藥費時，減量使用高價藥如胰島素或乙型阻斷劑（beta-blocker）的可能性，和減量使用幾乎無用的藥物（如感冒藥）差不多。

由尼地許．喬德里（Niteesh Choudhry）帶領的醫學研究團隊所做的一項實驗尤其明顯。[10]他們將治療心臟病後出院的患者隨機分成兩組，控制組屬於一般保險，連續處方藥的領取通常要支付約十二到二十美元；治療組的史他汀（statin）、乙型阻斷劑、血管張力素轉化酶抑制劑（ACE inhibitor，已知對這類患者有效的藥物）則是免費提供。然後，追蹤接下來一年的藥囑遵循率和臨床結果。價格較低時，消費者會使用較多藥，正如經濟理論所預測的。但這樣的行為對健康有何影響？最近的一項實驗追蹤了聯邦醫療保險（Medicare）處方藥福利計畫的新加入者。[11]由於資格的規定很奇怪，年頭（如二月）出生的人比年尾（如九月）出生的人，更可能在年底時必須分擔費用——意思是要自行拿出更多錢負擔每次的藥費。差距並不大，大約每種藥十美元，但患者就會減藥，就像前面的實驗一樣。依據醫學預測，減藥的患者死亡率高很多——大約高百分之三十三！更糟糕的是，恰恰就是心臟病和中風等風險最高的人，最有可能在價格提高時停用救命藥，如史他汀、乙型阻斷劑、血管張力素轉化酶抑制劑——這群人正是經濟理論預測最不該減藥的族群。所以，要人們付錢使用已證明有效的藥物，不只耗費金錢（醫療成本更高），也會損傷人命。因此，要求患者分擔醫藥費，可能在短期內減少支出，但長期而言是否能降低成本，且即使能降低成本、但是否值得，都很難說。

有鑑於此，我們認為前述的風險自負帳戶—醫療儲蓄帳戶可以發揮兩項效益。第一，幫助家庭選擇財務上較有利的方案。多花八百美元去降低自負額五百美元是很沒道理的。我們鼓勵使用風險自負帳戶「支付」未達自負額的醫療費，是希望在下列幾個方面找到平衡：希望家庭不會因為要自掏腰包而節省醫療支出，同時也要阻止浪費，提醒大家多出來的錢可以投入醫療儲蓄帳戶，用於未來的醫療或退休。如果這一招有效，就是藉由心理會計發揮了推力的效果。

此處討論的重點是美國的醫療制度，但許多國家的狀況也很類似。我們提出選擇最高自負額的準則，這一點在全世界都可適用。

第 4 部

社 會

上一部嘗試讓大家有錢賺，分析的層次主要是個人或家庭。有些地方可能有第三方藏在後面——好比患者沒有服藥，導致其他人的醫療費提高（或要等待更長的時間才能就醫）——這並不是我們探討的重點。接下來兩章要轉換成廣角鏡頭，探討兩個主題，主要目標是鼓勵人們採取利他的行動。以新冠肺炎疫情來比喻，我們要從推力轉換為鼓勵大家遠離可能讓自己生病的人群，若是接觸過確診者，則要輕推他們待在家裡。

第一個主題是器官捐贈，目標是增加器官供應，幫助需要移植的人，同時尊重人們有權決定如何處置自己的身體，即使是死亡之後。第二個主題是氣候變遷，在這方面，我們都必須做某些犧牲，讓所有的人共享利益，包括還未出生的人。所幸，選擇設計在這兩個領域都能發揮助益。我們希望文中的分析能讓大家體認到設計工具的用途很廣，在很多情況下，個人的行為可能對第三方產生強烈的影響（不論是好的或壞的影響），而這些工具可以解決很多問題。

第十三章

器官捐贈：預設選項不是萬靈丹

政策制訂者運用選擇設計來達成政策目標時，手法愈來愈高明。因此，有一點格外讓人感到驚訝：人們曾詳細討論過選擇設計的一個重要領域，恰恰是我們認為選擇做得較差的，也就是器官捐贈。本書初版花了一整章探討器捐，就像這一章一樣，擺在原書較後面，可能沒有人看，也可能是我們寫得不好，或者讀者可以猜到我們的立場是什麼，便沒有必要讀。現在，我們要像打高爾夫的人一樣給自己「重打不計」（mulligan）的機會，這是比較好聽的說法，意思就是假裝打得很差的一球沒發生，再試一次。這就是我們現在要做的。

我們開始寫第一版時，列出可能要探討的主題，器捐是最早列入的其中一項。我們認為這是很適合討論的主題，因為我們知道好友艾瑞克．強森（Eric Johnson）和丹．高斯坦（Dan Goldstein）的一項研究結果。[1]他們探討的是，預設規則對猝死者器捐的意願表達會產生什麼影響，最後得到讓人驚訝的研究結果。在預設民眾願意器捐的國家（所謂的推定同意制〔presumed consent〕），很少人選擇退出。但在人民必須採取行動才能器捐的某些國家（這個政策稱為知情同意制〔informed consent〕或明確同意制〔explicit consent〕，美國稱為明確授權制〔explicit authorization〕），則是多數人都沒有選擇加入。兩人的研究報告包含了號稱是社會科學界最著名的圖表。

能讀到這裡的人應該不會對這個結果感到意外，但這還是很驚人。只有百分之十二的德國人同意器捐，卻有超過百分之九十九的奧地利人沒有選擇不捐。太神奇了！

我們開始寫探討器捐的那章時，很自然

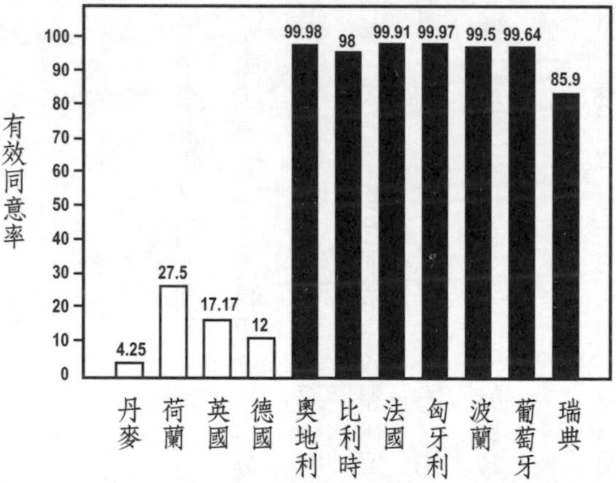

圖 13-1　各國有效同意率（資料來源：強森與高斯坦，二〇一三）

地以為自己主張的是推定同意制。知道這本書的人（包括很多真正讀過的人），也得到同樣的結論。但令人驚訝的是，那並不是我們最後的結論。經過研究後，我們主張的是另一種政策，我們稱之為提示選擇制（prompted choice）。

讓我們氣餒的是，其後數年來，一些國家（包括威爾斯、英格蘭、德國）都考慮或實際改採推定同意制。相關法律通過後，我們常會在推特收到恭賀訊息！在預設選項的設計得到最多關注的這項單一議題上，有些國家採取的是我們認為錯誤的制度，這實在讓人感到挫折。請讀者自行配上磨牙的音效。為什麼會如此？一個可能性是我們的結論是錯的，因此我們準備撰寫這個新版本時，做了一些研究，深入探討這個議題，審慎思考各種政策的優缺點。先預告內容：我們認為大家對政策希望達到的目標有點錯亂了。目標不只是選出一套制度，讓前述圖表中的長條愈高愈好。有一個核心目標是拯救性命，讓更多器官得以被運用，但這不是唯一的目標；將各種可能互相衝突的利益、好惡、權益都納入考量也很重要。

若要釐清這個政策的思考方式，基本上要先區分很重要（且有重疊）的三類人。第一類是需要或將來需要器官救命的人，且稱之為患者。第二類人在生命的某個時刻可能瀕死，而器官可救人一命。預設規則直接適用這些人，我們稱之為潛在捐贈者。這類人包括一個國家所有的健康成年人，政策的討論自然把重點放在他們身上。一項實用的資訊：你成為患者的機率大約是器捐者的三倍。

我們要考慮的第三類，是潛在捐贈者中實際死亡且有健康器官可使用的一小群人的家人，我們稱之為家屬。家屬很重要，因為移植團隊在摘除器官之前通常要和近親討論，多半是在極度艱難的情況下，且潛在捐贈者往往是很突然地過世，死者可能是某人的小孩或伴侶。這類談話在不同的國家可以有很大的差異。我們認為政策的討論經常忽略這些悲傷的家屬所扮演的角色。

這個領域的最大目標是盡量救回最多的患者，但政策也應尊重潛在捐贈者和家屬的權益和偏好。這時候哲學家約翰．羅爾斯（John Rawls）的觀念「無知的面紗」（veil of ignorance）很有用。每個人都是潛在捐贈者，但在某個時間點也可能是患者或家屬。我們設計的政策應該在任何人知道自己扮演的角色之前，便被認為是最好的政策。

我們會詳細討論這個議題，不只是因為議題本身很重要，也因為能夠就預設選項的運作方式提供普遍的啟示。如同我們在退休金的情況中看到的，自動被加入的人和自行選擇加入的人未必得到同樣的待遇。這裡也是同樣的情況。假設A是身處推定同意制國家的潛在捐贈者，沒有選擇不捐，B身處明確授權制的國家，登記為器捐者；這兩人得到的待遇是不同的。這個重要的差異讓此議題的分析變得比表面上更複雜。我們支持提示選擇制，因為沒有證據顯示另一種可行的制度可以拯救更多性命（因而從患者的利益來看更優異），也因為我們認為此制最能尊重潛在捐贈者和家屬的權益。同時，我們贊成運用更多推力與更高明的選擇設計來促進提示。

背景

第一個成功的器官移植案例發生在一九五四年，當時是一位男性捐腎給他的雙胞胎兄弟。八年後才有第一個死後移植腎臟的案例，其後的發展大家都知道了。

自一九八八年以來，美國器官移植案例超過八十一萬九千件，其中近八成的器官來自死亡捐贈者。[2]不幸的是器官的需求遠超過供應，這表示如果我們能找到方法讓更多器官被運用，就能救回很多人的性命。二〇二〇年十一月，光是美國就有十萬八千人在等待器官（多數是腎臟），以全世界來說，還要再加上數十萬人。[3]很多人將在等待中死亡（可能多達六成），等待的人數近年來減少了一些，但移植數還是遠低於需求。目前的等待名單中將近三萬五千人已等待超過三年；美國政府估計每天有十七人在等待中死亡。[4]

器官的主要來源是被宣布「腦死」的患者，意指腦部的全部功能皆已喪失且無法復原，只是暫時以呼吸器維生。在美國，每年約有一萬兩千名到一萬五千名潛在捐贈者屬於這一類，但真正捐出器官者不到三分之二——因為身體狀況如罹癌或感染而不能移植，或因為沒有授權移植。[5]

活體器捐是腎臟的另一個來源，這是可行的，因為每個人都有兩個腎臟，但付錢給捐贈者卻是非法的（雖然有些國家確實默許這類黑市存在）。不過，的確有人會捐腎，並獲得允許，亦即當哪天需要時，可於等待名單中排在優先位置。這些捐贈者通常是受贈者的親戚或朋友，但如果捐贈者與受贈者無法配對，醫院可以設立配對系統——這是最接近現存市場的機制。最簡單的做法是：患者血型A，志願捐贈者血型B，配對機構便去尋找血型B的患者和血型A的捐贈者，然後安排同步手術。但這類雙向交換有時很難安排，尤其是較罕見的血型。已有經濟學家（尤以艾文．羅斯〔Alvin Roth〕最有名）協助解決這個問題，設計一套機制促成更細膩的多方配對鍊。[6]另有一些善心人士會捐腎，只因為認為這是對的事，遺憾的是數量不足以滿足需求。

當供不應求時（如同這個情況），經濟學家通常推薦利用價格減輕短缺問題，例如蓋瑞．貝克（Gary Becker）和胡立歐．荷黑．伊利亞斯（Julio Jorge Elías）便主張創造腎臟市場。[7]這種市場的運作方式，是將可取得的腎臟分配給出價最高的患者，就像販賣瑪莎拉蒂和法國聖特羅佩市（Saint-Tropez）的別墅一樣。患者願意付愈多錢，捐贈者供應腎臟的意願就愈高。不只是經濟學家抱持這種觀點，有些哲學家也強烈支持人們應該可以買賣腎臟。[8]

但這種政策進展並不順利，唯一容許腎臟合法市場存在的國家是伊朗。[9]如同羅斯指出的事實，多數人聽到腎臟市場的觀念就覺得很「反感」，[10]人們不認為腎臟應該完全（或甚至只是部分）依據付錢的意願（和能力）來分配。奢侈品僅限於富人享用沒關係，但多數人相信救命的手術不應被限制。很多國家決定，腎臟（及其他器官）等待名單的順序應該取決於醫學因素，例如患者需要腎臟的程度有多急迫、患者預期可活多久，以及患者已等待了多久。

種種因素都代表著，要滿足腎臟的需求——以及其他不可能由活體捐贈的器官如心臟和肝臟——只能仰賴死亡捐贈者的器官。每位捐贈者可提供多達八種器官供移植，因此，每多一位捐贈者都很寶貴。[11]至於能取得多少器官，潛在捐贈者與通常會被徵詢意見的家屬怎麼做便很重要。預設規則在此便要登場了。當潛在捐贈者被宣告死亡，我們應該有什麼政策？這裡有多種選項可以考慮。

例行摘除

最激進的做法稱為例行摘除（routine removal）。依照這種做法，死者的身體歸政府所有，政府有權取下其器官，不必徵求任何人同意。聽起來似乎很詭異，但例行摘除確實可以拯救最多患者的性命，因此如果這是唯一的目標，這可能是最好的政策。此政策可以達到目的，又不會侵犯任何有機會活下去的人。

美國沒有任何一州廣泛採行這項原則，但有些州的驗屍官以前在驗屍時，不必徵求任何人的同意，便能摘除眼角膜。在這些地方，眼角膜的供應量確實大幅提高。以喬治亞州為例，一九七八年的眼角膜移植數僅二十五例，實施例行摘除制後，一九八四年增加到一千多例。[12] 如果能廣泛實施腎臟的例行摘除，無疑能避免數千人提早結束生命，但許多人認為這樣會損及潛在捐贈者的權益。很多人欣然同意器捐（包括兩位筆者，事實上我們已表達同意），但反對讓政府有權在未經明確同意下任意摘除器官，即使即將死亡。因為這種做法違背了一個普遍的原則：在一般情況下，每個人應該有權決定自己的身體要如何處置。我們雖認同例行摘除的潛在益處，但也認為這些反對意見已經讓這件事有了結論。

推定同意制

有些國家採取選擇退出制，通常稱為推定同意制。嚴格執行此政策時，所有人都被推定同意捐贈，除非明確表示不願意。我們從那張著名的圖表可得知，事實上很少人會選擇退出，因此這項政策相當吸引人（從拯救性命的觀點來看，應該有很大的效益）。而且潛在捐贈者可以選擇退出，權益不會受損。就家屬的利益來說，應該沒有理由反對推定同意制。

但先不要那麼快下結論！在任何情況下，如果幾乎每個人都同意預設選項，那我們可能得好好想一想；至少這會鼓勵我們探討究竟發生了什麼事。假如沒有人選擇退出，可能是因為沒有注意或惰性，而不是因為預設選項表達出他們真正做決定時會選擇的做法。倘若多數人都沒有審慎考慮這個選擇，或根本不知道有這項政策，那麼也許我們不能那麼放心地將他們被推定的偏好當真。事實上我們相信，如果一個國家只有少數人選擇退出，我們就沒有道理認為人們未選擇退出這件事有多大的意義——因為很難據此認定這反映出他們的真實想法。

若要進一步檢視這個問題，我們要稍微思考一下挑選預設規則的倫理。我們主張，選擇設計師在挑選預設規則時，應努力符合人們在下列幾項條件下所做的選擇：掌握所有相關的資訊、沒有受行為偏見影響、有時間審慎思考之後再做選擇。調查顯示，在很多國家，絕大多數人都願意器捐，推定同意制似乎大抵符合這項原則（如同前面說的，似乎可以拯救人命；後文會再討論「似乎」二字）。但有另一項因素要考量：**當人們未採取某種行動時，我們可以據此對他們的好惡做出多強烈的推斷？**尤其當選擇退出率相當低時，未採取行動可以有兩個同等合理的解釋：欠缺顯著性（他們不知道可以選擇）和淤泥（選擇退出的代價很高）。

既然未能選擇退出並不能清楚表示好惡，在設計預設規則時就必須小心謹慎。我們且比較兩種選擇退出政策作為說明：推定同意制和自動加入退休儲蓄制。當某人接受預設選項，加入一項退休方案，我們便要確定她已被清楚告知是什麼情況，如此才能確保選擇退出權是玩真的。如果她事後才注意到真實情況，或當初並沒有細想，只是覺得隨便怎麼做都沒關係，甚至其實寧可不要儲蓄，這時她還是可以選擇退出——停止提撥或領回所有錢。提早領回或許會有稅務上的罰則，但無論如何，自動加入的人承受的傷害不會太大。

反之，有些人強烈反對死後被任何人動自己的身體，但可能根本不知道有這項政策，更遑論知道要怎麼選擇退出。提醒或許有幫助，但可能不夠顯著，人們也可能拖延。如果有人不想要器捐，其意願應該被忽略嗎？前面說過，很多人堅信答案明顯是否定的。遺囑具法律效力，可以決定金錢與其他財產如何分配給繼承人。如果我們認為亡者有權決定他的錢怎麼使用，難道不應該也有權決定他的身體怎麼處置？同樣的道理，若患者預先聲明希望得到何種臨終照護，也應該被尊重。

接著要考量前面提到的第三類人的利益，也就是死者的家屬。很少（甚至沒有任何）國家真正實施嚴格的（或者說「硬性的」）推定同意制，即不必徵詢家屬的意見就取走亡者的器官。（後文會看到，這一點對我們的分析來說很關鍵。）一般會告知家屬將使用器官，如果遭到反對就不會進行。事實上，最近開始採取推定同意制的許多國家，明確稱其政策為「軟性」推定同意制，因為法律規定一定要徵詢並尊重家屬的意願。在我們看來，很多家屬已經要面對喪親之痛（且常常是無預警的情況），這項政策更讓家屬承受超乎尋常的殘酷懲罰。（年輕健康的器官常來自公路上意外死亡的人。）

在我們看來，推定同意制的問題是，這其實是家屬同意制，而**家屬對捐贈者的意願其實所知甚少**。某人沒有選擇退出某項政策，這件事本身可能無法說明什麼，尤其幾乎沒有人選擇退出的話。在很多推定同意制的國家，並沒有建立主動選擇器捐者的名冊。最近轉為軟性推定同意制的威爾斯和英格蘭是例外，他們仍保留現有的捐贈者登記名冊，並鼓勵新加入者登記。但我們還是擔憂，如果人們以為推定同意制代表已經預設登記了，長期下來，人們就不會登記為捐贈者了。既然政府已推定我同意了，我幹麼還登記？

還有一點值得注意。倘若一個國家採取硬性推定同意制，幾乎每個人都跟著預設走，那麼例行摘除和推定同意制這兩種政策幾乎沒有兩樣。令人不解的是，兩種政策如此相似，但一種被認為沒人性，另一種卻被認為考慮周全又符合現代價值。在這種情況下，如果選擇退出率沒有增加（這個假定未必成立），推定同意制確實能挽救很多患者的性命。但推定同意制的確不同於例行摘除，潛在捐贈者（至少理論上）有機會選擇退出。如果清楚地給他們機會，且選擇退出很容易，基於道德反對的意見就會削弱很多。

值得注意的是，自動加入儲蓄方案和自動加入成為器捐者有很大的差異；前者的目標是幫助員工儲蓄，後者是拯救第三人的性命。有些人相信，當涉及第三人的健康時，使用較強大的推力或甚至至命令，或許是合理的。我們也抱持這樣的信念！但就現在討論的問題而言，我們認為潛在捐贈者應有權依照其意願處置自己的身體，選擇設計不應違背其意願。所幸，我們還可以考慮別的選項。

明確同意制

推定同意制是選擇退出制，相對的做法顯然是採取某種選擇加入制，最常見的就是所謂的明確同意制或知情同意制，意指民眾必須採取具體行動表明願意捐贈。現在多半是採取網路意願登記，但顯然有很多口頭表示有意願的人沒有採取必要的行動，強森和高斯坦的圖表主要就是呈現這一點。

舉例來說，最近的蓋洛普（Gallup）調查顯示，超過九成的美國人表示支持或強烈支持器捐，但只有百分之五十五表示已登記捐贈。[13]的確，人們在調查時未必說真話，但沒有登記也可能是因為沒注意、惰性、拖延，或是登記捐贈的步驟阻礙了一些有意願的人。若是如此，選擇加入制可能無法反映潛在捐贈者在下列情況中的回答：當他們專注在捐贈的問題上、被充分告知、相信表達捐贈意願不會影響醫院提供的治療品質、沒有拖延。如果政府採取的是「純粹」的選擇加入制——沒有以某種方式輔助——那可能真的不太能充分反映潛在捐贈者的真實偏好。也許他們需要一點推力。

提示選擇制

我們要如何促成更多有意願器捐的人登記呢？將之列為預設當然是一個辦法，但如前文所述，這麼做有一些缺點。所幸，選擇設計師掌握的不只是預設的工具。我們偏好的設計稱為提示選擇制，也就是盡力輕推捐贈者登記，從而提升明確同意的比例。提示選擇制的主要功能是克服拖延、惰性和不注意。

這類設計的第一步是祭出我們的一貫配方：把它變簡單。如果你住在美國，只要幾分鐘就可以上網登記。你可以上生命捐獻組織（Donate Life）的網站（donatelife.net）。要不要現在就做呢？過去有一個常見的做法是，要求民眾在駕照背面或特定捐贈卡簽署，某些地方還需要兩位證人簽名。這些其實會阻礙登記，不符現代社會的精神，法律也很明智地將之廢除了。這正是消除淤泥所發揮的效果！

下一步是吸引人們的注意，這就是「提示」的部分發揮作用的時候。我們不能寄望每個人都花心力去登記（即使很容易），因此，何不趁著抓住他們的注意力時，請他們登記？現在美國每一州都會在民眾更新駕照時這麼做，雖則在一些地方還不是很普遍。民眾拍照並繳費後，會被詢問是否願意成為器捐者，如果答「是」，名字就會增添到紀錄裡，駕照會註記「捐贈者」，*這已經愈來愈常透過網路更換新駕照來完成。目前美國約有一點七億人登記捐贈，幾乎全都是透過駕照註記。14

最後一步是確保捐贈者的意願被遵從。美國每一州都通過「第一人稱同意法」（first-person consent law），以確切做到這一點。當一個人登記為捐贈者，便是在法律上允許死後捐贈。這條法律甚至讓依法執行的團隊可以免除責任；反對的家屬可能會大肆抗議，但有了清楚的法律條文，負責與家屬對談的器捐團隊可以說，這是依法為他們的親人落實意願。這樣做對家屬也有好處——他們不再需要在高度不確定和情緒壓力很大的情況下做決定。這對患者也是好事，在美國，死亡時在醫學上符合捐贈資格的登記器捐者的「轉換率」（conversion rate）接近百分之百。

然而，我們還是認為選擇設計在這裡有改善的空間。我們了解為什麼要在每次更新駕照時詢問要不要器捐，對於曾經拒絕但想要改變心意的人來說，這個辦法很不錯。然而我

* 這裡要考慮一個微妙的問題：在採取這套制度的州，上一次更新駕照時同意器捐的人，是否應該再被詢問一次？或者可以預設前一次的答案仍有效？塞勒上一次更新駕照時，職員問了一個類似溫和推力的問題：「你仍然願意器捐，對吧？」

們不免懷疑，當局是否應該再問問上次更新駕照時願意器捐的人。也許可以假定曾經同意的人仍然同意？但如果之前同意的人再被問一次，或許會接收到一個無中生有的訊號，好比他們的器官可能不再適合捐贈，或官員認為他們做錯決定。我們認為，之前同意的人應該要能夠改變心意，但不確定應該多久被提示一次。

此外，監理所（Department of Motor Vehicles）也許不是決定器捐與否的最佳場所。既然可以在網路登記器捐，那麼任何地方都可以進行這種號召活動。依循這個思維的一個做法來自以色列，他們在選民投票時提示器捐。這個聰明的點子是成功的創新做法。在美國某些州（如紐約州），你也可以在登記投票時登記器捐，這也是很好的構想。[15]另一個可能性是在報稅時提供這個選項。

我們還能透過其他方式輕推人們登記器捐，例如透過聰明的媒體宣傳活動。一個很棒的例子是巴西足球隊累西腓體育俱樂部（Sport Club do Recife），該球隊在主場比賽時秀出一段影片，鼓勵球迷在印有球隊標誌的器捐卡登記。你可以上網搜尋「不朽球迷」（Immortal fans）的影片，*很值得一看。影片中，一個接受心臟移植的女子承諾她這顆新的心臟只為累西腓球隊跳動！幕後工作人員表示，此宣傳活動讓五萬多人登記器捐。我們希望其他運動隊伍也能效法，若是運動聯盟更好。

比利時（尤其是法蘭德斯地區）是採取這類推動器捐活動的先驅。二〇一八年，電視節目《讓比利時再度偉大》（Make Belgium Great Again）有一集專門探討器捐，除了訴諸情感，同時也直接呼籲採取行動。節目還與法蘭德斯區的兩百四十個市政府合作，在下一個週日開門上班，讓民眾進去完成器捐表格。此活動催出超過兩萬六千名新的登記者，這是很了不起的成就，因為法蘭德斯以前的平均登記人數**每年**約在七千到八千之間。[16]

該節目還在二〇二〇年推出一集特別篇，促使大眾對新的網路登記辦法有更多了解，同時在法蘭德斯的科特賴克市（Kortrijk）發起特別的活動。一夜之間，腳踏車道噴上「打電話到0491 75 71 63預約一生最美好的約定」。民眾撥打這個號碼時，會聽到市長與節目主持人的聲音，鼓勵大家上網登記。另外，比利時也讓民眾在城市選舉時登記為器捐者，政府還推出聯邦貨車在二〇一五至二〇一九年巡迴全國，教育學童認識器官移植，帶動家屬彼此對器捐展開討論。在這樣的努力下，無怪乎比利時自二〇〇九年起，登記器捐的人數變成三倍以上，選擇退出的人數則維持停滯。[17]

＊ 你也可以直接觀看影片：https://youtu.be/E99ijQScSB8。還有一支生命捐獻組織的廣告，我們也很喜歡——因為（或者說儘管）有些顛覆傳統——https://youtu.be/BH04JOjzYu4。

最後還有一項做法值得我們按讚，那是真正的「推向更好的明天」，我們很高興告訴大家此計畫源自蘋果（蘋果創辦人賈伯斯曾接受肝臟移植）。當美國人購買新的 iPhone 或首次設定健康 app，會被提示透過生命捐獻組織登記為器捐者。此計畫自二〇一六年創辦以來，催出超過六百萬人登記。

強制選擇制

另一種做法是**規定**每個人都要表明是否願意器捐，這是否可行，因國家而異。在美國，沒有什麼明顯的方法可以詢問到每個人，因為並不是每個人都有駕照或護照。然而，在詢問申請駕照者時，可以採取強制選擇制，而不只是詢問。在每個人都必須有身分證且會在合理頻率下更新的國家，這項做法比較能普及。（這不是十八歲問一次就定終身的那種問題。）如果目標是拯救性命，強制選擇制或許看似比提示選擇制好一點，因為會有更多人登記選擇。從保護潛在捐贈者和家屬的角度來看，至少和提示選擇制一樣好。但真的是這樣嗎？

要回答這個問題，我們必須先探討另一個問題：提示選擇制和強制選擇制的差別在哪裡？中間的差異並不明顯，事實上，我們所謂的提示選擇制，長期以來在器捐文獻裡一直被稱為強制選擇制，造成很大的混淆，所以我們應該釐清一下。假設民眾透過網路申請駕照，被規定要回答器捐的問題，不回答就無法完成申請，這是強制選擇制；但如果只是提示，民眾可以直接選擇不回答。*這是一個優點，因為未登記並不代表拒絕器捐，而是沒有做決定。這能讓我們在某人死亡時詢問其家屬；有些人希望由家屬決定，尤其是在某些文化中。如果強制一定要同意或不同意器捐，就會去除選擇加入制的一大優點——提供兩條路徑通往同意器捐的結果。

哪一項比較好：強制或提示？答案並不明顯。假使人們對這個問題不夠注意，或許能採用強制，但也可以只靠提醒辦到，如：「你沒有回答器捐的問題，你願意在完成申請之前回答嗎？」

我們支持自由家長制，當然盡可能抗拒採用強制，在這個情況下，我們認為有充足

---

* 紐約州目前採取奇特的混合制，必須回答器捐的問題才能完成申請，但提供一個選項：「略過這個問題。」我們不確定這個做法要如何歸類。如果有一個選項是略過問題，這算是強制嗎？我們認為最適合視為強烈提示或提醒。

的理由要反對強制。其一，證據顯示強制選擇制可能造成反效果，意思是從救命的角度來說，效果或許不及提示選擇制。德州實施強制選擇制時，只有百分之二十的人同意器捐。[18]維吉尼亞州的狀況相似（可能好一點），也只有百分之三十一的人登記。[19]另外，經濟學家賈德．凱斯勒（Judd Kessler）和艾文．羅斯的實驗結果顯示，強制人們做選擇時，同意加入的較少；他們的論文標題〈說「不」不一定是不〉（Don't Take 'No' for an Answer）已充分反映結論。[20]

我們之所以會偏好多數州採取的提示選擇制，另一個理由是考量民眾的反彈。選擇不回答問題的人不會被記錄為器捐者，但仍然會發給駕照。這些州只追蹤選擇加入的人，不包括選擇退出的人。此制登記的是捐贈的「人」，而不是捐贈的「決定」——這個區別很重要。但這又引起強制選擇制的一個有趣問題：官方會記錄不同意的答案嗎？在強制的做法下，這似乎是符合邏輯的暗示，若是如此，它會被視為具法律效力的拒絕，並且會告知家屬。保留不願器捐者的紀錄，幾乎一定會讓捐贈人數減少。

如果強制選擇制能夠拯救性命，這當然是此制的一大優點，但我們認為證據顯示，在這個領域，提示選擇制應優於強制選擇制。

誘因

社會一般不接受付錢給活體捐贈者（除了伊朗之外），但任何制度都可能透過提供額外的誘因來強化，舉例來說，活體捐腎者現在可以獲得全額醫療費和（一定限額內）薪資損失的補償。[21]以色列便是依據這種精神實施一項很有意思的誘因政策，可以帶給我們一些實用的啟示。

以色列雖保留選擇加入的捐贈者名單，最終決定權還是要看近親，因此取得同意是關鍵。（他們沒有「第一人稱同意」的法律。）以色列議會意識到這個事實，首先在二〇〇八年通過法律，一個人若是在列入等待器捐名單的至少三年前登記同意器捐，可以獲得優先權。其次，若是等待者的一等親曾於死後捐贈器官，他的優先順序更高。＊後者這項因素代表，做最終決定的親人可能因同意器捐而直接受惠。新加坡也提供誘因，但敘述方式轉變為損失（而不是獲得）。他們採取相當嚴格的推定同意制版本，保留選擇退出者的紀

＊　如同別的國家，曾身為活體捐贈者的排序最優先。

錄，但選擇退出者會被告知，哪天他們需要別人捐贈時，會排在等待名單最末尾。＊

以色列的政策似乎頗有效，政策改變之後五年內，家屬授權率從百分之四十五提高到百分之五十五。[22]此政策也讓更多人登記器捐，因此似乎值得認真考慮，尤其是在登記率較低的國家。（別忘了，美國的成年人口大約是百分之五十五的登記率。）

拯救性命？

一些國家最近從選擇加入制改為推定同意制，美國有一些州也考慮採用。改變的理由通常是認為，推定同意制可以拯救性命；但問題不是這麼簡單，並沒有足夠強大的證據可支撐這個結論。不僅如此，我們認為本章提出的一些問題仍混淆不清。

首先，我們認為人們從強森與高斯坦著名的圖表得到的結論是錯的。實證的結論應該是：預設選項對於導引出民眾的偏好有很大的影響。我們在本書中一再看到支持此結論的證據，這個例子尤其提供絕佳的實證。但若認為採取推定同意制並將選擇退出率壓低，便**必然**能拯救性命，那就錯了。

一個國家若實施硬性推定同意制（不需徵詢家屬的意見），這個結論就很合理，捐贈者的意願真的就是被推定同意了。這種政策會讓相關人員在處理這個極具時效性的程序中，完全不需要花時間和心力取得家屬的許可，也不必承擔家屬阻撓捐贈的風險；但真正實施此政策的國家很少（如果有的話）。只舉一個例子就好，義大利在名目上採取推定同意制，但官網如此敘述家屬的角色（我們的翻譯）：「如果死者沒有留下器捐的宣示，必須在親人不反對捐贈的情況下（順序：配偶、伴侶、成年子女、父母），才可以進行器捐。未成年者一律由父母決定，只要其中一人反對，就不能進行器捐。」[23]

即使是法律採取硬性推定同意制的國家，如奧地利與新加坡，實務上，醫生在摘除器官前仍會詢問家屬。瑞典是另一個理論上採取硬性推定同意制的國家，但家屬同樣可以否決，除非捐贈者生前曾主動選擇加入。這些政策都很能讓人理解。在家屬非常傷心或激動的情況下，對死者的意願又不甚確定，醫生自然不願催促家屬決定器捐，即使醫生在法律上絕對有權利協調捐贈事宜。公事公辦可能反而讓一般人對器捐產生反感。

最近採行類似政策的英格蘭、威爾斯及其他很多國家，法律明確規定其政策是軟性推

---

* 中國提供更直接的誘因給授權捐贈的親戚：現金。我們沒聽過此政策的效果評量，但這在美國是違法的。

定同意制，也就是器官被使用之前一定要先詢問家屬或親近的朋友，如果都找不到人，就不會動手術。就這些規則與習俗來看，不太容易看出推定同意制實際上要如何拯救性命。

若要釐清我們所了解的政策，可依據各國現有的制度（選擇加入制或選擇退出制），以及人們透過行動（表達偏好）或不作為（未表達偏好）所呈現的偏好來分類。共有四種可能性，如表13-1。

假如以同樣或甚至相似的方式對待第一組和第四組（隱晦同意或明確同意器捐），預設選項的設計會有很大的影響，但事實上兩組被對待的方式差異很大。在採取第一人稱同意法的美國，對待第四組（登記器捐者）的方式最利於器捐：法律會支持捐贈者主動表達的意願。然而，第一組只是沒有選擇退出，因此得到的對待與沒有登記的第三組相似。這麼做有其邏輯：**不論是什麼制度，對於沒有主動表示偏好的人都一視同仁**。我們從那張著名的圖表知道，這適用於多

	未表達偏好	表達偏好
選擇退出制的國家（推定同意制）	一、模稜兩可。問我的家人。	二、拒絕，不要器捐。
選擇加入制的國家（明確同意制）	三、模稜兩可。問我的家人。	四、同意器捐。

表 13-1　器捐方案中依據人們的行動與不作為所推斷的偏好＊

數人！

反之，由於第二、四組是主動選擇，一般都會被接受。選擇加入制有一個好處，就是多一次同意的機會——如果某人沒有登記，當局會詢問家屬是否許可。器捐專家亞歷珊卓・葛雷濟爾（Alexandra Glazier）稱之為「蘋果咬兩口」。[24]反之，若採取推定同意制，尤其在沒有登記器捐者紀錄的情況下，就只有一次同意的機會，那就是家屬的意見。

這一切表示，「推定同意制」一詞會誤導人，事實上根本沒有真的推定誰同意了。我們認為，有些國家會想要制訂推定同意制的法律，一部分是因為沒有弄清楚改變預設選項會有什麼影響。如果真的付諸實施，推定同意制當然能拯救性命，只要是沒有選擇退出的捐贈者，就可摘除其器官。但如同前面所強調的，我們沒有找到**任何國家**在實務上這麼

* 觀察力敏銳的讀者可能會反對這種簡化的四格表。裡面明顯少了兩個族群，可稱之為類一和類三——在條件許可下，會積極登記捐贈或反對的人。事實上，如果他們的國家保留捐贈者和反對者的全國紀錄，這是可以辦到的。現在愈來愈多國家保留全國紀錄，但明確同意制的國家較不可能保留反對者的紀錄，推定同意制的國家則是很少保留主動願意器捐者的紀錄（除了少數明顯的例外，如比利時、威爾斯、英國和荷蘭）。這是因為國家保留的紀錄是願意捐贈的「人」，而不是捐贈的「決定」。

做，即使是像奧地利與新加坡這些以法律明文規定的國家也一樣。

話說回來，這是需要以經驗印證的問題。改為推定同意制真的能拯救性命嗎？為了回答這個問題，很多研究者比較各國實際移植了多少器官，但並無定論。無法釐清的一個原因是，研究的國家不到五十國，這是很小的樣本，且那些國家有一些很重要的差異會影響器捐。試舉一例，天主教徒通常比較贊成器捐，天主教徒占多數的國家較可能採取推定同意制。所以，如果推定同意制的國家器捐比例較高，這是因為宗教或公共政策？沒錯，多變數分析（multivariate analysis）可以試圖釐清這個複雜的狀況，但這時候又會凸顯樣本太小的問題。*

實證分析（empirical analysis）還有一個更基本的問題，就是如何決定哪個國家應歸類為採用推定同意制。試以長期以來在器捐方面領先各國的西班牙為例。西班牙通常被歸類為推定同意制，一部分是因為他們是最早制訂推定同意法的國家（一九七九年）。但不出一年，政府便澄清這條法律，強調一定要徵詢家屬的意見。捐贈者的同意從來沒有被推定，甚至沒有登記選擇退出的人。因此，西班牙實質上是（由家屬）選擇加入的國家。將優異的器官移植紀錄歸因於那條舊法律，當然沒有意義。

西班牙國家移植組織的創辦人拉斐爾·馬特桑茲（Rafael Matesanz）及現任執行長碧

翠絲．杜明奎—吉爾（Beatriz Domínguez-Gil）清楚表示，西班牙的成功不能歸因於該法律：「相反地，成功的關鍵在於基礎設施、死後捐贈流程的周全安排和持續的創新。」[25]「西班牙模式」的核心是該國的三層次移植協調網絡。在地方層次，每一家器官獲取醫院會指派一位醫生擔任專責的移植協調員，此人會確保及早發現並介紹該醫院的器捐候選者。參與器官移植的醫療人員也會特別接受整個捐贈流程的訓練，內部與外部的專家會定期檢查重症病房的死亡案例，判斷是否遺漏潛在捐贈者，以及如何進一步改善此制度。他們也很重視醫院的器捐費用是否得到足夠的補償，以杜絕減少捐贈的財務動機。[26]

將西班牙錯誤地歸類為選擇退出制的國家，當然會讓實證資料產生誤差，因為該國是全世界人均死亡捐贈數最高的。但更基本的問題是，由於極少國家（如果有的話）真正實施硬性推定同意制，我們甚至不確定將任何國家歸入這一類是什麼意思。我們相信，當一個國家很久以前制訂一條法律，但目前已沒有按照法律實施（因為施行細則或習俗），便應該解讀為這個國家目前（或曾經）抱持贊成器捐的態度，而不是有一套法律架構可以克

* 給統計魔人的說明：很多研究在每個國家進行多重觀察（multiple observations），但這只是製造出樣本較大的錯覺。單一國家的多重觀察並非各自獨立。當你將這一點納入考量，根本不能得出任何結論。

服困難，讓腦死患者的家屬同意器捐。

另有一些研究進行一國政策改變前後的分析，但同樣沒有定論。巴西於一九九七年採行推定同意制時，政府未能投資其他基礎設施，一年後又走回頭路。威爾斯改變政策後，死亡捐贈者的器捐數增加了，但裡面涉及很多混擾因子（confounding factor）。威爾斯開始採取選擇退出制時，同時推出很多活動，包括花兩百萬英鎊投入媒體宣傳、增加員工訓練、持續鼓勵民眾主動加入登記器捐。＊從二〇一六到二〇二〇年，威爾斯超過十五萬人主動登記器捐，相較之下登記退出者不到一萬七千人。[27]其他這些因素讓人很難將器捐的增加歸諸任何特定原因。事實上，如果威爾斯傾注全力在這些活動，而不是名目上的政策改變，成果會一樣好，甚至更好。

要評量一個州或國家的器捐流程，一個簡單的方法是使用每萬人的死亡器捐數，這可以排除某些地區死亡率較高的問題。若運用這項評量法，採取提示選擇加入制的美國是全世界器捐率最高的，有些州比西班牙更高。[28]事實上，葛雷濟爾和湯姆．莫恩（Tom Mone）將美國的州視為國家看待，估計選擇加入制地區的捐贈率比選擇退出制地區高出百分之二十七。要探討轉換不同制度的潛在益處時，一定要評量可能的風險。有些國家轉換為推定同意制後，效果似乎不錯，但他們的起始器捐率原本就遠低於美國目前的成績。此外，前面提到二〇一九年的蓋洛普調查顯示，百分之三十七的美國受訪者表示，如果美國改為推定同意制，他們會選擇退出——這個數字可能包含抗拒反應（reactance）的人，這表示有些人若被推定他們對任何事物的偏好，就會反彈。[29]假設這個數字是準確的，美國若改為推定同意制，目前的器捐率恐怕會**明顯降低**。

總結

前面強調，預設選項雖然是強大的工具，但並非所有問題都能透過改變預設選項來解決。器捐的議題很能凸顯這一點，關鍵因素是潛在捐贈者並不是唯一相關的行為者，其中一個很大的挑戰是家屬也參與這個過程，使得推定同意制的效果不如看起來那麼強大。我們已經看到，流程安排的其他部分是制度成功的祕密元素。西班牙就是把流程安排得很好的國家，他們不只有整體性的選擇設計，面對家屬時也有完善的溝通策略——這些因素已

＊ 英格蘭和威爾斯仍會提示民眾登記（我們贊成這個做法），這凸顯一個事實：這些國家明白，光是制訂推定同意法，無法解決問題。

證明比預設選項更重要。

在美國，這些工作由各地的五十八個器官獲取組織（organ procurement organizations; OPOs）執行，負責處理所在地區的死亡器捐事項。[30]舉例來說，費城的器官獲取組織「生命的禮物捐贈計畫」（Gift of Life Donor Program）負責東賓州與德拉瓦州，公認是表現最優異的，也因此賓州與德拉瓦州的器捐率一直很高。只可惜各地的潛在捐贈者都不一樣，器官獲取組織採用的程序又不太透明（至少在我們看來），因此很難判斷器官獲取組織的哪些做法可促成較高的器捐率。

在這個議題上，我們的目標應該是拯救患者的性命，尊重潛在捐贈者的權利，盡一切能力保護家屬的利益。考量到這些目標，我們認為各州與國家在處理這個問題時應把重心放在兩大要點。第一，學習西班牙與其他地區的最佳實務；第二，實驗以不同的方法提示更多人登記器捐——在不同的地方提示、提供登記的誘因、媒體宣傳等。改變預設選項可能會讓人忽略這些更有成功希望的做法。

第十四章
拯救地球

任何人只要稍微留意，都知道這世界正面臨氣候變遷的危機。地球變得愈來愈熱，氣候更不穩定，對大眾的健康與福祉造成各種危害。貧窮國家的人民尤其容易受害，但富國也蒙受嚴重的風險，任何人都避不開劇烈風暴與大型火災。

這是很嚴重的問題，因此我們可能預期大家會團結起來因應。確實有些國家已採取宏大的計畫，不惜耗費巨資減少溫室氣體排放。但到目前為止，進展有限。一個主要理由是成本很高，大量減少排放一點都不便宜。

為了簡化討論，這裡會把重點放在減少排放。很不幸的，世人無可避免地必須找到方法處理氣候變遷的長期影響。即使排放量的成長速度能大幅減緩，暖化、海平面升高、風暴、野火等問題也會在未來數十年一步步惡化。這表示我們必須因應災害來調整政策，且必須納入最好的選擇設計與各種推力。調整政策基本上是為了減少氣候變遷的傷害，舉例來說，很多干預方法可以減少及／或較容易控制野火發生的機率。建造防波堤可以降低因海平面較高而淹水的風險；若能把房屋蓋在淹水機率較低的地方，成效更好。我們也可以栽種較能適應炎熱乾旱的雜交作物，但必須輕推農民改種這些作物，因為他們幾個世代以來可能都是種植別的。讀者應能約略了解我們的意思：選擇設計可以激發很多改革，減少世界變暖的傷害。

完美風暴

行為經濟學的一些基本觀念可以解釋為什麼各國沒有做得更多。可悲的是現在的情況儼然將形成完美風暴，各種因素匯集，讓集體行動變得很困難。下面是幾個最大的阻礙：

一、**當下為重的偏見**。我們已經看到，人們通常關心現在甚於未來。科學家就氣候變遷的危險提出警告已有數十年，但人們總認為最嚴重的風險要等以後才會看到，也許還要幾十年，而帳單現在就得繳！的確，全球各地的人**現在**就面臨氣候變遷的相關風險與問題，但在關鍵時刻，很多領導者和選民都認為氣候變遷是未來世代要面對的挑戰，而未來世代沒有投票權。這與新冠疫情有很大的差別，隨著家人朋友和政治人物一個個病倒，新冠疫情的代價（死傷）此時此刻就感受得到。

二、**顯著性**。人們看得到霧霾，也真的很不喜歡。骯髒的空氣和水明顯可見，讓人害怕。在很多國家（包括美國），人民會要求（通常也會獲得）乾淨的空氣和水；反之，空氣中的溫室氣體看不見，既然看不見，也就比較不會擔憂。

三、**沒有明確的壞人**。有些威脅可以指認加害人——壞人做了壞事引起大眾注意。要激起大眾的關注、投入資源對抗恐怖分子並不難，尤其是知名人士帶頭強力發動恐攻時。氣候變遷卻沒有臉孔，那是無數人很長時間的行動產物——基本上就是我們每個人。九一一攻擊後，因為有一個特定的壞人（尤其是賓拉登），有助於激發積極的反應，雖則以預期喪命的人數來看，氣候變遷的威脅當時應該更甚於恐怖主義（現在更是如此）。

四、**受害機率不確定**。我們很容易看到有些行為會造成傷害——例如暴力攻擊或某公司將有毒物質倒入本地的湖泊。氣候變遷造成的危害卻往往是機率問題，也就較難達成共識。如果我們看到世界某個地方的颶風、野火或暴風雪增加，這是氣候變遷造成的嗎？氣候歸因（climate attribution）的科學確實在快速進步，[1]很多科學家強調氣候變遷會提高颶風和野火的預期頻率和嚴重程度，這也是正確的，但我們可能還是無法堅稱任何一個事件可歸因於氣候變遷。對於想要激勵大眾採取行動的人，這是一個問題。就連適度謹慎修飾的用語，有時也會被氣候變遷的懷疑論者拿去利用。

五、損失規避。前面談過這個偏見，意思是人們對預期的損失較反感，相較之下，相應的利益無法引發同等的正面感受。若要減少溫室氣體排放，就會立刻造成損失。如果大家都要開始繳「氣候稅」，便會引發損失規避的偏見。氣候變遷也會造成損失——但最糟糕的損失未來才會發生，而且從很多方面來看，損失程度並不明朗。

我們並不是說這些問題無法克服！很多地方都有人投入氣候行動主義（climate activism），尤其是（但不限於）年輕人，確實也激發當局制訂重要的規範。（此外，人類有能力克服當下為重的偏見，常會關心未來的世代；氣候變遷造成的損失愈來愈明顯，很多損失現在就會經歷到；人們會買保險，知道要避免機率性的傷害；我們可以指認出排放大戶。）但氣候變遷（乃至整體環境的保護）還有另外兩個問題，這兩個問題有助於解釋為何如此難激發適當的反應。

首先，關於自身的行為對環境的影響，人們無法得到清楚的反饋。如果你因為使用能源造成空氣或水的汙染或碳排放，你可能不知道，至少不會一直知道。即使你被告知兩者的關聯，也可能不會影響你的行為。當人們將恆溫器調到舒適的溫度，讓冷暖系統發揮神奇的效果，便不太可能時時或每天想到這些做法讓別人付出什麼代價。即使你知道常開車會造成氣候變遷，你會因此少開車或買電動車嗎？也許會，也許不會。一種行為若是很難讓人與氣候變遷清楚連結在一起，就更不會有所改變，例如吃什麼食物或購買的產品使用什麼材料。

第二點也是最根本的問題，就是搭便車現象。氣候變遷的進展取決於很多國家及其人民的作為。如果一個家庭、一家大公司或甚至一個國家減少排放，這絕對是進步。但如果其他家庭、公司和國家都在增加排放，到頭來整個世界還是倒退。舉例來說，美國的一些著名領導者曾說：如果中國和印度沒有同步努力，美國為什麼應該減少排放？如果別的國家繼續維持現狀，對我們造成傷害，我們為什麼要投入大筆資金幫助世界其他國家？中國與印度的領導者有時也會想：問題明明是一開始其他富裕國家製造出來的，我們為什麼要積極減少排放？（稍後會回到這一點。）

這種現象常被稱為「共有財的悲劇」（tragedy of the commons，又譯為「公地悲劇」）。每個酪農都有誘因要養更多牛，因增加的牛隻可帶來收益，且個人所要付出的成本很低。然而整體來看，養太多牛終究會破壞草地，酪農必須找出一個方法以避免這種悲劇。漁業也有類似的問題。這可以幫助我們了解空氣汙染和氣候變遷，後者有時候被稱為「棘手的」共有財問題（"wicked" commons problem），因為這是極嚴重的威脅，牽涉到的民眾與國家又為數龐大。[2]當牽涉到共有財的悲劇，標準的解決方法是強迫所有人要達成共識，例如每個酪農都必須同意限制每人能增加的牛隻數目，違規者則受罰。規範也有幫助，[3]選擇設計師可以協助創造規範，只是需要一些時間。

如果你閱讀這一章時，希望我們告訴你不必擔憂，因為低成本的推力可以解決這個問題，你恐怕要失望了。我們多次強調，並不是所有問題都能運用輕度干預的方法來解決。假如地震引發海嘯，大浪快速奔向你的城鎮，我們不認為你應該告訴大浪「百分之九十九的浪在抵達海岸盡頭之前就會回頭」，你應快速往山上跑才是上策。

不幸的是我們無法逃離氣候變遷，但與海嘯不同的是，我們確實有多一點時間可反應。推力雖無法解決問題，但可以發揮助力，而我們需要所有可能的助力。另外，我們可以把氣候變遷視為全球性的選擇設計題，心理學和行為經濟學的新發現能幫助我們了解與改善問題。

促成合作

「共有財的悲劇」一詞因蓋瑞特・哈定（Garrett Hardin）於一九六八年發表的一篇知名文章而流行，但其實社會科學家在更早、更早以前就熟知這個概念了。[4] 經濟學巨擘保羅・薩繆爾森（Paul Samuelson）於一九五四年發表三頁（！）的論文，探討他所謂的「公共財」問題，[5] 他將公共財定義為「每個人都可以消費，而不致減損他人享用的東西」。山上的新鮮空氣是很好的例子，不論你在山頂深呼吸多少次，仍會剩下很多空氣供所有人呼吸。

薩繆爾森的分析是依據當時經濟學家普遍接受的假設，亦即人們會表現出經濟人的行為：既理性又自私。* 在這個脈絡裡，這表示人們很了解自己所處的情況（雖然薩繆爾森自己才剛弄清楚），會追求自己最大的福祉，忽略其他所有人的偏好。依據這樣的假設，

* 本章打破筆者自訂的禁令，使用了「理性」（rational）一詞，但純粹只是表示分析正確。我們還添加了「自私」二字，因為這與一般以為的概念完全不同。關切他人的福祉可以是完全理性的。標準的經濟學模型通常假定人們只關心自己，或許還有近親（或至少多數近親）。

公共財是很實質的問題，因為沒有人會願意付出任何心力創造公共財。我們很容易想到個人也是如此：如果你在生活中做出友善環境的選擇，每個人都能分享你創造的益處，因此你可能不會做那些選擇。所幸一般人不像經濟人那麼自私，有些人和政府確實承擔起行動的責任，雖則付出的程度不如我們希望的那麼多。

若將這套分析運用到大企業，就更重要了，例如占全球碳排放很高比例的公共事業和汽車製造廠。他們的主要目標通常是賺錢，若減少汙染，可能就無法賺那麼多（除非消費者獎勵他們）。確實，雇主與員工都會受氣候變遷所影響，但即使將這些因素納入考量，只要稍微做一點利潤極大化分析，大概就不會想要大幅減少溫室氣體排放。我們知道儘管如此，很多企業還是採取相當程度的（昂貴）行動來減少排放。企業經營者是有良知的──員工、投資人、顧客，尤其是他們的子女都可以發揮推力。話說回來，投資人確實在乎獲利，這對減少排放會造成實質的挑戰。

搭便車的問題在政府的層次更重要，因為我們若要在氣候變遷上達到必要的進展，只能透過各國政府的協調合作。你可以把各國假想成酪農，必須決定增加多少放牧的牛隻。除非面對來自公眾或其他國家的龐大壓力，或是領導者有很強的決心要解決問題，否則中國、印度和美國可能不願意自行大量減少排放，因此會需要某種可強制執行的協議。（我們要強調，這三國在某些時期都很努力減少排放，且主要出於自願。但因為搭便車的問題，很難讓這三國和整個世界落實應該做的事。）

社會科學家研究過一項有趣的實驗遊戲，來凸顯這種情況的一些細微特性，可以幫助我們務實地理解很多國際協議，包括二〇一五年的巴黎協定。這個遊戲叫做公共財遊戲，假設你和另外九位不會見到面的陌生人一起參與。研究人員提供你們每個人五張一美元的鈔票，你們可以全部留著帶回家，也可以選擇匿名捐出一部分到「公共財的撲滿」。任何人每捐出一元，實驗者就會加倍捐款，最後撲滿的錢由十人均分。如果沒人捐，每個人帶回五元；假如每個人全部捐出，每個人可帶回十元。

你會捐多少？如果能幫助你更用心思考，不妨把獎金乘以一百或一千。

你還在思考時，我們來幫你計算一下。如果你捐一元，公共財撲滿會多出二元，你會分到你的那份（十或二十美分），這表示你捐愈多，拿回愈少。但在你決定一毛都不捐之前，請記住若每個人捐愈多，每個人得到的就愈多。若能完全合作，每個人都能在短短五分鐘內賺一倍！

你決定怎麼做？你要當自私的經濟人還是慷慨的一般人，或兩者之間？

這種遊戲的不同版本已進行過數百次、甚至數千次，結果發現人們並不像經濟學家以為的那麼自私，因此，預測沒有人會捐半毛錢是錯的。平均而言，整個團體大約會捐出一半，這是（還）不錯的消息。但如果重複遊戲數次，壞消息就來了，這時捐款率逐漸降到大約百分之十五。大抵而言，人是**有條件的合作者**。人們願意捐錢給公共財，前提是別人也這麼做，但如果別人搭便車，捐款就會逐漸枯竭。有趣的是，如果你讓參與者在做決定前互相談話，捐款率會上升。[6]參與者發表談話時會鼓勵合作，承諾自己會捐款，雖然這些承諾沒有約束力（經濟學家稱之為「廉價的談話」），還是有助於提高捐款率，效果可維持一段時間。

這個簡單的遊戲可以幫助我們了解，促成國際合作對抗氣候變遷的幾次戰役為什麼不太成功。如同實驗中容許成員溝通的做法，最高層級的國際對話一開始都是冠冕堂皇、充滿理想，說什麼大家都在同一條船上、合作是必要的，最後得出一致性的懇求：如果大家一起努力，就能讓未來的世代有機會繼續生活在氣候較宜居的地球。剛開始或許可以發揮助力，但到後來，各國會開始爭吵每一國應該為緩和問題付出多少努力（減少各自的排放）、討論可行的長期計畫，以及如何致力落實計畫。如同促成巴黎協定的艱難爭辯所顯示的，這就是棘手的地方。每個國家有自己的觀點，**各國應該貢獻多少到公共財的撲滿呢？**

我們且先以高度簡化版的氣候變遷科學來詳細說明。自地球有人類以來，或至少自人類學會生火以來，我們一直在排放溫室氣體。這些氣體停留在大氣中很長的時間，總累積量有很高比例是富國（如北美與歐洲）製造的，因為現代的發明如電力、運輸、工廠、暖氣、冷氣等都排放很多溫室氣體。美國一直是累積排放量的冠軍，占了一七五一年以來全球總量大約四分之一。[7]（占比確實逐年下降。）

另一方面，歷史上較貧窮的國家如中國、印度、巴西長期以來都是瞠乎其後。在國際協商中，他們常說富國靠著用掉大量能源而致富，卻突然要窮國面對嚴格的排放限制，這非常不公平，一點都不符合他們的利益。中國確實早在二〇〇六年就超越美國成為每年世界最大排放國，目前也是遠遠超前的年度最大排放國，[8]但中國辯稱這根本不公平，明明富國幾百年來排放更多——還因此致富——卻要他們承受同樣的限制。

我們可以把住在地球上的剩餘日子全部拿來爭辯這種情況如何做才公平，但大概也能確定，想要就這個問題達成共識是很難的。哲學問題極度複雜。無論如何，已有證據顯示，人類要評斷公平與否時，會有自利偏差（self-serving bias）。[9]如果你要近距離觀察這種行為，只需看看夫妻離婚時如何爭奪財產就知道了。以氣候變遷來說，可以看到國際協商的各國都會從自利角度評斷何謂公平，這已嚴重阻礙進展。

行為經濟學的文獻確實提供一個可能的解決方法。前面提到玩公共財遊戲的人是有條件的合作者，如果別人合作，他們就會合作。行為經濟學家恩斯特．費爾（Ernst Fehr）和西蒙．加赫特（Simon Gächter）在一系列實驗中發現，若是讓玩家可以**自己出錢懲罰不合作的人**，便能提高重複玩遊戲時的合作程度。[10]前述遊戲的這種玩法是：如果A觀察到（身分隱藏的）D沒有捐錢，A可以懲罰D。A若願意付出一元，D就會少拿三元，以此類推。請注意，A無法藉由懲罰別人來直接獲利——甚至還得花錢，才能得到懲罰不合作者的特權。因此，參與遊戲的經濟人絕不會懲罰別人；但善意（也可能懷著惡意）的一般人確實會懲罰！結果顯示，當引入這種（經濟人絕不會使用的）選項後，合作程度大幅提高。事實上，有了這些規則後，合作程度還會**愈玩愈高**——恰好與一般規則下觀察到的相反。

我們相信這些發現為諾貝爾經濟學獎得主暨氣候專家威廉．諾德豪斯（William Nordhaus）提出的構想，提供很有用的行為學基礎。諾德豪斯建議國家組成他所謂的氣候俱樂部，[11]就像其他的俱樂部（如網球俱樂部），會員可以享有某些福利（使用球場），但也必須同意遵守俱樂部的規則（不能丟球拍、準時繳會費），不遵循的人會被踢出俱樂部。氣候俱樂部的構想有一個關鍵：不同意加入並遵循規則的國家將被會員國懲罰（可能透過某種關稅）。

我們熱烈支持氣候俱樂部的概念，只是對名稱有些疑慮，聽起來有點俏皮，拿來讓真實的國家採用似乎不夠嚴肅。國家喜歡的是條約和協議，而不是俱樂部；名稱很重要。但這個概念非常有啟發性，且建立在堅實的社會科學研究基礎上，十分值得大眾注意。事實上，二〇一五年能夠開會促成翌年生效的巴黎協定，與這個構想很有關係。依據巴黎協定，世界多數國家都要加入類似氣候俱樂部的組織。簽約國同意達到「國家訂定的目標」，希望將來逐步提高。二〇二〇年，拜登當選總統後，美國立刻重拾在世界舞台的重要角色，我們希望能促成實質的進步。大家祈求好運吧。

但各國要如何兌現承諾？如何達到要求的排放減量目標？這些問題可以有很多可能的答案，理想的狀況是先採取金錢誘因。

更好的誘因

當誘因的連結性不夠時，政府應透過重新連結來解決問題。事實上，經濟學家對很多事情的看法常有所歧異，但對一個議題倒是幾乎一致同意：如果我們自認排放過多的溫室氣體（或其他任何汙染物），那我們一定要讓決策者正視代價，讓他們有正確的誘因要減量。[12]在處理環境問題時，基本上有兩種方式。

一是對汙染者課稅或罰款，例如課徵溫室氣體排放稅。第二種方式稱為總量管制與排放交易（cap-and-trade），簡單地說，汙染者可獲得（或買到）汙染的「權利」，但只能到達一定的量（總量管制），這些權利可在市場上交易；如果汙染者超過額度就違法。兩種方法都有人支持，至於哪一種較好，我們不選擇立場。這是艱難的問題，大家意見分歧是很合理的，兩種方法是從不同的方向解決問題。

■ 生態稅

如果政府選擇的工具是徵稅，那就要設定一個價格，提供合適的誘因讓人們減少自己製造的排放量。有些改變需要時間，即使油價明天漲三倍，很多人也無法立即改變居住和工作的地方，或立刻改變通勤方式。但高碳價必然會改變人們的行為，促使企業改變生產的方式和產品。歐洲人開的車子比美國人更小、更省油，一部分是因為幾十年來，他們的燃料稅都比較高。利用課稅設定誘因，還有一個優點，可以為那些因為對抗經濟大蕭條和新冠疫情而擴大赤字的政府增加稅收。碳稅有一個特別的優點，可創造創新的誘因——例如製造更便宜的能源、減少碳排放，甚至達到零排放。很多國家在徵稅等誘因的幫助下，激發了太陽能、風電及其他綠色能源的創新，也刺激了電動車的崛起和普及。

碳稅的設定與稅收的用法就留待別人去討論，我們重視的是課稅方式一定要保證不會對窮人造成負面影響。為了確保累進稅的精神與克服損失規避的心理，我們相信碳稅應該和經濟協助「綁在一起」，以確保低收入的民眾不會淪為課稅的淨損失者（至少平均而言）。舉例來說，或許可以在課徵碳稅時，提供補貼給那些因碳稅而受害的低收入民眾，同時實施對這些民眾有幫助或他們喜歡的公家方案，好比免費的高速網路，有人想要嗎？由於富人的活動會製造較多碳排放，支付的碳稅通常會比每人平均額更多，但我們也支持將部分碳稅設計成明確累進制（例如較大的房子或較貴的汽車以較高的單位稅率課徵排放稅）。有些情況下，稅率可以是負的，例如補貼。好比美國現在會補貼民眾購買電動車和安裝家用太陽能系統。徵稅會增加收入，也就有機會以更富創意的方式運用資金。課稅有助於設定價格，然後讓市場去反應，但總排放量難以掌握。一段時間後，如果排放量沒有降到適當的目標，或是氣候危機的發展更危險（天哪，這是完全可能的），那麼稅率應該跟著調整。

有些環保人士高度懷疑碳稅的成效，他們要的是立即大幅減少排放，也不相信靠徵稅可以達成此目標。在我們看來，他們的疑慮沒有道理。若要立刻大幅減少排放，徵稅當然可以做到，關鍵在於幅度。稅率愈高，減少的排放量愈多；但問題如此龐大，要為低稅率或名目稅率辯解是很難的。很多人以及一些國家支持的目標是在特定日期前達到「淨零」排放，但這世界沒辦法、也不該嘗試明年就將全球排放量減到零，好比人類還沒準備要立即拋掉運輸和電力（若要快速達到零排放，可能必須犧牲到這個地步）。但若能以高稅率徵稅，且隨著時間逐漸調高，就可以明顯減少排放。如此一來，一、二十年內便可大量減少碳排放。

理論上，碳稅應該與「碳的社會成本」相當，這個數字是設計來衡量一噸的碳排放所造成的損害。當然，人們對這個數字的計算方法會有不同的意見，因為任何估算都必須建立在許多假定上（有些未必有清楚的證據）。二〇一六年，美國選定的碳社會成本大約是五十美元，這個數字影響到其他國家的評估。現在很多專家認為五十美元太低，考量到新的科學發現、不確定性持續存在、災難的風險等，各國選擇的數字應該要高很多。本書不適合探討計算細節，我們且做個簡單的小結：假如我們選定某個日期之前要達到碳中和，設計一套徵稅方法以達成目標是可能的。

瑞典的碳價目前是全世界最高的，大約每公噸一百三十美元。[13]他們自一九九一年起課徵碳稅，大約是二十八美元，其後逐步調高到目前的價位。這段期間，瑞典的實質GDP增加了百分之八十三——足可與經濟合作暨發展組織的其他會員國相比擬——排放量減少百分之二十七。[14]徵稅雖然會讓油價提高，但其所促成的行為改變，明顯比只有提高油價時能夠預期的幅度更大。[15]這讓我們體認到一個普遍的事實：如果民眾理解徵稅是為了解決一個嚴重的問題，可能會比只考量經濟誘因時更熱烈配合。在這種情況下，他們會得到一個訊息：減少溫室氣體排放是在做對的事，即使不符本身的經濟利益，可能也願意配合。一般人就是如此。

讀者也許沒有細讀前面提到的瑞典的做法，這裡要特別介紹其中一項特點。自一九九一年以來，瑞典的碳稅**增加將近四倍**。這種一開始將碳稅訂得較低、再慢慢提高的做法，從人類行為的角度來考量是很有道理的，許多國家（包括德國）也採納或認真考慮這個做法，也許可以稱之為「明日更環保」方案。考量人類有以當下為重的偏見和損失規避的心態，政策制訂者（和民營企業）可於現在或短期內訂定相對較低的費用，同時承諾慢慢提高。海佳．費爾—杜達（Helga Fehr-Duda）和恩斯特．費爾寫了一篇內容廣泛的精闢文章，探討如何運用行為經濟學對抗氣候變遷，文中提到：「今日先承諾一項政策，但讓民眾將來再承擔後果，是政治人物慣常遵循的基本原則，好比將退休年齡延後，但又不致流失選票。」[16]他們認為，這個原則可以用在很多地方，包括氣候變遷政策。氣候稅的構想在一些國家遭遇嚴重的政治反對，其他較沒有效率的做法反而較受歡迎，這時「明日更環保」的政策或許是最佳選項。

■總量管制與排放交易

反之，總量管制與排放交易制度事先訂定希望的排放量，然後讓市場決定排放許可的價格。如果科技的進步讓人能以更低的成本生產乾淨的能源，許可的價格就會下降。事實上，總量管制與排放交易的主要目標是創造誘因，激勵人們生產更乾淨的能源。

採取總量管制與排放交易時，一個很重要的考量是如何分配一開始的許可。一家多年來狂冒黑煙的工廠應該分配到高額度許可，將來能夠藉由收拾自己的爛攤子來出售許可？有人擔憂這類法律並不會立即通過，因此汙染者會延遲減汙，希望分配到較高的起始額度。我們在此同樣不打算討論這些問題，不是因為不重要，而是因為太複雜，我們不希望偏離本書的主要重點。（就像乾淨的空氣，專注力也是稀有資源。）

讀者可能會問，我們為何如此強調這個領域的經濟誘因，前面不是質疑讓患者透過自負額和定額手續費（co-pays）支付部分醫藥費的可能缺點嗎？這個問題問得有理。我們不太贊成提供誘因讓民眾減少看醫生和拿處方藥，因為證據顯示他們不太善於做這方面的取捨。經濟學家可能會說，患者不知道自己的健康「生產函數」（production function）。我們不希望心臟病患因為這個月汽車故障，卻又無法判斷高血壓藥的作用，而減少用藥。

對消費者而言，能源消耗和行為之間的關係至少比較透明一點。夏天調高恆溫器、冬天調低，效果很明顯——順帶一提，我們還有方法可以讓它更明顯、更透明，後文會討論。在其他領域，價格有助於彰顯與消費行為有關、與氣候變遷的關係不是那麼清楚的隱含排放。舉例來說，在生產食物的方式中，其中一種排放溫室氣體最密集的是飼養肉牛。（牛隻的「排放」不利環境，牧牛的草地可用於更友善環境的其他用途。）如果牛肉漲價，就連美國的一般人也會少吃一點漢堡。

我們會偏好以經濟誘因處理這個問題，還有一個更重要的理由——很多需要改變的行為來自企業。如果企業看到碳排放的價格很高，自然有很強的誘因要盡可能追求創新，從生產特斯拉到不可能的素食漢堡（Impossible Burger）都是。（順帶一提，好吃得不得了，你一定要試試！）

我們在探討經濟誘因時，把重點放在徵稅、總量管制與排放交易，但還有其他方式可以提供適合的誘因。很多國家的政治領導者（和一些氣候研究專家）主張提供補貼，在某些情況下，補貼能夠發揮和徵稅同樣的效果，但更受大眾歡迎得多，因為這是提供利益，而不是造成損失。舉例來說，美國除了補助電動車，同時仍維持比多數國家低的汽油稅。這與政治判斷有關。何種情況適合採取補貼政策？這是很複雜的問題，此處不擬討論。我們相信補貼可以扮演重要的角色，但本質上是治標不治本。有一點絕對可以確定：羊毛總得出在某些羊身上。

能源悖論

儘管經濟誘因有這麼多優點，卻有愈來愈多以行為科學為基礎的經濟學與心理學的研究發現，強制性的法規可能也是解決環境問題的好方法，遠比經濟學家長久以來以為的更有效。實務上，在美國及很多國家，立法機構都不願通過完整的碳稅或總量管制與排放交易規定，於是，關心氣候變遷的立法者轉而制訂其他法規。多數經濟學家認為效果明顯不及誘因，但這個說法值得進一步探討。

硬梆梆的法規怎麼可能比誘因更有效？第一個原因是，當消費者購買汽車和電器時，可能沒有充分考量省油車和節能電器可以為自己省下多少錢。這叫做能源悖論（Energy Paradox）[17]：消費者大多是一般人，不會願意多花一百美元購買更節能的洗衣機，雖則短短幾年就可省下很多。如果消費者輕忽燃料經濟性或能源效率可帶來的經濟利益，那麼原則上強制性的法規可以創造很大的經濟利益，遠超過只靠減少外部性（externalities）的成果。

確實有很多研究顯示消費者太過忽略這些利益；政府機構的分析發現，訂定燃料經濟性或能源效率方面的強制性法規，可以發揮很大的效益。若是如此，我們應該將消費者省下的金錢，計入減少溫室氣體排放和其他空汙排放的益處。這樣一來，積極實施相關法規的成本與總節省金額相比，就會顯得低很多。原則上，這些做法的淨效益其實比經濟誘因的淨效益大得多，後者只是對抗外部性，未能為消費者省錢。

讀者可能預期我們會說，假如消費者沒有充分考量潛在的省錢利益，那麼我們應該做的是輕推，而不是強制。的確，很多國家已朝這個方向採取具體步驟——透過強制標示指出可以節省多少金錢。其中有些做法具有行為科學的依據，特別設計來訴諸一般人的心理，我們要為這類做法按讚（後文會進一步討論）。不過，我們還是和很多分析師一樣有些疑慮，相信這些推力雖有幫助，但對於沒有充分考量經濟效益的消費者而言，仍未能真正矯正其觀念。然而，我們不打算強烈為這個立場辯護，更遑論讓相關爭議就此止息。[18]最起碼，我們認為應該體認到，有些規定與命令除了能保護地球，同時還能為消費者省下大筆金錢。一個明顯的例子是建築法規，如果建商相信消費者不會多掏錢買節能的房子（這可能是事實），就不太會投資很多東西，例如在蓋房子時內建隔熱設施，比事後加裝還要便宜很多。

監管機關，請注意這一點。（消費者也請考慮這些做法能為你省下多少錢。）

反饋與資訊

前文強調過，處理環保問題的最重要做法是提供適當的價格機制（即誘因），我們雖樂觀希望各國終究會同意這個觀點，但也知道這在很多國家有政治上的難度（未來恐怕也是如此）。至少在美國，總統候選人便不願意將提高油價和水電費當作政見。二〇二〇年總統大選時，拜登說他支持碳稅，這是好徵象（他是唯一支持的民主黨總統候選人）。但在很多國家（包括美國），要改善誘因有一個很大的阻礙：汙染的代價不易看見，油價或水電費的上漲卻很明顯。

因此，我們建議以一種「全部工具都派上用場」的態度來處理氣候變遷的問題。政府在很多方面都可以制訂遠比推力更強大的法規，另外，還有多種干預方式完全可稱為推力，也應納入環保工具箱。光靠這些工具本身無法消除氣候變遷的風險，但確實能發揮助力。如同美國前總統歐巴馬談到有些倡議雖只能稍稍改善大問題時，最喜歡說的：「比較好就很好。」

有一類聰明的做法，是透過資訊揭露來改善消費者獲得反饋的方式，使其更清楚自己的行為後果。這種做法不但能強化市場與政府的運作，成本通常也不高。當然，很多環保人士可能會擔憂，光是靠資訊揭露，效果有限。他們的擔憂通常不無道理，但有時候資訊也能發揮驚人的激勵效果。

一個很成功的資訊揭露法案是美國的緊急計畫及公眾資訊公開法（Emergency Planning and Community Right-to-Know Act），該法案於一九八六年印度波帕爾市（Bhopal）的美國工廠發生工業化學事故之後通過。[19] 這原先只是一個不具爭議性的溫和法案，基本上是一種保留紀錄的方法，幫助環保署與地方社群了解可能有哪些有害物質尚未被發現。結果卻發揮了超乎預期的效果，事實上，其中的資訊揭露規定——毒物排放資料庫（Toxic

Release Inventory）的建立——可能是所有環境法規中明顯最成功的例子。

任何企業或個人若要建立毒物排放資料庫，必須向政府報告他們儲存或釋出了多少潛在危險的化學物質。任何人只要有興趣，都可以在環保署的網站上找到這些資訊。目前有數萬處設施公布了超過數百種化學物質的詳細資料，涵蓋數十億磅以上的現場或非現場廢棄物或其他排放物。使用危險化學物質的人還必須向當地消防局報告儲存物的地點、種類與數量，並告知對健康的潛在負面影響。

最讓人驚訝的是，這項法案並未強制要求企業做任何改變，卻發揮了正面的效果，促使全美毒物排放大量減少。[20]此一意想不到的效果顯示，光是規定必須揭露資訊，或許就能大幅降低排放量。還有許許多多的環境區域與國家採用資訊揭露的規定，包括義大利濱海度假區的清潔和回收計畫、瑞典地方政府的氣候指數等等。

毒物排放資料庫究竟為何有此效果？主要原因是環保團體和媒體常會將目標指向最嚴重的汙染源，形同列出「環保黑名單」，[21]這就是很好的社會推力範例。任何公司都不希望榜上有名，因為形象不好會引發各種問題，包括股價下跌。[22]上榜的企業有強大的誘因要降低排放量，更可喜的是他們會努力不要上榜，於是便出現一種競賽的關係，各企業競相實施更多更好的措施，以免被認定是毒物汙染的元凶。為了避免破壞形象並引發連帶損害，只要能以低成本降低排放量，企業當然不會不做。

揭露溫室氣體排放

有了這個例子作為參考，我們認為所有國家都應該採用一個明顯的推力來因應氣候變遷：政府應該建立溫室氣體資料庫（greenhouse gas inventory; GGI），要求重大的排放源揭露相關資訊。如此一來，民眾可清楚知道各地溫室氣體的不同來源，並追蹤其變化；政府可依據這些資訊決定推動哪些法案；各利益團體（包括媒體）必然會揪出主要排放源供大家檢驗。當然不是說光靠這類的資料庫就足以產生很大的改變，重點是這種推力的成本並不高，且幾乎必然有所助益。（若要實施經濟誘因，也一定要先蒐集排放源的資訊。）

目前已看得到這項計畫的初期成果，例如已有些國家（包括美國）規定要設置某種溫室氣體資料庫。事實上，巴黎協定就規定各國要提供全國性溫室氣體資料庫。但早在巴黎協定之前，美國環保署從二〇一一年便開始這麼做，顯然希望能促使高排放源實質減量。同樣的概念也獲得民間的支持，自動自發推出類似的計畫，例如碳揭露專案（Carbon Disclosure Project; CDP）就提供標準化的全球揭露平台，投資人、企業、城市、州、地區都用以記錄和管理他們的環境衝擊。光是碳揭露專案，就有超過八千四百家以上的企業和八百個城市提供資訊。[23]

我們沒聽說有人仔細研究過溫室氣體資料庫的實際影響，至少在美國，此資訊揭露似乎不像毒物排放資料庫的效果那麼大，也許是因為對大眾而言不夠明顯，或是因為溫室氣體排放聽起來沒有「毒物」排放那麼恐怖，但這可能正在改變。我們撰寫本書時，美國西岸很多地方正經歷可怕的野火和塵霾，澳洲也發生類似的事件，人們不可能不注意到。同時，大西洋發生的熱帶風暴數量破了紀錄，多到依照字母順序為風暴取名的單位把二十六個英文字母都用完了，只好開始用希臘字母，最後用到第九個字母 iota（若你忘了學過的希臘字母，可以順便溫習一下）。[24]極端的氣候事件已變得愈來愈常見，我們可以透過很多方法激發大眾注意排放趨勢，包括哪些人在製造問題、哪些人在創造解決方案。

自動綠化

如果我們的目標是讓環境更乾淨，一個簡單的原則是**讓綠化變得容易**。假如目標是要變得很容易，那就讓它自動化。

在很多國家，日常生活中有愈來愈多相當於「環保預設選項」的設計，用以取代較不環保的舊選項，好比人們不在房間時就會關燈的動作感測器（motion detector），等於創造出「關燈」的預設選項。假如辦公室的恆溫器預設為冬天調低、夏天調高，我們預期會有明顯的經濟與環保效益——至少當預設值不是不舒服到人們會花力氣去改變的話。

政策與科技讓這類環保預設選項變得現成可用，正好能發揮惰性的強大力量。不僅如此，環保預設選項還能釋出一種訊號，告訴人們怎麼做才對，因而當他們排拒時會有些良心不安——證據顯示人們通常都會良心不安。這帶給我們一個普遍的啟示：相較於要求人們做對的事，利用選擇設計讓事情變容易或自動化的效果大得多。

接著，試考量一個龐大很多的問題：在可以選擇水電供應商的地方，人們會如何選擇？預設方案往往並不環保，甚至可能是燃煤電力。若要使用綠色能源（如太陽能或風電），人們必須找出相關資訊、做出選擇（假使有選項的話）。多數人不會費這個心，但如果將預設選項轉換為綠色方案，讓人自動變環保，那會如何呢？我們已可看到這方面的證據，而且非常清楚：結果是選擇環保能源的人多很多。即使稍微昂貴一點，他們也會持續使用。

德國有一項隨機對照試驗，專門測試使用綠色能源的預設規則效果，讓我們看到極清楚的結果。[25]研究方法是讓近四萬兩千個家庭參與四週半的實驗，隨機分成兩組。第一組詢問民眾要不要選擇加入綠色能源，第二組自動讓他們加入綠色能源的供應商，但詢問是否要選擇退出。兩組的綠色能源都稍微貴一點。

結果發現預設規則有極大的效果。簽訂能源合約的人當中，選擇加入組只有百分之七點二的人購買綠色能源，選擇退出組卻高達百分之六十九點一。值得注意的是，在排除了合約的服務品質、電力的基本價格與單位價格等因素的影響之後，這個效果非常強大。在全德國，現在很多供應商都自動讓民眾加入綠色能源。[26]（依據實際發生狀況而非實驗的）田野證據顯示，在德國、瑞士等地，推力真的有效。一般而言，多數人都不會選擇退出，結果就是空氣變得乾淨許多，溫室氣體排放減少很多。

規範與透明度

前面說過，人們通常都不知道自己使用多少能源，大概也不知道與鄰居相較之下如何。Opower公司（現為甲骨文公司〔Oracle〕所有）設計了一種讓人清楚看到用量的推力——居家能源報告（Home Energy Report）——讓顧客清楚知道自己的電費與鄰里的一般用量相較如何，以及要怎麼節省能源。[27]居家能源報告現在已被廣泛使用，因此我們可以探討效果。經濟學家韓特．艾爾科特（Hunt Allcott）在這方面做了最完善的研究，他估計寄發這些報告的效果可以降低約百分之二的消耗量。[28]這樣算多還是少？百分之二聽起來不怎麼樣，但就像我們說的，每一點助力都有價值，尤其是占據很高比例排放量的電力使用（在美國約占百分之二十）。[29]此外，艾爾科特發現，減少的幅度相當於暫時將價格調高百分之十一到二十的效果。最重要的是這個做法幾乎沒有成本，因為資訊包含在顧客定期收到的帳單內。歡迎當局多給我們這類低成本的干預！

這裡提供一個類似的構想：可以設計一項計畫來協助大小企業（而不是個人消費者），採自願參與方式。實施這類計畫時，官員不會規定任何人做任何事，而是詢問企業是否願意遵循預期可達到環保效果的某些標準。基本概念是，即使在自由市場，企業也經常未能使用最新的產品，有時候政府可以幫助他們一邊賺錢、一邊減少汙染。

在本書討論的問題裡，氣候變遷是最嚴重也最艱鉅的，我們分析了這個問題尚未被解決的原因。在個人層次，氣候變遷是搭便車問題最典型的例子，又因為行為偏見的影響，使得問題更複雜化。國家也是如此，大規模減少排放對窮國和富國都是必要的，但進行國際協商非常困難。要減少排放，我們必須改變誘因，起碼可以刺激科技創新，也才可能有突破性的進展。誘因有很多種，例如徵稅、補助、訂定目標日期、競賽等。改善選擇設計和運用各種推力，也可以發揮重要的效果。我們尤其希望也相信世界將愈來愈邁向自動環保——在這個過程中連帶避免許多悲劇發生。

第 5 部

客訴部門

第十五章
反對意見

我們為本書第一版尋找出版商時，沒有多少人感興趣。多數人不認為一本談自由家長制的書能吸引讀者（除了作者的家人），但那本書最後確實找到知音，讓我們與出版商大為驚訝。書名《推力》肯定有幫助。（這是一位禮貌地拒絕我們的出版商所建議的。）當然，既有更多讀者，就有更多人提出質疑。我們聽到來自很多領域的各種批評（包括經濟學、心理學、哲學、政治學、法學），跨越從左到右的整個政治光譜。

談到政治，我們很容易以為若能觸怒兩邊的極端，代表做對了某些事，但這個結論反映的恐怕是自利偏差。會讓左右兩派都燃起怒火，比較可能的解釋是我們的構想欠佳或甚至很糟、思慮不周、混淆不清，或至少寫得不夠好！我們在寫這個版本時，試著釐清寫得不夠精確的部分，但這無法回答本章探討的具體反對意見。在此要強調，我們從批評者的意見中學到很多，他們的問題和懷疑讓這本書成為更好的版本。

若要從概念、道德、經驗及其他角度討論反對推力的意見，大可以寫一整本書，但我們會試著維持簡單扼要。[1] 一個簡單的方法是避免陷入語意的爭論——好比爭論自由家長制是自由意志主義制或家長制。前面說過，我們使用自由意志主義（libertarian）一詞代表「維護選擇權」。我們也說過，實務上即使是選擇退出制都可能不易執行，尤其當過程中存在一些淤泥的話；我們認為理想的推力應該讓選擇其他選項的人所負擔的成本愈低愈好。二〇〇七年，大約有一天的時間，我們考慮將書名訂為《一鍵家長制》（*One-Click Paternalism*），後來放棄這個糟糕的書名，但你可以從中約略知道我們的目標是什麼。對我們而言，全球衛星定位系統裝置提供的方向是完美的推力，儘管當好聽禮貌的聲音建議你向右轉時，你決定直走，那個聲音也不會抱怨。當然，並不是所有的推力和據此設計的政策都符合這個理想。碰到不符理想的政策，我們會視為淤泥，應納入政策的成本效益分析。

我們使用家長制（paternalism）一詞，指的是努力保護人們不因自己的錯誤而受害，引導他們做出在掌握充分資訊與不受行為偏見影響之下會做的選擇。這是手段（而非目的）的家長制，推力的設計基本上是為了幫助人們找到對的方法，達成他們自己的目的；**絕不是**要輕推人們做出我們偏好的選擇。我們的喜好根本不一致，怎麼可能做這種事？讀者現在應該已經知道，塞勒愛喝酒，桑思坦偏好健怡可樂。塞勒喜歡冗長的晚餐派對，桑思坦視為畏途。桑思坦認為哲學論辯很有趣，塞勒會不計代價避開。你明白我的意思，我們的偏好與「何種政策才是好的政策」毫無關係。

最後要一吐為快：不，我們不認為公私部門的選擇設計師都很聰明又多麼博學多聞，當然也不認為他們總是秉持很好的動機，或必然會把受影響者的利益放在心上。我們不否認，具組織力的利益團體力量很大，也同意專家會犯錯。拜託！近幾十年來，我們多少也在關注世局的發展。我們注意到並不是每個國家的元首都是精神穩定的天才，也注意到威權政府的興起讓人憂心。私部門裡有很多追求私利的推力（如同我們在書中多次指出的）。我們也注意到，在金融危機期間，很難在金融業找到一個部門沒有老鼠屎。新冠疫情期間，很多人犯錯或只顧自己的利益。所以，是的，我們要公開說，並不是每個人都把別人的福祉列為第一優先，所有的選擇設計師都會犯錯，有些甚至是心懷惡意。

但我們應該從這些明顯的事實學到什麼？別忘了選擇設計和推力是不可避免的，不會因為你希望它消失就消失，前面已提過這一點，但這個事實太常被忽略，我們覺得有必要重複一次。你可以反對香菸盒外醒目的癌症警告，偏好主動選擇甚於預設規則，反對卡路里標示的整個概念，努力廢除全球衛星定位系統裝置，或抗拒社交距離方針。但反對推力本身，就和反對空氣和水一樣沒意義；這是無可逃避的。使用推力（而非禁止）的一個理由，正是因為各種領域的選擇設計師都會犯錯。只要人們可以自己決定怎麼做——亦即輕易拒絕——風險就能大大降低。如果你擔憂公僕會犯錯或懷抱其他誘因，你的首要攻擊目標應該是強制與命令，而不是推力。

話說回來，我們會不會擔憂壞人讀了我們的書，跑去找尋更有效的新方法來輕推別人？當然會！如同我們在探討淤泥那一章所說的，我們當然擔憂這種事。然而，壞人的存在顯然早於本書出版日，我們承認，對於行為偏見的微妙了解，可能（也確實）被用於追求私利，但我們不認為本書落入惡霸和騙子手中是任何人最該擔憂的事。也許比較應該煩惱氣候變遷？

排除這些初步的問題後，接著要探討最主要的批評，其中有些來自右派，但多數來自信仰自由意志主義的人，他們熱愛自由（和我們一樣），認為推力會限制自由（和我們不一樣）。他們的一些擔憂很重要，但我們有時候認為，自由意志主義派的批評有部分是對一件事不滿：因為我們不僅沒有請求允許就借用屬於他們的詞彙，更過分的是拿來和他們厭惡的另一個詞彙搭配使用。那有點像是一群熱愛棒球的孩子借用板球來打棒球（或相反過來），這是褻瀆。我們承認「自由家長制」一詞是為了凸顯反差，但經過這麼多年，我們要對自由意志主義派的朋友說：是不是該放下了？

很多人說我們應該做的是比推力更用力的事，他們認為推力只是微調。他們要的是大規模改變，而推力無法辦到，或認為推力會轉移焦點。許多人對於經濟不平等、勞工權益被忽視、壟斷、警察暴力、種族與性別歧視等問題感到憂心。我們也是。如果你能讀到這裡，就知道在某些情況下，周全的選擇設計絕不只是微調而已，而是確實可以發揮很大的效果。世界各地都有公僕（包括服務於所謂推力單位的人）做出很多成績。話說回來，我們的確要強調，有時候應該使用命令、禁止、經濟誘因，甚至連一般情況下熱愛選擇自由的人也會同意。

滑坡理論

大家都知道有些人懷有相當可笑的恐懼，其中很多種恐懼還被取了名字，例如有一種叫影子恐懼症（sciophobia），甚至還有花生醬黏在口腔上壁恐懼症（arachibutyrophobia）。還有一種令人費解的恐懼，奇怪的是，似乎在自由意志主義派法律學者之中特別常見：害怕跌下斜坡或樓梯（bathmophobia）。我們懷疑這種恐懼症引發對滑坡理論（slippery slope）的執著。

我們要澄清一點，我們並不是說小心**真正的**滑坡是可笑的事，好比冰風暴後只適合專家等級的滑雪道，當然要請大家遠離這些地方。事實上，任何又滑又陡的坡道至少都應該運用警告牌這種推力，在極端的例子中甚至要禁止。（此步道／街道封閉，直到再次通知。）我們認為引起太多注意的並不是物理上的滑坡，而是象徵性的、用在特定類型的論辯。

滑坡理論是指，當我們做某件事（且稱之為X），可能會產生嚴重的風險：引發某種趨勢，導致其他事情如Y和Z發生；X本身還好，甚至是很棒的構想，Y和Z卻很嚇人。結論是你不應該做X，除非你願意接受Z。

美國反對槍枝管制的人很常談滑坡理論。在這個例子裡，X是對個人擁槍的權利做任何限制（好比禁止擁有攻擊性武器），Z是政府跑去沒收所有武器，包括牛排刀和水槍。好吧，這有點誇張，但你明白這個意思。

多數滑坡理論的問題是沒有提出實際滑坡的任何證據：亦即有理由相信做X會提高Y和Z發生的可能性，更遑論不可避免。但這並未能阻止人們提出這種聽起來很可疑的論點，舉例來說，最高法院關於平價醫療法案（Affordable Care Act）有一番辯論，討論政府是否可依照憲法要求人們購買醫療保險。法官安東寧．斯卡利亞（Antonin Scalia）提出一個著名的說法：如果這項規定合法，就沒有什麼可以阻止未來某個政府要求人民必須吃花椰菜。[2]這是典型訴諸恐懼的論調！

滑坡理論的預測在政治領域的紀錄並不是很光彩。一位反對女性投票權的人曾預測，讓女性投票會製造出「男性化的女人和女性化的男人，交配後生出墮落的種族」。[3]另一個反對者注意到，女性占人口比例一半以上，預測若讓女性投票，不久之後，所有政治領導者都會變成女性。[4]特此聲明，二〇二一年女性只占美國國會百分之二十六的席次。[5]我們只希望這個滑坡更滑溜一點！

我們會提出滑坡理論，是因為批評家用它來批評推力和自由家長制。他們說：「先是輕推，然後是用力推，接著變成開槍。」（但為什麼？使用推力的主要目的就是要避免用力推，更不可能開槍。）有趣的是，其中一些論點還引用一種行為偏見作為理論基礎，舉例來說，一位批評者格倫．惠特曼（Glen Whitman）的論辯基礎就是極端趨避（extremeness aversion）的研究結果：人們通常偏好中庸的選項。

試舉一例，依法強制加入儲蓄計畫（可選擇退出）現在似乎成了中庸選項，然而一旦這成為標準，就會占據自由放任的位置。然後，（可選擇退出的）「明日存更多」政策變成新的中庸選項。一旦這個做法被採用，又變成偏自由的選項，自動加入制（可自由選擇投資組合但「沒有」完全退出的選項）便變成中庸選項。依照這種發展，一小步一小步地改變，到最後甚至變成強制加入、規定最低額度、高度限制投資組合、沒有選擇退出等，都讓人覺得是「合理的中庸選項」。6

真的嗎？

我們要強調，《推力》出版十幾年來，自動加入制和「明日存更多」方案，在世界各地確實都更加普遍被採用，但我們沒有見到任何朝著取消選擇退出權發展的趨勢。如果一種選項看起來是理性的中庸之道，應該較可能被更多人採用，而非演變成極端的方案。這樣的坡道終究不算是多滑溜吧？

社會趨勢難以預測。美國曾批准一項憲法修正案（過程嚴重充斥淤泥），禁止銷售酒類。結果是否導致其他事情如吸菸和過度飲食被禁止？沒有。幾年後，美國發現這項修正案是錯的，遂廢除禁酒令，現在各州更快速通過法律讓大麻銷售合法。我們似乎很難預料到會有這種坡道。

我們根本看不到任何理由要擔憂推力的陡坡。再說一次：推力本身是不可避免的，依照定義，推力本就會保留選擇的自由。如果我們接受這個定義，就沒有理由認為我們無法守住不強制的那條線（只要我們不想要強制）。你可以警示產品包含蝦子（幫助那些像桑思坦一樣對甲殼類過敏的人），但不必禁止含有蝦子的產品。你可以將印表機設定為預設雙面列印，但不禁止改為單面列印。倘若有人指控推力作為一種政策會因為符合中庸之道而吸引人，那我們坦承不諱。但我們在評估推力時要看優缺點，而不是基於某種假設性的風險（那可能只是恐懼跌下斜坡或樓梯的徵狀）。

自由與主動選擇

有些熱愛自由的批評家還會在箭囊裡準備另一支箭，這部分我們比較能同理。他們擔憂的是自由與選擇權，而不是人們的福祉（他們認為福祉難以量測或評斷）。基於這個理由，他們大力贊成主動選擇甚於設計完善的預設選項。他們頂多只願意提供人們必要的資訊，以利於做出明智的選擇，認為之後就應該讓人自行選擇。這種思考邏輯反映在瑞典政府的做法上（讓人民選擇自己的投資組合），但我們已看到這個策略有一些缺點。

主動選擇制也是一種選擇設計，可以輕推人們主動選擇。我們同意，有時候這是很棒的點子。但應該強制人們做選擇嗎？一視同仁？永遠如此？我們認為，當一件事情很容易選擇時，最適合**強制**主動選擇（如選擇加入或選擇退出）。在比較複雜的情況下，例如必須從數百種共同基金裡選擇投資組合，這時強迫人們選擇，是無法讓人放心的策略，而這其實也是另一種強烈的家長式領導心態。何不提供設計完善的預設選項，然後讓人自由挑選別的？人們通常會選擇不做選擇，我們應尊重這一點。我們看到過去十年裡進入勞動市場的瑞典人，絕大部分拒絕管理自己的投資組合。我們不會期待人們當自己的醫生——如果有值得信賴的專家可以做得更好，而人們也能自由選擇信賴這些專家——那為何還**要求**人們做其他複雜的決定？是的，我們知道（也說過），談到提供意見的人，「信賴」與「專家」都不是可以當作前提的詞彙。

在器官捐贈方面，我們確實支持類似主動選擇的模式——我們偏好提示選擇制甚於強制選擇制，因為當你要求人們必須回答某個問題時，很容易引發負面的反應。但我們也發現，在這個領域採取推定同意制是太超過了。

除了侵犯自由，強制選擇制在很多情況下根本不切實際。你去餐廳用餐時，要選擇所有食材嗎？你買新車時，不會希望廠商將頭燈預設為黑暗時打開、明亮時關閉嗎？如果你堅持手動開關（更自由！），剛好又是在天還暗時去上班、抵達時天亮，結果很可能會讓燈亮著（耗盡電池）。這類設定有幾百種。如果買家坐進新車時，得先花一個小時選擇顯示亮度的最佳設定，這樣會比較好嗎？我們認為設計周全的預設值很適合這類設定，若能就座椅和後視鏡的調整提供明顯的說明會更好，因為這類設定尤其無法一體適用。

主動選擇通常是好點子，但在很多地方，內容篩選和設計完善的預設值是一大福音，我們不該一味排斥。

不要輕推，要提升能力

有些人強調，在自由社會裡，每個人都有犯錯的權利，有時候犯錯是好的，因為這樣才能學習和進步。我們舉雙手贊成這點，所以一般而言，我們贊成提供選擇退出權，只要不會對別人造成傷害。如果人們真的要將一大部分的退休金投入羅馬尼亞高科技股，我們很不願意禁止（只要人們被充分告知）。但對於判斷力不足的民眾，在過程中設置一些警告標示，應該沒有害處。我們贊成在一些滑雪場對新手與中級滑雪者提出警告：「如果你不是專家，絕不要嘗試這條路徑。」

有些批評者強烈偏好教育而非推力，在他們看來，公私機構應該教育民眾，或「提升」他們的能力，而不是運用選擇設計。[7]這種說法最不討喜的版本來自德國的一位心理學家：「若要理解為什麼有人對推力比對教育感興趣，應該放在推力出現的政治背景中來看。美國的公共教育制度大抵被認為是失敗的，政府很努力想辦法引導大批幾乎不會讀寫的民眾，但這種情況並不適用於每個地方。」[8]

我們不會對這種民族主義的叫罵做出反應，而是要探討更具體的問題：是否應該捨推力重教育，或「提升能力」——意思是致力針對特定領域改善能力。我們的第一個反應是：為什麼要二選一？你可以用很多罪名指責我們兩個，但大概不包括反教育。我們贊成提升能力，也同意在某些情況下，提升能力會很有效，畢竟我們兩人的職業都是教師。很多推力就是為了教育（具備閱讀能力的）大眾，資訊揭露、警示、提醒都是設計來告知民眾重要的資訊。但我們還是很高興有人提供明智篩選過的選項，以及審慎設計的預設方案（只要我們想要拒絕就可以拒絕）。我們當然要培養民眾在這個世界順利發展的必備技能與知識，幫助民眾提升能力並自己做主。主張提升能力的人很喜歡強調統計素養（statistical literacy），這一項尤其有價值。但我們也必須務實一點，因為我們相當確定，即使是德國最好的中學，也不會提供相當於金融經濟學博士的訓練。

這個批評源自對我們的人性觀有一個根本的誤解。我們**不認為**人們很笨，而是認為這世界很難！我們沒有見過多少經濟學家自信能從現有的房貸中找出最好的一種，或精確計算出他們需要存多少退休金；我們倒是認識很多人面對醫療計畫時做出很糟的選擇。如果生活中有人能提供個人化預設、容易比較的選項、智慧揭露、高明的選擇引擎，我們不是會過得比較輕鬆嗎？推力和教育不應該是二選一，可以兩者兼顧啊！推力本來就會保留選擇的自由，若是幫助人們在了解情況後自由選擇，更是難能可貴。

很多人熱烈支持中學生應培養財務知識，我們也是其中之二。如果讓我們來設計中學課程，會將三角函數改為統計學和家庭財務。複利（compound interest）和淨現值（net present value）當然是比正弦（sine）與餘弦（cosine）更有用的概念。更基本的是教導人們管理家庭預算以及信用卡借款的危險。教育有幫助，有時候幫助極大，但常識判斷和實證研究都告訴我們，不該對教育抱持過度的信心。你的常識判斷大概源自中學時期上化學課（或甚至三角函數課）所留下的記憶。學了複利，難道會記住更久？

實證結果支持該項思想實驗的直覺判斷。專家就財務知識訓練的功效進行一項重要的整合分析（meta-analysis），得到三項重要的結論。[9] 第一，訓練時間愈長，效果愈大，二十四小時的訓練會比只上十二小時的課更有效果。第二，效果不大；你不能一下子就訓練出財務天才。第三點最重要，訓練的任何助益都會隨著時間消失，短短兩年就完全忘光。該研究的作者得出的結論是，最有效的是「現學現賣」訓練——亦即預期將要做決定時。如果你提供資訊讓中學生了解各種升學教育的報酬率、如何申請現有的財務補助和學生貸款、如何處理信用卡等等，他們馬上就能將所學派上用場。但不要以為，教他們固定利率和變動利率，十年後必然能幫助他們選擇更好的房貸。最好是在他們準備要買房子時，提供如何避開潛在陷阱的免費課程。（也許還搭配一些簡單的推力。）

推力是暗著來？

有些人說，相較於推力，命令、禁止、徵稅有一大優點：人們知道自己的處境，沒有人被騙。相反地，推力是隱密的，就某種意義來說是在操縱，是一種騙術，[10]人們是在不知情的情況下被影響。

就多數推力而言，這種反對意見很難理解。標示、警告、提醒都不是隱藏的，藏起來就無法發揮作用了。預設規則應該完全透明（通常也是）。如果人們被自動加入綠色能源方案，應該且通常會被告知。當雇主讓員工自動加入一項儲蓄計畫，員工可以選擇退出，沒有什麼是隱藏的。如果有，就是存在淤泥。選擇退出的步驟應該要很清楚，最好可以一鍵完成。

的確，即使受影響的人沒有專心注意或甚至完全沒想到，有些推力也會發揮作用。一個例子是自助餐廳將健康食物放在較顯眼且容易取得的地方，就算用餐的人不知道被輕推，也會影響他們的選擇。在這種情況下，設計本身並沒有被隱藏，能夠看得一清二楚，但設計的**理由**可能不明顯。很多形式的影響都是如此。啤酒廣告不會警告你，穿著清涼的模特兒是為了吸引觀者的注意，讓他們更可能購買啤酒。政治人物發表演說時，不會透露他們的用語是（經過測試）設計過的，為的是盡可能提高聽者支持該候選人的機會。但有任何人這麼天真無邪，不知道廣告是設計來銷售產品、政治演說是為了吸引選票？確實，自助餐廳不是廣告，但也有它的設計，而選擇某種設計當然有理由。

如果自助餐廳的設計是為了鼓勵健康的飲食，或如果人們被自動加入某種方案，公私機構（尤其是公家機構）便不應隱藏此事實。假如也能揭露輕推的理由就更好了，稍後會再回到這一點。

一個稍微不同的批評是：唯有當被輕推的人不知道被輕推，才能發揮效果。有人在不同的情況下研究過這一點，結果一再顯示並非如此。現有的研究發現，輕推的效力不會因為透明化而減損。[11]事實上，反而很容易產生相反的效果：如果人們被告知，他們被自動加入退休計畫，是因為雇主認為善用雇主的相對提撥和納稅優惠是聰明的選擇，便可能會讓**更多人**加入。吸引人們注意自助餐廳的健康設計，反而會放大設計的效果，因為能傳遞寶貴的資訊。[12]

使用推力是在操縱人？要回答這個問題，必須先定義什麼是操縱。這是（非常）冗長複雜的問題，簡而言之，哲學家及其他人大抵同意：當一項行為沒有充分尊重他人理性審慎思考的能力，就是操縱。[13]依據這個標準，多數推力都不是操縱。[14]假如一個人被提醒下週四要看診，並沒有人在操控他。如果提供人們食品含多少熱量的資訊，或提醒某些食品含甲殼類或堅果，或用藥超過建議劑量可能會有不好的結果，同樣沒有人被操控。當然，倘若一種預設規則沒有告知相關的人，或是很難選擇退出，或許可以歸類為操控。我們稱之為淤泥——淤泥就有操控的嫌疑。

設定界線與公開原則

幾年前，桑思坦帶著女兒去芝加哥參加於仲夏舉行的Lollapalooza音樂節（為期三天）。那裡有一個巨大的告示牌會顯示不同的電子訊息，週五晚上通常會打出節目表，但會穿插另一個訊息寫著「多喝水」，三個字寫得很大，另一個訊息是：「天熱易流汗：你會流失水分。」

為什麼要公告這些訊息？當時芝加哥正遭逢嚴重的熱浪侵襲，主辦單位顯然希望民眾避免因脫水而危害健康。該告示就是一種推力，沒有人被迫一定要喝水，但設計該告示的人很了解人們的想法。「多喝水」三字尤其高明，遠比平淡的「喝足夠的水」或「喝水」來得有效。「流失水分」的提醒，訴諸我們損失規避的心理，讓人知道要避免脫水。（桑思坦只恨沒有早點看到告示，他看表演時開始覺得很渴，但因觀眾太多，根本擠不出去。）

試與想像中其他可能的情形做比較。假設主辦單位不是用明顯的「多喝水」告示，而是在節目表的中間短暫穿插很不明顯的潛意識廣告（subliminal advertising），亦即你不會意識到某種刺激，但留下的印象還是足以改變信念或行為。那個潛意識廣告可能會說：「多喝水。」、「你不渴嗎??」、「喝酒不開車」、「毒害終生」、「支持總統」、「墮胎是謀殺」、

「買十本《推力》」。潛意識廣告（包括付費廣告）可以視為一種自由家長制嗎？畢竟這些訊息只是引導人們做選擇，卻沒有代其決定。

我們並不支持潛意識廣告，也不認為那是自由家長制，即使是用來推動好的目的。一般人反對自由家長制和某些推力的一個理由，是惟恐手段太狡猾——政府可以操縱人民朝一定的方向走，同時提供官員絕佳的工具以達成目的。不妨拿潛意識廣告與另一個同樣狡猾的技巧做比較：若要幫助人們減肥，一個很好的方法是在自助餐廳放鏡子，當肥胖者看到鏡中的自己，便會少吃一些。這樣做可以嗎？假如鏡子可以被接受，那麼可不可以放置讓人顯得特別不好看的鏡子？（這種鏡子好像愈來愈常見。）自助餐廳的卡洛琳可以善用鏡子的功能嗎？如果可以，我們對於在速食店裡擺放讓人看起來身材特別好的鏡子，該怎麼想？

這些是很龐大的問題，也許我們之中某一人曾寫過一兩本專書。[15]要在此探討這些問題，我們同樣要仰賴一個重要原則：透明度。此處我們主張遵循哲學家約翰．羅爾斯所說的公開原則（publicity principle）。[16]簡而言之，若是公私部門的選擇設計師無法或不願公開為某項政策辯護，則依據公開原則，就不應採取該政策。我們很贊同這項原則，理由有二。第一是實際的考量，如果企業或政府實施一項他們自己無法放心公開辯護的政策，一旦政策本身或背後的邏輯被揭露，可能會引發讓人難堪或甚至更糟糕的後果。我們鼓勵同僚與學生面對個人或事業中的所有重大決定時，都採取這項原則。第二個理由更重要：任何形式的組織都應尊重人，如果實施自己無法或不願公開辯護的政策，便等於不尊重人，只是把人民當作工具，供自己運用或操縱。

不論是公部門或民間機構，我們認為公開原則正是限制或實施推力的最佳指導原則。美國政府的法規在定案之前，通常會先提出供大眾評論和檢視，包括很多可歸為推力的法規，例如燃料經濟性的標示、營養成分表、香菸的醒目警告；這些推力及其背後的支持理由都很透明。

法律上的預設規則也是一樣。如果政府改變這類規則——以達到鼓勵器官捐贈或環保或改善年齡歧視等目的——應該光明正大地做，揭露政府的作為，並提出解釋（最好讓大眾可以事先表達意見）。有些教育計畫透過行為研究來設計推力，同樣應適用公開原則。因此，當政府官員設計巧妙的標示，以減少亂丟垃圾、阻遏竊案或鼓勵民眾登記器捐，都應樂於公開其方法與動機。多年前，美國出現過這樣一則廣告，畫面顯示熱鍋上正在煎蛋，旁白曰：「當你吸毒時，你的腦子就是這樣。」如此鮮明的意象是為了引發對毒品的恐懼。有些人或許認為這則廣告有操縱的意圖，但這並未違反公開原則。

因此，容我們澄清，我們很贊成制訂推力的相關法案，且應該禁止潛意識廣告。[17]

命令與禁止：為什麼止於推力？

前面提到自由意志主義者擔憂我們一開始採用推力，之後會進一步變成用力推；但也有一些意見更激進的批評者擔憂的是相反的情況，亦即在需要採取更強烈措施的地方止於推力。有些人甚至認為，如果政府採用推力，就不會做更多事了，即使光靠推力是明顯不足的。監管機構也許不會認真看待氣候變遷；做一些節能標章就心滿意足了！

如果我們（或甚至任何人）認為，世界上多數問題靠著輕度干預就能完全解決，這一點會是很嚴重的問題。謀殺、強暴、攻擊、竊盜都是刑事犯罪，也都很適當地以強制手段處理。有些問題（如汙染）會產生，是因為有人對別人造成傷害。如同前文強調過的，面對這類問題，推力是不足的。當然，推力還是有幫助。你可以課徵汽油稅，同時透過推力鼓勵民眾購買節省燃料的汽車。有很多推力可以降低外部性，但推力本身尚不足以控制外部性。

我們可以將推力視為類似瑞士刀的工具，這種刀設計成多用途，在某些情況下非常有用，例如打開罐頭或鎖緊螺絲。在適當的情況下，推力可以利用極低的成本達到很大的效果；但如同我們一再強調的，也有一些時候應該運用徵稅、補貼、命令或禁止。若要減少吸菸，該做的事有很多，無法靠醒目的警告完全達陣。改變預設選項無法解決移植器官不足的問題。談到氣候變遷，我們已花了一整章強調為什麼需要鑿岩機和推土機，但只要有幫助，有時候也能同時讓瑞士刀上場。

我們強烈懷疑運用推力可能導致官員不採取更強大的措施。（桑思坦在美國政府服務四年，從來沒見過這種情形發生，一次都沒有。）一個國家可以課徵高額酒稅，輕推人們不要酒駕，再加上對酒駕者實施高額罰金。北歐的國家這三項全都做到了。一個國家可以輕推民眾購買節省燃料的汽車（例如利用燃料經濟性的標示），同時課徵高油稅或補貼電動車。或者，規定使用某些藥物是違法的，同時輕推民眾不要使用那些藥物。有些人說，有了推力就比較不會運用更激進的工具，這個論點乍聽之下似乎頗有道理。歷史上或許發生過，但實際上只是被用來當作辯論的觀點，不是很值得擔憂的嚴重問題。

話說回來，對於何時該從推力變成禁止和命令（或相反過來），理性的人當然可以有不同的意見。試舉一例，我們的朋友兼同事大衛．萊布森與塞勒合作，設計某個基金會的退休儲蓄計畫。該計畫提供設計完善又不昂貴的預設方案，另有少量篩選過的投資選項。

兩人（稍微）有歧見的地方在於，是否應該讓積極型參與者可以選擇所謂的「共同基金自選機會」，裡面提供其他大量的基金。他們一致認為，使用這個選項的員工不太可能會做出高明的投資決定，長期下來的平均表現可能會比維持基本選項更糟（當然是依據他們自己的判斷）。兩人（依據其他情境的實證證據）也都認為，只有極少比例的員工會使用這個選項，尤其當取得該自選機會必然會遭遇一點點淤泥時，好比警告標示。萊布森想要排除該選項，塞勒希望保留，但兩人都不確定自己是對的。（桑思坦在這一點上認同萊布森。應該採多數決嗎？）

這可以說明一種較普遍的難題。有些熱烈支持家長制的人特別憂心選擇不當的風險，因而希望採取禁止與命令。如果一般人真的會犯錯，那為什麼不禁止他們犯錯，以預先保護他們？

事實是，這方面很難找出明確的界線。我們對自由家長制的定義是：所採取的行動、規則及其他推力，必須可以透過選擇退出權來輕易避免。我們對「輕易避免」沒有明確的定義，但相信以現在的科技而言，「一鍵式」應該是最接近的例子。（我們可以期待將來出現「一念式」或「一瞬式」的技術。）我們的目標是讓人們可以用最低的成本決定其選擇。無可否認，我們提議的一些政策無法做到這一點，人們若要選擇退出，必須付出比按一個鍵更高的成本。例如員工若要選擇退出自動加入計畫，通常必須填寫一些表格後寄回——不算很高的成本，但總是比按一個鍵更麻煩。我們不能規定成本高到某個程度、就不符自由意志主義政策的標準，那恐怕太武斷，甚至有些可笑；事實上，最重要的問題根本也不在於成本的確切標準。簡單地說，我們的原則是希望盡量壓低成本。關鍵是在何種情況下，我們願意為了增進人們的福祉，而讓人們接受不算微小、甚至相當高昂的成本。

好比有一種「冷卻期」的規定，理由是認為消費者在熱頭上往往會做出考慮欠周或衝動的決定。基本上，這是反映出對人類自制力的懷疑。一個例子是對挨家挨戶推銷的產品強制規定要有冷卻期，如同一九七二年美國聯邦貿易委員會（Federal Trade Commission）所規定的。[18] 依據委員會的規定，登門推銷的產品在出售時必須附上一份書面聲明，告知買方可在三天內反悔。之所以會通過這項法律，是因為很多人抱怨銷售員採取強迫推銷的方式和充滿細字規定的買賣契約。這裡同樣可以針對因為此法律而獲益與未獲益的人所付出的成本，進行成本效益分析，據以決定何時適用這項法律。依據該標準，立法者要探討的是，因為此法而必須多等幾天才能收到產品的人將受到多少影響，同時要考量消費者購買後反悔的頻率有多高。如果成本很低（即使是在維基百科問世之前，有人真的需要立刻購買百科全書，連一天都不能等嗎？），且買後反悔的人很多，表示這條法律具有通過的必要性。

有些重要的決定往往是在衝動之下所做成，這也可以運用類似的策略，例如，有些州規定夫妻在離婚前必須先等待數日。[19]離婚畢竟是人生大事，要求人們冷靜思考一下應該很合理，我們想不通有誰非得立刻離婚不可（除非是極端的情況）。（誠然，有些怨偶實在已經相看兩相厭，但稍等一下再簽字有那麼糟糕嗎？）我們也能想像對計劃結婚的人設定同樣的限制，事實上已有一些州朝這個方向努力。[20]

立法者很了解人們有時會做出日後懊悔的事，但並沒有阻止人們做出選擇，只是要求冷靜思考一段時間。請注意，通常在下列兩種情況中，強制冷卻期的規定最合理、也最可能實施：一、人們不常做這種決定，因而欠缺經驗；二、人們在做這種決定時往往情緒高昂，這時特別容易做出日後懊悔的決定。*

---

* 當然，有些情況下，人們對於強制冷卻期有不同的意見。墮胎是一個例子，這個問題牽涉到太多情感和政治議題，很難將冷卻期政策的優劣和背後更基本的爭議分開來看。支持墮胎權的人認為，冷卻期的規定是淤泥，這種規定的成本無疑可以很高昂。一個女性若必須跑很遠才能找到可以執行墮胎手術的診所，還必須住上三晚，成本是很可觀的（包括經濟上以及隱私可能遭侵犯）。在這種情況下，我們也反對強制冷卻期的規定（即使是出自善意）。如同所有的情況，細節很重要。關於這項議題，我們決定就此打住，這也算行使選擇退出權吧。

冷卻期是相對溫和的干預。社會何時該進一步實施禁令與強制呢？明智的人對於如何畫出界線，同樣可能有不同的意見。我們的原則是以人們的福祉為重，但也體認明智的人對於這個概念會有不同的理解。舉例來說，行為科學家尼克・查特（Nick Chater）和羅文斯坦認為，本書中討論的確定提撥制退休計畫容許太多犯錯的機會，應以固定儲蓄率的強制儲蓄計畫取代。[21]他們稱讚澳洲的制度——強制參加，且不可以拿儲蓄金借款。

的確，依照定義，強制儲蓄必可達到百分之百的遵從率，至少對於正規經濟中的受雇者而言是如此。英國的國家就業儲蓄信託可以相提並論，採用的是自動加入制，參與率超過百分之九十。這樣真的明顯比較不好嗎？兩者的優劣取決於我們有多重視選擇的自由，以及選擇退出的人會承受多少傷害。人們確實可能基於合理充足的理由選擇退出（有證據支持這個可能性），[22]舉例來說，人們可能因為眼前真的需要錢而選擇退出，或是因為自己另有退休計畫——這些可能性可以解釋為什麼讓人自己做決定通常是好的。

在某些情況下當然適合採用命令和禁止，我們說過，如果人們的選擇會導致對他人的傷害，我們會希望禁止（好比攻擊與竊盜者違法），或運用矯正稅（corrective tax）（比如溫室氣體排放）。但即使在這樣的情況下，推力也可以扮演重要的角色。

如果人們會做出愚蠢、短視、對自己不利的決定，我們不會排除命令。[23]我們不反對下列規定：社會安全計畫、禁止反式脂肪、強制節能政策、立法規定機車騎士戴安全帽和開車繫安全帶、規定疫情期間在公共場合戴口罩。假如一個人的選擇將對他自己的未來造成嚴重損害（如吸菸），我們會希望採取比推力更強硬的措施（我們支持香菸稅和餐廳禁菸）。重點是徵稅、命令和禁止會引發特定的問題和疑慮。只要人們是在掌握充分資訊之下，對自己的生活方式做決定，我們支持懷抱謙卑與尊重的態度——因此，我們的前提是支持選擇的自由；但這個前提當然必須保護你擁有與我們意見不同的權利。

後記

我們寫第一版時，全球金融危機剛發生；終極增訂版則是完成於全球新冠疫情期間，中間這些年，全世界變化多端。民間企業展現超凡的創意，規模與勢力大到史無前例的企業繼續成長（谷歌、蘋果、臉書、亞馬遜等）。一些國家處理疫情危機非常成功（包括運用極聰明的推力），但也有些國家陷入泥淖。有些選舉結果讓我們很高興，但也有些讓人至感失望。我們最喜歡的運動隊伍和運動員有勝利也有失敗，事實上除了納達爾，他們多半都輸掉重要的比賽。世界在對抗氣候變遷方面進展太少，即使冰層在融化、野火四起。但我們天性樂觀，通常會專注去看杯子裡的水有多滿，而不是水位下降了多少；這可能反映出我們的性格或許也只是行為偏見。（我們的配偶認為是後者。）但我們希望到了本書的結尾，努力保持務實之餘，仍能畫下樂觀的句點。

談到運用行為科學來解決全球最重要的問題，我們確實看到很大的進步。這可以在世界上許多國家中找到例子，包括（當然不限於）美國、英國、愛爾蘭、丹麥、澳洲、紐西蘭、印度、卡達、阿拉伯聯合大公國、荷蘭、日本、法國、德國。聯合國、世衛組織和歐盟也做了很多事。不論是在新冠疫情、氣候變遷、恐怖主義、戒菸、經濟成長、性別平等、職業安全等領域，行為科學經常被用於解決問題，甚至被視為理所當然的工具。曾經看似激進的觀念，慢慢從先驅變成趨勢，然後是司空見慣，甚至變得有些過時，這在某些情況下是好的。塞勒很久以前就說過，他希望有一天，經濟學家能夠適度（甚至優先）將一般人的境況融入分析中，行為經濟學將因此消失。

將行為科學融入公共政策或管理實務已變成例行公事，就像標準成本效益分析或營運計畫一樣。我們雖大力支持推力單位，但很高興看到並不是只有專門的推力單位抱持這樣的思維。最重要的工作通常是高階部會、總統或首相辦公室在做的。世界各國的領導者現在都已相當了解行為科學及推力，有的甚至很專業。我們在書中一再強調，所有政策都需要選擇設計，就像所有產品都需要某種設計。你不必是賈伯斯，也可以追求卓越的設計，包括將使用者體驗放在最重要的位置來考量。如果一組人負責產品外觀，另一組人負責產品功能，最後就會做出應該推開、卻讓人看了想要拉的門把——也就是製造出內建的淤泥。

假如所有的政策分析和企業決策都將高明的選擇設計視為最重要的考量，成功的機率會高很多。瑞典附加年金計畫的設計者並不是一開始就打算提供數百種基金讓民眾選擇，他們只是決定將基金篩選的任務交給別人去做，最後自然產生這樣的結果。事實上，負責篩選的人是歐盟的監管單位，由他們訂定共同基金的經營條件與進入市場的規則。當這個過程製造出數百種基金選項時，想要重新考慮已經太遲了。

我們當然不是說政策設計者有辦法或應該無所不知，但確實應該至少早一步思考一般人的行為模式，更重要的是，能夠觀察情勢的發展並據以調整制度。不幸的是，惰性的力量極為強大。我們都嘗試過將行為科學融入政策。依據這些經驗以及相關領域愈來愈豐富的文獻，我們相信在政策草創初期融入選擇設計（與其他行為科學的元素），最有可能創造突破性的成績。另一個設計領域的例子可以提供很好的說明。

芝加哥大學布斯商學院為了蓋新大樓，舉辦概念提案競賽，若干知名的建築師參與，最後由來自烏拉圭的拉斐爾．維諾利（Rafael Viñoly）所領導的知名公司獲選。贏得比賽後、尚未開始進行細部設計之前，維諾利及其團隊先花了幾天時間訪談學生和教職員，以了解他們的生活及他們對新建物的期望。最後建造出的建物不只是外觀漂亮，還特別致敬建築師法蘭克．洛伊．萊特（Frank Lloyd Wright）在對街設計的房子，同時也發揮了絕佳的「實用」功能。舉例來說，維諾利得知教師很珍惜彼此偶遇的機會，嗯，至少覺得比和學生或院長辦公室的人偶遇更好。於是，他們將教師辦公室安排在最上面三個樓層，以開放式樓梯相連，有助於同仁偶遇。院長辦公室和學生則安排在低樓層，教職員只會在自助餐廳碰到他們。我們則是很高興自助餐廳的設計讓顧客得繞過沙拉吧才能拿到漢堡。

公共政策也能有類似的設計。如果目標是提升道路或職場上的公共安全，決策者可以努力讓最安全的選項等於最簡單的選項。假如目標是減少貧窮，立法者推動的方案應考量人們真正的想法和行為，將民眾往教育和就業的方向輕推（同時消除淤泥）。倘若目標是讓學生、老師、發明家、企業家和需要庇護的人進入你的國家並待上一陣子，你可以把這件事變得容易。假設目標是鼓勵民眾採取預防措施與接種疫苗以對抗疫情，決策者應用力思考如何讓這些事情更方便，推出高明設計的提醒，發揮社會規範的力量。

也許聽起來都像痴人說夢，但其實不是，現在已經有人在做了，尤其是實際掌控政策執行面的人。那些赫赫有名的超大企業在選擇設計（及其他領域）通常也很高明，這絕非偶然。但我們還可以做很多事情，來改善制訂法律時內含的選擇設計（通常是隱含的）。那些負責進行背景研究、最後通常也負責撰寫最終條文的工作人員，是了不起的無名英雄。如果你認識這樣的人，也許可以把這本書送給他，畢竟你已經讀完了。請在上面寫下我們的呼籲：「推向更好的明天。」這個訴求已逐漸落實為各式各樣的改革，正在全球各地發展與施行。

致謝

寫作本書的終極增訂版有點像在短跑衝刺，很感謝許多人在最近幾個月陪我們一起跑。特別感謝優秀的研究助理團隊，包括Lia Cattaneo、Dustin Fire、Rohit Goyal、Eli Nachmany和Lukas Roth。尤其要感謝Lukas和Lia在各方面勞心勞力，最後階段時，Lia在內容與程序上都竭盡心力協助。沒有妳，就沒有這本書，這麼說其實還太輕描淡寫。

有一些朋友幫忙閱讀初稿並提供評論，包括Rob Gertner、David Halpern、Alex Imas和Emmanual Roman。這樣的朋友難能可貴。器官捐贈議題尤其要感謝Alexandra Glazier和Eric Johnson一起討論。Sarah Chalfant是智慧的泉源，John Siciliano是優異的編輯。最感謝的是初版的眾多讀者，你們的評論、熱情、關切與反對意見讓本書更好。

13. Anne Barnhill, "What Is Manipulation?" in *Manipulation: Theory and Practice*, ed. Christian Coons and Michael Weber (New York: Oxford University Press, 2014): 51–72. Barnhill 自己的說法更為微妙。
14. Cass R. Sunstein, *The Ethics of Influence* (New York: Cambridge University Press, 2016).
15. 請見：Cass R. Sunstein, *The Ethics of Influence*; and Cass R. Sunstein and Lucia Reisch, *Trusting Nudges* (New York: Routledge, 2019).
16. John Rawls, *A Theory of Justice* (Cambridge, MA: Harvard University Press, 1971).
17. 請見：Sunstein and Reisch, *Trusting Nudges*.
18. Cooling-Off Period for Door-to-Door Sales, 37 Fed. Reg. 22934 (October 26, 1972; to be codified at 16 CFR 425).
19. 舉例來說，請見：Cal. Fam. Code §2339(a) (requiring a six-month waiting period before a divorce decree becomes final); Conn. Gen. Stat. §46b67(a) (requiring a ninety-day waiting period before the court may proceed on a divorce complaint). 關於整體的討論，請見：Elizabeth S. Scott, "Rational Decision Making About Marriage and Divorce," *Virginia Law Review* 76 (1992): 9–94.
20. Camerer et al., "Regulation for Conservatives."
21. George Loewenstein and Nick Chater, "Putting Nudges in Perspective," *Behavioural Public Policy* 1, no. 1 (2017): 26–53.
22. John Chalmers, Olivia S. Mitchell, Jonathan Reuter, and Mingli Zhong, "Auto-Enrollment Retirement Plans for the People: Choices and Outcomes in OregonSaves" (National Bureau of Economic Research working paper no. w28469, 2021), https://www.nber.org/papers/w28469.
23. One of us discusses these issues in detail in Cass R. Sunstein, "Behavioral Welfare Economics," *Journal of Benefit-Cost Analysis* 11, no. 2 (2020): 196–220.

（參考資料請從第399頁開始翻閱。）

Footprint of Household Energy Use in the United States," *Proceedings of the National Academy of Sciences* 117, no. 32 (2020): 19122–30.

第十五章　反對意見

1. 對於某些反對推力的意見，更多討論請見：Richard H. Thaler, *Misbehaving* (2015); Cass R. Sunstein, *Why Nudge?* (2014); and Cass R. Sunstein, *How Change Happens* (2019).
2. James B. Stewart, "How Broccoli Landed on Supreme Court Menu," *New York Times*, June 13, 2012, https://www.nytimes.com/2012/06/14/business/how-broccoli-became-a-symbol-in-the-health-care-debate.html.
3. Richard H. Thaler, "Slippery-Slope Logic, Applied to Health Care," *New York Times*, May 12, 2012, https://www.nytimes.com/2012/05/13/business/economy/slippery-slope-logic-vs-health-care-law-economic-view.html; 也可參見：Henry L. Tischler, *Introduction to Sociology*, 11th ed. (Boston: Cengage Learning, 2013), 261.
4. Thaler, "Slippery-Slope Logic, Applied to Health Care."
5. "Women in the U.S. Congress 2020," Center for American Women and Politics, https://cawp.rutgers.edu/women-us-congress-2020.
6. Glen Whitman, "The Rise of the New Paternalism," Cato Unbound, https://www.cato-unbound.org/2010/04/05/glen-whitman/rise-new-paternalism.
7. Ralph Hertwig and Till Grüne- Yanoff, "Nudging and Boosting: Steering or Empowering Good Decisions," *Perspectives on Psychology Science* 12, no. 6 (2017): 973–86.
8. Gerd Gigerenzer, "On the Supposed Evidence for Libertarian Paternalism," *Review of Philosophy and Psychology* 6, no. 3 (2015): 361–83.
9. Daniel Fernandes, John G. Lynch, and Richard G. Netemeyer, "Financial Literacy, Financial Education, and Downstream Financial Behaviors," *Management Science* 60, no. 8 (2014): 1861.
10. Edward Glaeser, "Paternalism and Psychology" *University of Chicago Law Review* 73, no. 1 (2006): 133–56.
11. Hendrik Bruns et al., "Can Nudges Be Transparent and Yet Effective?" *Journal of Economic Psychology* 65 (2018): 41–59, https://papers.ssrn.com/sol3/papers.cfm?abstract_id=2816227; George Loewenstein et al., "Warning: You Are About to Be Nudged," *Behavioral Science and Policy Association* 1, no. 1 (2015): 35–42.
12. Craig R. M. McKenzie, Michael J. Liersch, and Stacey R. Finkelstein, "Recommendations Implicit in Policy Defaults," *Psychological Science* 17, no. 5 (2006): 414–20.

17. Robert N. Stavins, "Assessing the Energy Paradox," *Environmental Forum* 32 (2015): 14, https://scholar.harvard.edu/files/stavins/files/column_67.pdf.
18. Hunt Allcott and Michael Greenstone, "Is There an Energy Efficiency Gap?" *Journal of Economic Perspectives* 26, no. 1 (2012): 3– 28; Hunt Allcott and Cass R. Sunstein, "Regulating Internalities," *Journal of Policy Analysis and Management* 34, no. 3 (2015): 698–705; Renate Schubert and Marcel Stadelmann, "Energy-Using Durables—Why Consumers Refrain from Economically Optimal Choices," *Frontiers in Energy Research* 3 (2015), https://www.frontiersin.org/articles/10.3389/fenrg.2015.00007/full.
19. Congressional Budget Office, "Homeland Security and the Private Sector" (2004), https://www.cbo.gov/sites/default/files/108th-congress-2003-2004/reports/12-20-homelandsecurity.pdf.
20. "EPCRA Milestones Through the Years," United States Environmental Protection Agency, https://www.epa.gov/epcra/epcra-milestones-through-years.
21. Archon Fung and Dara O'Rourke, "Reinventing Environmental Regulation from the Grassroots Up: Explaining and Expanding the Success of the Toxics Release Inventory," *Environmental Management* 25 (2000): 115–27.
22. James T. Hamilton, *Regulation Through Revelation* (New York: Cambridge University Press, 2005).
23. "What We Do," CDP, https://www.cdp.net/en/info/about-us/what-we-do.
24. "With #Alpha, 2020 Atlantic Tropical Storm Names Go Greek," National Oceanic and Atmospheric Administration, https://www.noaa.gov/news/with-alpha-2020-atlantic-tropical-storm-names-go-greek#:~:text=Having%20reached%20the%20end%20of,by%20the%20World%20Meteorological%20Organization.
25. Felix Ebeling and Sebastian Lotz, "Domestic Uptake of Green Energy Promoted by Opt- Out Tariffs," *Nature Climate Change* 5 (2015): 868–71.
26. Micha Kaiser et al., "The Power of Green Defaults: The Impact of Regional Variation of Opt-Out Tariffs on Green Energy Demand in Germany," *Ecological Economics* 174 (2020): 106685.
27. Robert Walton, "Home Energy Reports: Still the 'Biggest, Baddest Way' to Drive Customer Behavior," *Utility Dive*, July 10, 2019, https://www.utilitydive.com/news/home-energy-reports-still-the-biggest-baddest-way-to-drive-customer-beh/558166/.
28. Hunt Allcott and Todd Rogers, "The Short-Run and Long-Run Effects of Behavioral Interventions: Experimental Evidence from Energy Conservation," *American Economic Review* 104, no. 10 (2014): 3003–37.
29. Benjamin Goldstein, Dimitrios Gounaridis, and Joshua P. Newell, "The Carbon

2. Richard J. Lazarus, "Super Wicked Problems and Climate Change: Restraining the Present to Liberate the Future," *Cornell Law Review* 94, no. 5 (2009): 1153–234.
3. Edna Ullmann- Margalit, *The Emergence of Norms* (Oxford: Clarendon Press, 1977).
4. Garrett Hardin, "The Tragedy of the Commons," *Science* 162, no. 3859 (1968): 1243–8.
5. Paul A. Samuelson, "The Pure Theory of Public Expenditure," *Review of Economics and Statistics* 36, no. 4 (1954): 387–9.
6. Robyn M. Dawes, Jeanne McTavish, and Harriet Shaklee, "Behavior, Communication, and Assumptions About Other People's Behavior in a Commons Dilemma Situation," *Journal of Personality and Social Psychology* 35, no. 1 (1977): 1- 11; R. Mark Isaac and James M. Walker, "Communication and Free-Riding Behavior: The Voluntary Contribution Mechanism," *Economic Inquiry* 26, no. 4 (1988): 585–608.
7. James Hansen et al., "Assessing 'Dangerous Climate Change': Required Reduction of Carbon Emissions to Protect Young People, Future Generations and Nature," *PloS One* 8, no. 12 (2013): e81648.
8. "China's Environmental Abuses Fact Sheet," U.S. Embassy and Consulates in Brazil, https://br.usembassy.gov/chinas-environmental-abuses-fact-sheet.
9. Linda Babcock and George Loewenstein, "Explaining Bargaining Impasse: The Role of Self-Serving Biases," *Journal of Economic Perspectives* 11, no. 1 (1997): 109–26.
10. Ernst Fehr and Simon Gächter, "Cooperation and Punishment in Public Goods Experiments," *American Economic Review* 90, no. 4 (2000): 980–94.
11. William Nordhaus, "Climate Clubs: Overcoming Free- Riding in International Climate Policy," *American Economic Review* 105, no. 4 (2015): 1339–70.
12. "Carbon Taxes II," Initiative on Global Markets, http://www.igmchicago.org/surveys/carbon-taxes-ii/.
13. "Carbon Taxation in Sweden," Government Offices of Sweden, Ministry of Finance (2020), https://www.government.se/government-policy/taxes-and-tariffs/swedens-carbon-tax/.
14. "Carbon Taxation in Sweden," Government Offices of Sweden.
15. Julius Andersson, "Cars, Carbon Taxes and CO2 Emissions" (Centre for Climate Change Economics and Policy working paper no. 238, Grantham Research Institute on Climate Change and the Environment working paper no. 212, 2017), https://www.cccep.ac.uk/wp-content/uploads/2017/03/Working-paper-212-Andersson_update_March2017.pdf.
16. Helga Fehr-Duda and Ernst Fehr, "Sustainability: Game Human Nature," *Nature* 530 (2016): 413–5.

with Actual Organ Donor Registrations" (National Bureau of Economic Research working paper no. w20378, 2014), https://ssrn.com/abstract=2482141.
21. "How We Help and Support Donors," Donor Care Network, https://www.donorcarenet.org/support-and-protections.
22. Jacob Lavee et al., "Preliminary Marked Increase in the National Organ Donation Rate in Israel Following Implementation of a New Organ Transplantation Law," *American Journal of Transplantation* 13, no. 3 (2012): 780–5.
23. "Donazione dopo la Morte" (Donation After Death), Ministero Della Salute (Ministry of Health), http://www.trapianti.salute.gov.it/trapianti/dettaglioContenutiCnt.jsp?lingua=italiano&area=cnt&menu=cittadini&sottomenu=diventare&id=245.
24. Alexandra K. Glazier, "Organ Donation and the Principles of Gift Law," *Clinical Journal of the American Society of Nephrology* 13, no. 8 (2018): 1283–4.
25. Rafael Matesanz and Beatriz Domínguez- Gil, "Opt- Out Legislations: The Mysterious Viability of the False," *Kidney International* 95, no. 6 (2019): 1301–3.
26. Rafael Matesanz et al., "Spanish Experience as a Leading Country: What Kind of Measures Were Taken?" *Transplant International* 24, no. 4 (2011): 333– 43; Rafael Matesanz, "A Decade of Continuous Improvement in Cadaveric Organ Donation: The Spanish Model," *Nefrología* 21, no. S5 (2001): 59.
27. "Statistics About Organ Donation," NHS, https://www.organdonation.nhs.uk/helping-you-to decide/about-organ-donation/statistics-about-organ-donation/.
28. Alexandra Glazier and Thomas Mone, "Success of Optin Organ Donation Policy in the United States," *JAMA* 322, no. 8 (2019): 719–20.
29. Health Resources and Services Administration, *National Survey of Organ Donation Attitudes and Practices, 2019*.
30. "Find Your Local Organ Procurement Organization," Health Resources and Services Administration, https://www.organdonor.gov/awareness/organizations/local-opo.html.

第十四章　拯救地球

1. Michael Burger, Jessica Wentz, and Radley Horton, "The Law and Science of Climate Change Attribution," *Columbia Journal of Environmental Law* 45 (2020): 57; see also Rebecca Hersher, "Climate Change Was the Engine That Powered Hurricane Maria's Devastating Rains," National Public Radio, April 17, 2019, https://www.npr.org/2019/04/17/714098828/climate-change-was-the-engine-that-powered-hurricane-marias-devastating-rains.

7. Gary S. Becker and Julio Jorge Elías, "Introducing Incentives in the Market for Live and Cadaveric Organ Donations," *Journal of Economic Perspectives* 21, no. 3 (2007): 3–24.
8. Janet Radcliffe Richards, *The Ethics of Transplants* (New York: Oxford University Press, 2012).
9. Shashank Bengali and Ramin Mostaghim, " 'Kidney for Sale': Iran Has a Legal Market for the Organs, but the System Doesn't Always Work," *Los Angeles Times*, October 15, 2017, https://www.latimes.com/world/middleeast/la-fg-iran-kidney-20171015-story.html.
10. Alvin E. Roth, "Repugnance as a Constraint on Markets," *Journal of Economic Perspectives* 21, no. 3 (2007): 37–58.
11. "Organ Donation Statistics," Health Resources and Services Administration, https://www.organdonor.gov/statistics-stories/statistics.html#:~:text=One%20Donor%20Can%20Save%20Eight,up%20to%208%20lifesaving%20organs.
12. James F. Childress and Catharyn T. Liverman, eds., *Organ Donation: Opportunities for Action* (Washington, DC: National Academies Press, 2006), 241.
13. Health Resources and Services Administration, *National Survey of Organ Donation Attitudes and Practices, 2019* (Rockville, MD: U.S. Department of Health and Human Services, 2020).
14. Donate Life America, "Stronger Together: 2020 Annual Update" (2020).
15. "Become an Organ Donor," New York State, https://www.ny.gov/services/become-organ-donor.
16. Daimy Van den Eede, "Gigantisch Succes: Meer Dan 26.000 Registraties voor Orgaandonatie in heel Vlaanderen" (Gigantic Success: More Than 26,000 Registrations for Organ Donation in Flanders), *Het Laatste Nieuws*, October 27, 2018, https://www.hln.be/nieuws/binnenland/gigantisch-succes-meer-dan-26-000-registraties-voor-orgaandonatie-in-heel-vlaanderen~af353bba/.
17. Section Belgian Transplant Coordinators, "Donor & Transplant Statistics 2018" (2018), https://www.transplant.be/assets/bts_-_donor_and_transplant_statistics_2018.
18. Gina Kolata, "Families Are Barriers to Many Organ Donations, Study Finds," *New York Times*, July 7, 1995, https://www.nytimes.com/1995/07/07/us/families-are-barriers-to-many-organ-donations-study-finds.html.
19. Ann C. Klassen and David K. Klassen, "Who Are the Donors in Organ Donation? The Family's Perspective in Mandated Choice," *Annals of Internal Medicine* 125, no. 1 (1996): 70–3.
20. Judd B. Kessler and Alvin E. Roth, "Don't Take 'No' for an Answer: An Experiment

https://www.nber.org/papers/w24392.
6. "Health Insurance Deductible: How It Works," CZ, https://www.cz.nl/en/health-insurance/deductible.
7. Benjamin R. Handel et al., "The Social Determinants of Choice Quality: Evidence from Health Insurance in the Netherlands" (National Bureau of Econonic Research working paper no. 27785, 2020), https://www.nber.org/papers/w27785.
8. Handel et al., "The Social Determinants of Choice Quality."
9. Katherine Baicker, Sendhil Mullainathan, and Joshua Schwartzstein, "Behavioral Hazard in Health Insurance" (National Bureau of Econonic Research working paper no. 18468, 2012), https://www.nber.org/papers/w18468.
10. Niteesh K. Choudhry et al., "Full Coverage for Preventive Medications After Myocardial Infarction," *New England Journal of Medicine* 365 no. 22 (2011): 2088–97.
11. Amitabh Chandra, Evan Flack and Ziad Obermeyer, "The Health Costs of Cost-Sharing," (National Bureau of Economic Research working paper no. 28439), https://www.nber.org/papers/w28439.

第十三章　器官捐贈：預設選項不是萬靈丹

1. Eric J. Johnson and Daniel G. Goldstein, "Defaults and Donation Decisions," *Transplantation* 78, no. 12 (2004): 1713–6.
2. "National Data: Transplants by Donor Type (January 1, 1988–July 31, 2020)," Organ Procurement and Transplantation Network, https://optn.transplant.hrsa.gov/data/view-data-reports/national-data/#.
3. "National Data: Overall by Organ, Current U.S. Waiting List," Organ Procurement and Transplantation Network, https://optn.transplant.hrsa.gov/data/view-data-reports/national data/#.
4. "Organ Donation Statistics," Health Resources and Services Administration, https://www.organdonor.gov/statistics-stories/statistics.html.
5. Ali Seifi, John V. Lacci, and Daniel Godoy, "Incidence of Brain Death in the United States," *Clinical Neurology and Neurosurgery* 195 (2020): 105885.
6. Alvin E. Roth, Tayfun Sönmez, and M. Utku Ünverd, "Pairwise Kidney Exchange," *Journal of Economic Theory* 125, no. (2005): 151–88; see also Scott Simon, "Opinion: Kidney Transplant Chain Is a Touching Act of Kindness," National Public Radio, October 31, 2020, https://www.npr.org/2020/10/31/929802669/opinion-kidney-transplant-chain-is-a-touching-act-of-kindness.

5. Fiona Scott Morton, Florian Zettelmeyer, and Jorge Silva- Risso, "Consumer Information and Discrimination: Does the Internet Affect the Pricing of New Cars to Women and Minorities?" *Quantitative Marketing and Economics* 1 (2003): 65–92.
6. Bureau of Consumer Financial Protection, *The Consumer Credit Card Market* (2019), https://files.consumerfinance.gov/f/documents/cfpb_consumer-credit-card-market-report_2019.pdf.
7. Drazen Prelec and Duncan Simester, "Always Leave Home Without It: A Further Investigation of the Credit- Card Effect on Willingness to Pay," *Marketing Letters* 12, no. 1 (2001): 5–12.
8. Sumit Agarwal et al., "Regulating Consumer Financial Products: Evidence from Credit Cards," *Quarterly Journal of Economics* 130, no. 1 (2015): 111–64.
9. Lauren E. Willis, "When Nudges Fail: Slippery Defaults," *University of Chicago Law Review* 80 (2013): 1155.
10. John Gathergood et al., "How Do Individuals Repay Their Debt? The Balance-Matching Heuristic," *American Economic Review* 109, no. 3 (2019): 844–75.
11. David B. Gross and Nicholas Souleles, "Do Liquidity Constraints and Interest Rates Matter for Consumer Behavior? Evidence from Credit Card Data," *Quarterly Journal of Economics* 117, no. 1 (2002): 149–85.
12. Bureau of Consumer Financial Protection, *The Consumer Credit Card Market*, 51.
13. Tally, http://www.meettally.com/.
14. Bureau of Consumer Financial Protection, *The Consumer Credit Card Market*, 68.

第十二章　保險：保大不保小

1. Solomon Huebner, "The Development and Present Status of Marine Insurance in the United States," *Annals of the American Academy of Political and Social Science* 26 (1905): 241–72.
2. James Read, "How the Great Fire of London Created Insurance," Museum of London, https://www.museumoflondon.org.uk/discover/how-great-fire-london-created-insurance.
3. Justin Sydnor, "(Over)insuring Modest Risks," *American Economic Journal: Applied Economics* 2, no. 4 (2010): 177–99.
4. Saurabh Bhargava, George Loewenstein, and Justin Sydnor, "Choose to Lose: Health Plan Choices from a Menu with Dominated Option," *Quarterly Journal of Economics* 132, no. 3 (2017): 1319–72.
5. Chenyuan Liu and Justin R. Sydnor, "Dominated Options in Health- Insurance Plans" (National Bureau of Econonic Research working paper no. 24392, 2018),

第十章　推力恆久遠？也許在瑞典

1. 關於要求自選的討論，請見：Gabriel Carroll et al., "Optimal Defaults and Active Decisions," *Quarterly Journal of Economics* 124, no. 4 (2009): 1639–74.
2. Kenneth R. French and James M. Poterba, "Investor Diversification and International Equity Markets," *American Economic Review* 81, no. 2 (1991): 222–6.
3. Shlomo Benartzi, Richard H. Thaler, Stephen P. Utkus, and Cass R. Sunstein, "The Law and Economics of Company Stock in 401(k) Plans," *Journal of Law and Economics* 50, no. 1 (2007): 45–79.
4. Henrik Cronqvist, "Advertising and Portfolio Choice" (Ph.D. diss., University of Chicago Graduate School of Business, 2006), https://citeseerx.ist.psu.edu/viewdoc/download?doi=10.1.1.423.3760&rep=rep1&type=pdf.
5. Hunt Allcott and Todd Rogers, "The Short-Run and Long-Run Effects of Behavioral Interventions: Experimental Evidence from Energy Conservation," *American Economic Review* 104, no. 10 (2014): 3003–37.
6. William Samuelson and Richard Zeckhauser, "Status Quo Bias in Decision Making," *Journal of Risk and Uncertainty* 1, no. 1 (1988): 7–59.
7. Henrik Cronqvist, Richard H. Thaler, and Frank Yu, "When Nudges Are Forever: Inertia in the Swedish Premium Pension Plan," *AEA Papers and Proceedings* 108 (2018): 153–8.
8. Anders Anderson and David T. Robinson, "Who Feels the Nudge? Knowledge, Self-Awareness and Retirement Savings Decisions" (National Bureau of Economic Research working paper no. 25061, 2018), https://ideas.repec.org/p/nbr/nberwo/25061.html.

第十一章　今日借更多：房貸和信用卡

1. Kathleen Howley, "U.S. Mortgage Debt Hits a Record $15.8 Trillion," *HousingWire*, January 9, 2020, https://www.housingwire.com/articles/u-s-mortgage-debt-hits-a-record-15-8-trillion/.
2. Xavier Gabaix and David Laibson, "Shrouded Attributes, Consumer Myopia, and Information Suppression in Competitive Markets," *Quarterly Journal of Economics* 121, no. 2 (2006): 505–40.
3. Susan E. Woodward, *A Study of Closing Costs for FHA Mortgages* (Washington, DC: Urban Institute, 2008).
4. Hamilton Project, "An Opt-Out Home Mortgage System" (policy brief no. 2008-14, 2008), https://www.hamiltonproject.org/assets/legacy/files/downloads_and_links/An_Opt-Out_Home_Mortgage_System_Brief.pdf.

第九章 「明日存更多」計畫

1. "Otto von Bismarck," Social Security, https://www.ssa.gov/history/ottob.html.
2. James Choi et al., "Defined Contribution Pensions: Plan Rules, Participant Choices, and the Path of Least Resistance," *Tax Policy and the Economy* 16, no. 1 (2002): 67.
3. Richard H. Thaler, "Psychology and Savings Policies," *American Economic Review* 84, no. 2 (1994): 186–92.
4. Sana Siwolop, "When Saving for Retirement Comes with the Job," New York Times, May 18, 1997, https://www.nytimes.com/1997/05/18/business/when-saving-for-retirement-comes-with-the-job.html.
5. 舉例來說，請見：IRS Revenue Ruling 98-30; IRS Revenue Ruling 2000-8; IRS Revenue Ruling 2000-35; IRS Revenue Ruling 2000-33; and IRS Announcement 2000-60.
6. Brigitte C. Madrian and Dennis F. Shea, "The Power of Suggestion: Inertia in 401(k) Participation and Savings Behavior," *Quarterly Journal of Economics* 116, no. 4 (2001): 1149–87.
7. Jeffrey W. Clark and Jean A. Young, *Automatic Enrollment: The Power of the Default* (Valley Forge, PA: Vanguard Research, 2018).
8. Richard H. Thaler and Shlomo Benartzi, "Save More Tomorrow ™ : Using Behavioral Economics to Increase Employee Saving," *Journal of Political Economy* 112, no. S1 (2004): S164.
9. U.S. Department of Labor Employee Benefits Security Administration, "Regulation Relating to Qualified Default Investment Alternatives in Participant-Directed Individual Account Plans," https://www.dol.gov/sites/dolgov/files/EBSA/about-ebsa/our-activities/resource-center/fact-sheets/final-rule-qdia-in-participant-directed-account-plans.pdf.
10. Raj Chetty et al., "Active vs. Passive Decisions and Crowd-Out in Retirement Savings Accounts: Evidence from Denmark," *Quarterly Journal of Economics* 129, no. 3 (2014): 1141–219.
11. John Beshears et al., "Borrowing to Save? The Impact of Automatic Enrollment on Debt," *Journal of Finance* (forthcoming), https://www.nber.org/papers/w25876.
12. 舉例來說，請見："Americans Without a Retirement Plan, by State," AARP, https://www.aarp.org/politics-society/advocacy/financial-security/info-2014/americans-without-retirement-plan.html.
13. Chris Arnold, "Why Is It So Hard to Save? U.K. Shows It Doesn't Have to Be," NPR, October 23, 2015, https://www.npr.org/2015/10/23/445337261/why-is-it-so-hard-to-save-u-k-shows-it-doesnt-have-to-be.

admissions.utexas.edu/apply/decisions.

11. Cass R. Sunstein, "Automatic Enrollment in College Helps Fight Inequality," *Bloomberg*, June 19, 2020, https://www.bloomberg.com/opinion/articles/2020-06-19/college-automatic-enrollment-addresses-inequality.
12. Bart Jansen, "TSA Gets Boost in Funding, Including Testing 3D Scanners, Without Fee Hike Trump Proposed," *USA Today*, March 21, 2018, https://www.usatoday.com/story/news/2018/03/21/tsa-spending-3-d-scanners/447410002/.
13. Christine Utz et al., "(Un)informed Consent: Studying GDPR Consent Notices in the Field," in 2019 ACM SIGSAC Conference on Computer and Communications Security (CCS '19), November 11–15, 2019, London, UK (2019), https://arxiv.org/pdf/1909.02638.pdf.
14. "1040 and 1040SR Instructions: Tax Year 2019," Internal Revenue Service (2020), https://www.irs.gov/pub/irs-pdf/i1040gi.pdf; Demian Brady, "Tax Complexity 2016: The Increasing Compliance Burdens of the Tax Code," National Taxpayers Union Foundation, https://perma.cc/BT3X-VHFY.
15. Glenn Kessler, "Claims About the Cost and Time It Takes to File Taxes," *Washington Post*, April 15, 2013, https://perma.cc/C7FJ-L7LM; Brady, "Tax Complexity 2016." 請注意：十三小時是對所有納稅人而言；對非商業申報者來說，則是八小時。這些是美國國稅局的估計，包括紀錄保存、稅務規劃和表格填寫。
16. T. R. Reid, *A Fine Mess* (New York: Penguin Press, 2017).
17. Austan Goolsbee, "The Simple Return: Reducing America's Tax Burden Through Return-Free Filing," Brookings Institution, https://www.brookings.edu/research/the-simple-return-reducing-americas-tax-burden-through-return-free-filing/.
18. Scott Eastman, "How Many Taxpayers Itemize Under Current Law?" Tax Foundation, https://taxfoundation.org/standard-deduction-itemized-deductions-current-law-2019/.
19. John Paul Tasker, "Feds Promise Free, Automatic Tax Returns—A Change That Could Send Benefits to Thousands," CBC, September 27, 2020, https://www.cbc.ca/news/politics/free-automatic-tax-returns-benefits-1.5739678.
20. "Earned Income Tax Credit Overview," National Conference of State Legislatures, https://www.ncsl.org/research/labor-and-employment/earned-income-tax-credits-for-working-families.aspx.
21. "Wealth Tax TL;DR," Warren Democrats, https://elizabethwarren.com/wealth-gap.
22. Elizabeth Aubrey, "The World's Last Remaining Blockbuster Store Still Open Despite Coronavirus Pandemic," *NME*, May 14, 2020, https://www.nme.com/news/the-worlds-last-remaining-blockbuster-store-still-open-despite-coronavirus-pandemic-2668617.

Regulatory Affairs, Office of Management and Budget, "Informing Consumers Through Smart Disclosure," to Heads of Executive Departments and Agencies, September 8, 2011, https://obamawhitehouse.archives.gov/sites/default/files/omb/inforeg/for-agencies/informing-consumers-through-smart-disclosure.pdf.

4. Sebastien Bradley and Naomi E. Feldman, "Hidden Baggage: Behavioral Responses to Changes in Airline Ticket Tax Disclosure," *American Economic Journal: Economic Policy* 12, no. 4 (2020): 58–87.
5. "Food Allergies: What You Need to Know," FDA, https://www.fda.gov/food/buy-store-serve-safe-food/food-allergies-what-you-need-know.

第八章　#淤泥

1. *Oxford Dictionary*, s.v. "sludge," accessed November 12, 2020, https://en.oxforddictionaries.com/definition/sludge.
2. Cait Lamberton and Benjamin Castleman, "Nudging in a Sludge-Filled World," *Huffington Post*, September 30, 2016, https://www.huffpost.com/entry/nudging-in-a-sludgefilled_b_12087688?guccounter=1&guce_referrer=aHR0cHM6Ly93d3cuZ29vZ2xlLmNvbS8&guce_referrer_sig=AQAAAMYs-ouJGASCdY_xY8PGX3Ni2BfUI9Zvr5dx8gDkgOle0hBZ3HlhYnpX6-lbZvflXt8CucilXVeGpfLFNN9DakYYw6vHYrbwOVhte7AoFVZTbm42GbvPjHxZjSo-sVwARNkU9hpCe4d0fptGvmevun9LW9Okl0MdgFRZrRS-hpAe.
3. Cal. Bus. & Prof. Code § 17602(c); N.Y. Gen. Bus. Law § 527 (McKinney 2020).
4. Joshua Tasoff and Robert Letzler, "Everyone Believes in Redemption: Nudges and Overoptimism in Costly Task Completion," *Journal of Economic Behavior and Organization* 107 (2014): 107–22.
5. Xavier Gabaix and David Laibson, "Shrouded Attributes, Consumer Myopia, and Information Suppression in Competitive Markets," *Quarterly Journal of Economics* 121, no. 2 (2006): 505–40.
6. David M. Cutler and Dan P. Ly, "The (Paper) Work of Medicine: Understanding International Medical Costs," *Journal of Economic Perspectives* 25, no. 2 (2011): 3–25.
7. Reed Hastings and Erin Meyer, *No Rules Rules* (New York: Penguin Press, 2020).
8. Hastings and Meyer, *No Rules Rules*, 70.
9. Susan Dynarski et al., "Closing the Gap: The Effect of a Targeted, Tuition- Free Promise on College Choices of High-Achieving, Low-Income Students" (National Bureau of Economic Research working paper no. 25349, 2018).
10. "Admissions Decisions," University of Texas at Austin Office of Admissions, https://

Review of Patient Decision Making for Localized Prostate Cancer," *Cancer* 106, no. 9 (2006): 1865–74.
13. Samuli Reijula and Ralph Hertwig, "Self-Nudging and the Citizen Choice Architect," *Behavioural Public Policy* (2020), 1–31.
14. Raj Chetty et al., "Active vs. Passive Decisions and Crowd-Out in Retirement Savings Accounts: Evidence from Denmark," *Quarterly Journal of Economics* 129, no. 3 (2014): 1141–219.
15. Whitney Afonso, "The Challenge of Transparency in Taxation," Mercatus Center, https://www.mercatus.org/publications/government-spending/challenge-transparency-taxation.
16. "Governor Ronald Reagan Opposes Withholding of State Income Tax," Seth Kaller Inc., https://www.sethkaller.com/item/1567-24387-Governor-Ronald-Reagan-Opposes-Withholding-of-State-Income-Tax.

第六章　好康在後頭

1. Maria Yagoda, "Singapore Hawker Stands with Michelin Stars," *Food & Wine*, August 20, 2018, https://www.foodandwine.com/travel/singapore-hawker-stands-michelin-stars-where.
2. "Volunteer and Job Opportunities," Mark Twain Boyhood Home and Museum, https://marktwainmuseum.org/volunteer-employment/.
3. "Speed Reduction Measures—Carrot or Stick?" ITS International, https://www.itsinternational.com/its2/feature/speed-reduction-measures-carrot-or-stick.
4. Richard H. Thaler, "Making Good Citizenship Fun," *New York Times*, February 13, 2012, https://www.nytimes.com/2012/02/14/opinion/making-good-citizenship-fun.html.
5. Emily Haisley et al., "The Impact of Alternative Incentive Schemes on Completion of Health Risk Assessments," *American Journal of Health Promotion* 26, no. 3 (2012): 184–8.
6. Thaler, "Making Good Citizenship Fun."

第七章　智慧揭露

1. Edna Ullmann-Margalit, *Normal Rationality: Decisions and Social Order*, ed. Avishai Margalit and Cass R. Sunstein (Oxford: Oxford University Press, 2017).
2. Richard P. Larrick and Jack B. Soll, "The MPG Illusion," *Science* 320, no. 5883 (2008): 1593–4.
3. Memorandum from Cass R. Sunstein, Administrator, Office of Information and

第四章　我們何時需要推力？

1. Colin F. Camerer, Samuel Issacharoff, George Loewenstein, Ted O'Donoghue, and Matthew Rabin, "Regulation for Conservatives: Behavioral Economics and the Case for 'Asymmetric Paternalism,'" *University of Pennsylvania Law Review* 151, no. 3 (2003): 1211–54.
2. Colin F. Camerer and Robin M. Hogarth, "The Effects of Financial Incentives in Experiments: A Review and Capital-Labor-Production Framework," *Journal of Risk and Uncertainty* 19, no. 1 (1999): 7–42.

第五章　選擇設計

1. J. Ridley Stroop, "Studies of Interference in Serial Verbal Relations," *Journal of Experimental Psychology* 18 (1935): 643–6 2.
2. Kurt Lewin, *Field Theory in Social Science: Selected Theoretical Papers*, ed. Dorwin Cartwright (New York: Harper and Brothers, 1951).
3. Howard Leventhal, Robert Singer, and Susan Jones, "Effects of Fear and Specificity of Recommendation upon Attitudes and Behavior," *Journal of Personality and Social Psychology* 2, no. 1 (1965): 20–9.
4. Joel Gunter, "The Greek Referendum Question Makes (Almost) No Sense," *BBC News*, June 29, 2015, https://www.bbc.com/news/world-europe-33311422.
5. Zachary Brown et al., "Testing the Effects of Defaults on the Thermostat Settings of OECD Employees," *Energy Economics* 39 (2013): 128–34.
6. Gabriel Carroll et al., "Optimal Defaults and Active Decisions," *Quarterly Journal of Economics* 124, no. 4 (2009): 1639–74.
7. Michael D. Byrne and Susan Bovair, "A Working Memory Model of a Common Procedural Error," *Cognitive Science* 21, no. 1 (1997): 31–61.
8. Jeffrey B. Cooper et al., "Preventable Anesthesia Mishaps: A Study of Human Factors," *Anesthesiology* 49, no. 6 (1978): 399–406.
9. Michael O. Schroeder, "Death by Prescription," U.S. News & World Report, September 27, 2016, https://health.usnews.com/health-news/patient-advice/articles/2016-09-27/the-danger-in-taking-prescribed-medications.
10. John M. Jachimowicz et al., "Making Medications Stick: Improving Medication Adherence by Highlighting the Personal Health Costs of Non-Compliance," *Behavioural Public Policy* (2019), 1–21.
11. "Gmail Will Now Remind You to Respond," Google Workspace Updates, May 14, 2018, https://gsuiteupdates.googleblog.com/2018/05/gmail-remind-respond.html.
12. Steven B. Zeliadt et al., "Why Do Men Choose One Treatment over Another? A

Study of Inequality and Unpredictability in an Artificial Cultural Market," *Science* 311, no. 5762 (2006): 854–6.

17. Michael Macy et al., "Opinion Cascades and the Unpredictability of Partisan Polarization," *Science Advances* 5, no. 8 (2019): eaax0754.
18. Linton Weeks, "The Windshield-Pitting Mystery of 1954," National Public Radio, May 28, 2015, https://www.npr.org/sections/npr-history-dept/2015/05/28/410085713/the-windshield-pitting-mystery-of-1954.
19. Clarissa Simas et al., "HPV Vaccine Confidence and Cases of Mass Psychogenic Illness Following Immunization in Carmen De Bolivar, Colombia," *Human Vaccines and Immunotherapeutics* 15, no. 1 (2019): 163–6.
20. Katie Nodjimbadem, "The Trashy Beginnings of 'Don't Mess with Texas,' " *Smithsonian Magazine*, March 10, 2017, https://www.smithsonianmag.com/history/trashy-beginnings-dont-mess-texas-180962490/.
21. Timur Kuran, "Ethnic Norms and Their Transformation Through Reputational Cascades," *Journal of Legal Studies* 27, no. S2 (1998): 623–59.
22. Leonardo Bursztyn, Alessandra L. González, and David Yanagizawa- Drott, "Misperceived Social Norms: Women Working Outside the Home in Saudi Arabia," *American Economic Review* 110, no 10 (2020): 2997–3029, https://www.aeaweb.org/articles?id=10.1257%2Faer.20180975.
23. Stephen Coleman, *The Minnesota Income Tax Compliance Experiment: State Tax Results* (Munich Personal RePEc Archive, paper 4827, 1996).
24. Michael Hallsworth et al., "The Behavioralist as Tax Collector: Using Natural Field Experiments to Enhance Tax Compliance," *Journal of Public Economics* 148 (2017): 14–31.
25. Noah J. Goldstein, Robert B. Cialdini, and Vladas Griskevicius, "A Room with a Viewpoint: Using Social Norms to Motivate Environmental Conservation in Hotels," *Journal of Consumer Research* 35, no. 3 (2008): 472–82.
26. Josh Earnest, "President Obama Supports Same-Sex Marriage," *The White House President Obama* (blog), May 10, 2012, https://obamawhitehouse.archives.gov/blog/2012/05/10/obama-supports-same-sex-marriage.
27. *Obergefell v. Hodges*, 135 S. Ct. 2071 (2015).
28. "Same-Sex Marriage Around the World," Pew Research Center, October 28, 2019, https://www.pewforum.org/fact-sheet/gay-marriage-around-the-world/.
29. Adam Liptak, "Exhibit A for a Major Shift: Justices' Gay Clerks," *New York Times*, June 8, 2013, https://www.nytimes.com/2013/06/09/us/exhibit-a-for-a-major-shift-justices-gay-clerks.html.
30. Mortensen et al., "Trending Norms."

a Natural Experiment," *Review of Economics and Statistics* 85, no. 1 (2003): 9–23; Nirav Mehta, Ralph Stinebrickner, and Todd Stinebrickner, "Time-Use and Academic Peer Effects in College," *Economic Inquiry* 57, no. 1 (2019): 162–71.
6. 請 見：Akerlof, Yellen, and Katz, "An Analysis of Out-of-Wedlock Childbearing in the United States" (teenage pregnancy); Nicholas A. Christakis and James H. Fowler, "The Spread of Obesity in a Large Social Network over 32 Years," *New England Journal of Medicine* 357, no. 4 (2007): 370–9 (obesity); Sacerdote, "Peer Effects with Random Assignment" (college roommate assignment); and Cass R. Sunstein et al., *Are Judges Political? An Empirical Analysis of the Federal Judiciary* (Washington, DC: Brookings Institution Press, 2006) (judicial voting patterns).
7. Solomon E. Asch, "Studies of Independence and Conformity: I. A Minority of One Against a Unanimous Majority," *Psychological Monographs: General and Applied* 70, no. 9 (1956): 1–70.
8. Rod Bond and Peter Smith, "Culture and Conformity: A Meta-Analysis of Studies Using Asch's Line Judgment Task," *Psychological Bulletin* 119 (1996): 111–37. 若是強調整體而言的文化差異，特別是在一致性方面，請見：Joseph Heinrich, *The Weirdest People in the World* (New York: Farrar, Straus & Giroux, 2020), 198–204.
9. Micah Edelson et al., "Following the Crowd: Brain Substrates of Long- Term Memory Conformity," *Science* 333, no. 6038 (2011): 108–11.
10. Cass R. Sunstein, *Conformity: The Power of Social Influences* (New York: New York University Press, 2019).
11. Muzafer Sherif, "An Experimental Approach to the Study of Attitudes," *Sociometry* 1, no. 1/ 2 (1937): 90–8.
12. Lee Ross and Richard E. Nisbett, *The Person and the Situation: Perspectives of Social Psychology* (New York: McGraw-Hill, 1991): 29–30.
13. Robert C. Jacobs and Donald T. Campbell, "The Perpetuation of an Arbitrary Tradition Through Several Generations of a Laboratory Microculture," *Journal of Abnormal and Social Psychology* 62 (1961): 649–58.
14. Lindsey C. Levitan and Brad Verhulst, "Conformity in Groups: The Effects of Others' Views on Expressed Attitudes and Attitude Change," *Political Behavior* 38, no. 2 (2015): 277– 315; Jing Chen et al., "ERP Correlates of Social Conformity in a Line Judgment," *BMC Neuroscience* 13 (2012): 43; Charity Brown and Alexandre Schaefer, "The Effects of Conformity on Recognition Judgements for Emotional Stimuli," *Acta Psychologica* 133, no. 1 (2010): 38–44.
15. H. Wesley Perkins, "Sober Lemmings," *New Republic*, April 13, 2003, https://newrepublic.com/article/64811/sober-lemmings.
16. Matthew J. Salganik, Peter Sheridan Dodds, and Duncan J. Watts, "Experimental

20. Alexander Todorov, Anesu N. Mandisodza, Amir Goren, and Crystal C. Hall, "Inferences of Competence from Faces Predict Election Outcomes," *Science* 308, no. 5728 (2005): 1623– 6; Daniel Benjamin and Jesse Shapiro, "Thin- Slice Forecasts of Gubernatorial Elections," *Review of Economics and Statistics* 91, no. 3 (2009): 523–36.
21. Shane Frederick, "Cognitive Reflection and Decision Making," *Journal of Economic Perspectives* 19, no. 4 (2005): 25–42.

第二章　抗拒誘惑

1. 請　見：Colin F. Camerer, "Neuroeconomics: Using Neuroscience to Make Economic Predictions," *Economic Journal* 117, no. 519 (2007): 26; Samuel M. McClure et al., "Neural Correlates of Behavioral Preference for Culturally Familiar Drinks," *Neuron* 44, no. 2 (2004): 379–87.
2. Nina Semczuk, "Should You Open a Christmas Account?" SmartAsset, https://smartasset.com/checking-account/christmas-club-accounts.
3. 可於此觀看這段知名的對談：http://www.youtube.com/watch?v=t96LNX6 tk0U.
4. Richard H. Thaler and Eric J. Johnson, "Gambling with the House Money and Trying to Break Even: The Effects of Prior Outcomes on Risky Choice," *Management Science* 36, no. 6 (1990): 643–60.

第三章　從眾心理

1. Chad R. Mortensen et al., "Trending Norms: A Lever for Encouraging Behaviors Performed by the Minority," *Social Psychological and Personality Science* 10, no. 2 (2019): 201–10.
2. George A. Akerlof, Janet L. Yellen, and Michael L. Katz, "An Analysis of OutofWedlock Childbearing in the United States," *Quarterly Journal of Economics* 111, no. 2 (1996): 277–317.
3. Harold H. Gardner, Nathan L. Kleinman, and Richard J. Butler, "Workers' Compensation and Family and Medical Leave Act Claim Contagion," *Journal of Risk and Uncertainty* 20, no. 1 (2000): 89–112.
4. Robert Kennedy, "Strategy Fads and Strategic Positioning: An Empirical Test for Herd Behavior in Prime- Time Television Programming," *Journal of Industrial Economics* 50 (2002): 57–84.
5. 舉例來說，請見：Bruce L. Sacerdote, "Peer Effects with Random Assignment: Results for Dartmouth Roommates," *Quarterly Journal of Economics* 116, no. 2 (2001): 681–704; David J. Zimmerman, "Peer Effects in Academic Outcomes: Evidence from

Risk and the U.S. Housing Market" (working paper, Penn Institute for Urban Research and Wharton Risk Center, October 2018), https://riskcenter.wharton.upenn.edu/wp-content/uploads/2018/11/Flood_Risk_and_the_U.S_._Housing_Market_10-30_.pdf.

6. Amos Tversky and Daniel Kahneman, "Extensional Versus Intuitive Reasoning: The Conjunction Fallacy in Probability Judgment," *Psychological Review* 90, no. 4 (1983) 293–315.
7. Stephen Jay Gould, "The Streak of Streaks," *New York Review*, August 18, 1988, https://www.nybooks.com/articles/1988/08/18/the-streak-of-streaks.
8. Paul C. Price, "Are You as Good a Teacher as You Think?" *Thought & Action*, Fall 2006, http://ftp.arizonaea.org/assets/img/PubThoughtAndAction/TAA_06_02.pdf.
9. Heather Mahar, "Why Are There So Few Prenuptial Agreements?" (John M. Olin Center for Law, Economics, and Business discussion paper no. 436, September 2003), http://www.law.harvard.edu/programs/olin_center/papers/pdf/436.pdf.
10. Arnold C. Cooper, Carolyn Y. Woo, and William C. Dunkelberg, "Entrepreneurs' Perceived Chances for Success," *Journal of Business Venturing* 3, no. 2 (1988): 97–108.
11. 關於本段落中關鍵研究的參考資料，請見：Cass R. Sunstein, Christine M. Jolls, and Richard H. Thaler, "A Behavioral Approach to Law and Economics," *Stanford Law Review* 50, no. 5 (1998): 1471–550.
12. Daniel Kahneman, Jack L. Knetsch, and Richard H. Thaler, "Anomalies: The Endowment Effect, Loss Aversion, and Status Quo Bias," *Journal of Economic Perspectives* 5, no. 1 (1991): 193–206.
13. Tatiana A. Homonoff, "Can Small Incentives Have Large Effects? The Impact of Taxes Versus Bonuses on Disposable Bag Use," *American Economic Journal: Economic Policy* 10, no. 4 (2018): 177–210.
14. William Samuelson and Richard Zeckhauser, "Status Quo Bias in Decision Making," *Journal of Risk and Uncertainty* 1, no. 1 (1988); 7–59.
15. Samuelson and Zeckhauser, "Status Quo Bias in Decision Making."
16. Amos Tversky and Daniel Kahneman, "The Framing of Decisions and the Psychology of Choice," *Science* 211, no. 4481 (1981): 453–8.
17. Daniel Kahneman, *Thinking, Fast and Slow* (New York: Farrar, Straus and Giroux, 2013).
18. Philip Lieberman, *Human Language and Our Reptilian Brain* (Cambridge, MA: Harvard University Press, 2002); Joseph LeDoux, "The Emotional Brain, Fear, and the Amygdala," *Cellular and Molecular Neurobiology* 23, no. 4–5 (2003): 727–38.
19. Drew Westen, *The Political Brain* (New York: PublicAffairs, 2007).

參考資料

終極增訂版序

1. Tara Golshan, "Donald Trump Has Supported Hillary Clinton for Longer Than He's Opposed Her," *Vox*, August 16, 2016, https://www.vox.com/2016/8/16/12452806/trump-praise-hillary-clinton-history.

前言

1. "Adult Obesity Facts," Centers for Disease Control and Prevention, https://www.cdc.gov/obesity/data/adult.html.
2. "Obesity and Overweight," Centers for Disease Control and Prevention, https://www.cdc.gov/nchs/fastats/obesity-overweight.htm.
3. 舉例來說，請見：OECD, "Obesity Update 2017" (2017), https://www.oecd.org/els/health-systems/Obesity-Update-2017.pdf; Ben Tracy, "Battling American Samoa's 75-percent Obesity Rate," *CBS News*, July 7, 2013, https://www.cbsnews.com/news/battling-american-samoas-75-percent-obesity-rate/.

第一章　偏見與謬誤

1. Roger Shepard, *Mind Sights: Original Visual Illusions, Ambiguities, and Other Anomalies, with a Commentary on the Play of Mind in Perception and Art* (New York: W. H. Freeman and Co., 1990).
2. Fritz Strack, Leonard L. Martin, and Norbert Schwarz, "Priming and Communication: Social Determinants of Information Use in Judgments of Life Satisfaction," *European Journal of Social Psychology* 18, no. 5 (1988): 429–42.
3. Kareem Haggag and Giovanni Paci, "Default Tips," *American Economic Journal: Applied Economics* 6, no. 3 (2014): 1–19.
4. Paul Slovic, Howard Kunreuther, and Gilbert White, "Decision Processes, Rationality and Adjustment to Natural Hazards," in *Natural Hazards: Local, National and Global*, ed. Gilbert White (New York: Oxford University Press, 1974), 187–205.
5. Howard Kunreuther et al., *Disaster Insurance Protection: Public Policy Lessons* (New York: John Wiley & Sons, 1978); see also Howard Kunreuther et al., "Flood

next 315

推力：每個人都可以影響別人、改善決策，做人生的選擇設計師【終極增訂版】

作　者—理查・塞勒（Richard H. Thaler）、凱斯・桑思坦（Cass R. Sunstein）
譯　者—張美惠
資深主編—陳家仁
編　輯—黃凱怡
企　劃—藍秋惠
編輯協力—聞若婷
封面設計—廖韡
內頁設計—李宜芝
總 編 輯—胡金倫
董 事 長—趙政岷
出 版 者—時報文化出版企業股份有限公司
108019 台北市和平西路三段 240 號 4 樓
發行專線—(02)2306-6842
讀者服務專線—0800-231-705・(02)2304-7103
讀者服務傳真—(02)2304-6858
郵撥—19344724 時報文化出版公司
信箱—10899 臺北華江橋郵局第 99 信箱
時報悅讀網—http://www.readingtimes.com.tw
法律顧問—理律法律事務所 陳長文律師、李念祖律師
印　刷—家佑印刷有限公司
初版一刷—二〇〇九年八月二十四日
二版一刷—二〇一四年六月二十日
三版一刷—二〇二二年十二月九日
三版六刷—二〇二四年七月二十五日
定　價—新台幣五〇〇元
（缺頁或破損的書，請寄回更換）

時報文化出版公司成立於一九七五年，
並於一九九九年股票上櫃公開發行，於二〇〇八年脫離中時集團非屬旺中，
以「尊重智慧與創意的文化事業」為信念。

推力 : 每個人都可以影響別人、改善決策 , 做人生的選擇設計師 (終極增訂版)/ 理查 . 塞勒 (Richard H. Thaler), 凱斯 . 桑思坦 (Cass R. Sunstein) 作 ; 張美惠譯 . -- 三版 . -- 臺北市 : 時報文化出版企業股份有限公司 , 2022.12
400 面 ; 14.8 x 21 公分 . -- (next ; 315)
譯自 : Nudge : the final edition

ISBN 978-626-353-118-5(平裝)

1. 經濟學 2. 商業心理學 3. 消費者行為

550.14　　111017444

ISBN 978-626-353-118-5
Printed in Taiwan